高等职业教育“十四五”规划教材 物流管理专业

国际海运货代实务

主　编　苗　红　蔡　蕊
副主编　张文彦

中国水利水电出版社
www.waterpub.com.cn
·北京·

内 容 提 要

本书以国际货运代理业务中的海运部分为对象，对国际海运代理业务中涉及的相关专业知识作了较全面的介绍。全书共七个项目，主要内容包括国际货物运输代理概述、国际贸易基础及国际贸易单据制作、国际海上货运代理基础、班轮货运代理操作实务、提单业务与法规、海运货物保险、报关与报检业务。本书立足于培养学生的可持续发展职业能力，采取活页式、项目化设计，每个项目下设若干任务，每个任务包括任务描述、知识链接、任务实施（工作页）、任务评价，培养学生独立思考和解决问题的职业能力。

本书适合高职高专物流管理、供应链管理、国际商务等专业的学生使用。

图书在版编目（CIP）数据

国际海运货代实务 / 苗红，蔡蕊主编. -- 北京 : 中国水利水电出版社，2023.2（2025.1重印）
高等职业教育“十四五”规划教材. 物流管理专业
ISBN 978-7-5226-1413-7

Ⅰ. ①国… Ⅱ. ①苗… ②蔡… Ⅲ. ①国际海运－货运代理－高等职业教育－教材 Ⅳ. ①F551

中国国家版本馆CIP数据核字(2023)第035109号

策划编辑：周益丹　责任编辑：张玉玲　加工编辑：刘　瑜　封面设计：梁　燕

书　名	高等职业教育“十四五”规划教材（物流管理专业） 国际海运货代实务 GUOJI HAIYUN HUODAI SHIWU
作　者	主　编　苗　红　蔡　蕊 副主编　张文彦
出版发行	中国水利水电出版社 （北京市海淀区玉渊潭南路1号D座 100038） 网址：www.waterpub.com.cn E-mail：mchannel@263.net（答疑） sales@mwr.gov.cn 电话：（010）68545888（营销中心）、82562819（组稿）
经　售	北京科水图书销售有限公司 电话：（010）68545874、63202643 全国各地新华书店和相关出版物销售网点
排　版	北京万水电子信息有限公司
印　刷	三河市德贤弘印务有限公司
规　格	184mm×260mm　16开本　15.75印张　354千字
版　次	2023年2月第1版　2025年1月第2次印刷
印　数	1001—3000册
定　价	56.00元

前　言

截至2021年年底，中国的货物贸易进出口总值达到了39.1万亿元人民币，已经多年位居世界之首。国际货运代理企业在国际贸易运输中承担了重要的作用，在大量的进出口货物中，80%左右的货物运输是通过海洋运输进行的，70%以上的海运集装箱运输货物、75%的杂货运输业务是由国际货运代理办理的。国际货运代理企业对人才的需求比较迫切，需要大量具有熟练的专业技能和较系统的实用理论，具备国际贸易、国际货运代理专业背景的职业人才。

本书立足于培养学生的可持续发展职业能力，围绕国际海运代理的核心工作，采取活页式、项目化设计，每个项目下设若干任务，每个任务包括任务描述、知识链接、任务实施（工作页）、任务评价，培养学生独立思考和解决问题的职业能力。

本书主要介绍了国际海运代理业务涉及的相关专业知识，包括国际货物运输代理概述、国际贸易基础及国际贸易单据制作、国际海上货运代理基础、班轮货运代理操作实务、提单业务与法规、海运货物保险、报关与报检业务等内容。

本书由北京财贸职业学院苗红、蔡蕊担任主编，甘肃交通职业技术学院张文彦担任副主编。具体分工为：苗红负责编写项目二和项目四，蔡蕊负责编写项目五、项目六和项目七，张文彦负责编写项目一和项目三，全书由苗红编写提纲并统稿。

本书在编写过程中参阅并借鉴了国内同行的有关教材、培训案例和资料，辽宁港捷国际物流公司的阎大明经理提供了货代单据业务资料，在此一并表示衷心的感谢。

由于编者水平有限，加之行业发展日新月异，书中疏漏之处在所难免，恳请读者提出批评和建议，以便日后改正和完善。

编　者

2022年10月

目　录

项目一　国际货物运输代理概述

项目描述

国际贸易与跨境电商的快速发展为国际物流尤其是国际货运代理（简称“货代”）提供了强大的发展动力。对国际物流及货运代理行业进行全面深入的认识是商贸物流专业群学生从事国际物流相关职业的前提。本项目的学习任务主要包括对国际货运代理业和相关组织、国际货运代理服务业务、国际货运代理企业的设立、国际货运代理的法律地位及身份、国际货运代理的责任与风险管理五方面的认识。

知识目标

- 理解国际货运代理的定义。
- 掌握国际货运代理的服务范围。
- 了解国际货运代理企业及分支机构的设立条件。
- 熟悉国际货运代理的法律地位。
- 了解国际货运代理业的风险细分。

能力目标

- 能够利用资源查询国际货运代理最新的发展资讯。
- 能够利用所学知识，阐述国际货运代理行业的产生与发展。
- 能够区分和判断国际货运代理的法律身份。
- 能够在教师的指导下模拟组建货代公司，并模拟货代公司的招聘。

项目结构图

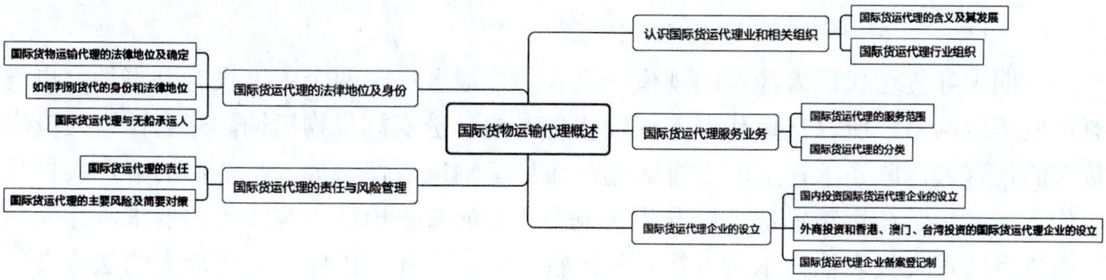

任务一　认识国际货运代理业和相关组织

任务描述

通过本任务的学习，学生应了解国际货运代理的定义，能够利用所学知识，网上调研周边国际货运代理企业，为后面各项目货运代理具体业务的学习打下基础。

知识链接

一、国际货运代理的含义及其发展

（一）国际货运代理的含义

目前国际货运代理协会联合会（International Federation of Freight Forwarders Associations，FIATA，简称“菲亚塔”）将国际货运代理定义为：“根据客户的指示，并为客户的利益而揽取货物运输的人，其本身不是承运人。”国际货运代理也可以依据这些条件，从事与运输合同有关的活动，如储货（也含寄存）、报关、验收、收款等。

在我国，国际货运代理具有两种含义：其一是指国际货运代理业（广义）；其二是指国际货运代理人（狭义）。根据 1995 年 6 月 29 日发布的《中华人民共和国国际货物运输代理业管理规定》（以下简称《国际货物运输代理业管理规定》）第 2 条“本规定所称国际货物运输代理业，是指接受进出口货物收货人、发货人的委托，以委托人的名义或者以自己的名义，为委托人办理国际货物运输及相关业务并收取服务报酬的行业”，可知国际货运代理人是指接受进出口货物收货人、发货人和承运人的委托，以委托人的名义或者以自己的名义，为委托人办理国际货物运输及相关业务并收取服务报酬的企业。

（二）国际货运代理业的发展

1. 初期——传统国际货运代理人阶段

早期国际货运代理人经营的规模一般较小，最多在一两个国家设有办事处，也没有形成运输网络，所以货运代理人仅以代理人的身份安排货物运输，充当托运人或收货人的代理人，联系承托双方安排运输，而将运输风险留给他人，他们的客户根据货运代理人的指示在运输单证上以发货人或委托人的身份出现。客户可以要求承运人履行由货运代理人代表他与承运人签订的运输合同。这样，国际货运代理人的法律责任如同其他代理人一样是最低限度的。

在该阶段，国际货运代理人仅代表客户为货物办理保险；帮助客户办理进出口手续，如办理海关、商检、卫生检疫等；为客户办理货物装卸、理货、仓储等业务；对货物进行简单加工、包装；帮助客户交付货物、按照“交货付款”（Cash on Delivery，COD）条件收取相关费用；为客户提供运输和货物分拨方面的建议等。但上述业务范围仅限于为了安排货物运输而必须从事的附随义务。国际货运代理人一般不直接参与组织运输和实际运输工作，他们成为维系以发货人或收货人为一方和以各类承运人、海关、商检等其他关联人为另一方之间的媒介和桥梁。虽然该阶段许多货运代理人可以在一定范围内拥有必需的仓库、小型车队，但其根本目的是更好地履行货运代理责任和控制货物，也没有与客户签订除代理合同之外的其他任何合同，因而不是当事人。国际货运代理人不从事具体运输工作，一般不经营运输工具，也不经营进出口货物。

2. 发展阶段——货运代理人转化为"货运中间人"

国际货运代理人作为纯粹代理人从事传统货运代理业务，虽然有投资少、成本低、责任轻、风险小的优点，但获利也少。随着经济的发展，生产效率需要进一步提高，客户要求越来越方便、快捷、简单的运输安排，要求权利、义务进一步明确。传统国际货运代理人显然不能满足客户要求，例如，当客户货物遭到损坏或丢失时，传统国际货运代理人仅协助当事人向有关方面追偿，但并非其绝对的义务，客户的利益不利于被保护。纯粹代理人的角色也因此而逐渐不受客户的欢迎。与此同时，一种新的运输方式也在货运代理业的实践中不断发展，并极大地影响着货运代理人角色的转变。随着铁路运输的发展，不少货运代理人开始使用铁路公司的车厢经营集拼货物运输，即首先把不同客户的小批货物集中起来形成一个运输单位（即一个车厢），到达目的地后，再把集中起来的货物拆开交付给不同的收货人。在这种情况下，货运代理人开始公布自己的运费率。集拼货物运输方式要求货运代理人必须同国外的公司联合，将其业务扩展到国外，从而建立自己的运输网络。此时，相对于国内货物运输代理人的国际货物运输代理人才真正形成。这种集拼货物运输方式具有新生事物的优点和旺盛的生命力，并迅速扩展到海运业和空运业。自20世纪60年代开始，集装箱化运输成为国际贸易的显著特征。集装箱的出现，使货物贸易一体化成为可能，从而显著提高了搬运与运输效率。货运代理人很快适应了这一变化，他们与船东签订整箱货（Full Container Load，FCL）运输协议，却与货方签订拼箱货（Less than Container Load，LCL）运输合同，为其提供门到门服务。国际货运代理人在向新型运输方式经营转变过程中，其自身的法律地位也悄然发生了变化。货运代理人经营集拼货物运输，成为集拼货物运输业者，其传统意义上仅充当代理人而不是当事人的法律地位已经面临挑战。当国际货运代理人控制着大量的货物运输时，他可能租用大部分甚至全部的船舶或飞机舱位。尽管有些国际货运代理人仍坚持他们只是代理人，但从法律角度来看，由于他们已经不向托运人索要一定比例运费，然后再分别支付实际承运人，而是能够自己决定运费率而成为运输合同的一方，成为运输合同的当事人，从而完成由代理人向承运人的转变。国际货运代理人成为运输合同的一方，承担运输合同项下的责任，但有时却仅充当代理人，辅助客户安排货物运输，具有混合身份。从该阶段国际货运代理人基本的性质来看，国际货运代理人主要是联系客户和承运人，提供有关货物运输、转运、仓储、保险，以及与货物运输有关的各种业务的服务机构。国际货运代理是一种中间人性质的运输业者，他既代表客户，保护客户的利益，又协调承运人进行承运工作，其本质就是"货物中间人"，在以发货人和收货人为一方、承运人为另一方的两者之间行事。这些中间人的特征都是在商业实践中发展起来的，它往往不符合法学理论中提出的关于代理的概念。

二、国际货运代理行业组织

（一）国际货运代理协会联合会

国际货运代理协会联合会是世界国际货运代理的行业组织，其法文缩写是 FIATA（被用作该组织的标识），如图 1-1 所示。FIATA 由 16 个国家的货运代理协会于 1926 年 5 月 31 日在奥地利维也纳成立，总部设在瑞士苏黎世，是一个非营利性组织。

图 1-1　国际货运代理协会联合会 FIATA 标志

FIATA 的宗旨是保障和提高国际货运代理在全球的利益，其是一个在世界范围内运输领域中最大的非政府组织，具有广泛的国际影响。FIATA 在联合国经济与社会理事会、联合国贸易与发展大会、联合国欧洲经济委员会及亚太经济社会委员会中均扮演了咨询顾问的角色。同时也被许多政府组织、权威机构和非政府的国际组织，如国际商会、国际航空运输协会、国际铁路联合会、国际公路运输联合会、世界海关组织等一致确认为国际货运代理业的代表。

FIATA 所取得的最令人瞩目的成就有四项，见表 1-1。

表 1-1　FIATA 的成就

成就	成就描述
国际货运代理标准交易条款范本	FIATA 国际货运代理标准交易条款范本，事先明确委托人与货运代理人双方的权利与义务，是 FIATA 制定的关于国际货运代理人与客户之间订立的合同的标准条款，供各国在制定该标准交易条款时作为准则参考
FIATA 国际货运代理示范法	为统一货运代理法律，FIATA 起草了《国际货运代理示范法》，供各国立法时参考。该法在世界范围正逐渐获广泛认同，并对各国的立法有重大影响
FIATA 单证	FIATA 制定的运送指示、货运代理运输凭证、托运人危险品运输证明仓库收据、可转让联运提单等八套标准格式单证，为各国货运代理广泛使用
培训	FIATA 培训了数万名学员

（二）中国国际货运代理协会（CIFA）

1992 年，上海货代协会成立，这是我国第一个地方性国际货运代理协会。

2000 年 9 月 6 日，中国国际货运代理协会（China International Freight Forwarders Association，CIFA）获准筹备，在北京宣告成立，其标志如图 1-2 所示。CIFA 是一个非营利性的全国性行业组织。CIFA 的会员分为团体会员、单位会员和个人会员三类。

图 1-2　中国国际货运代理协会 CIFA 标志

CIFA 接受商务部和民政部的指导和监督。民政部（社团登记管理机关）是其登记注册的部门，而商务部则是 CIFA 的业务指导部门。CIFA 以民间形式代表中国货代业参与国际经贸运输事务并开展国际商务往来，与 FIATA 保持着极为密切的关系，并于 2001 年年初被 FIATA 接纳为一般会员。

思考：什么是国际货运代理？

任务实施（工作页）

一、回答下列问题。

1. 简述国际货运代理的概念、性质。

2. FIATA 的成就有哪些？

3. 简述国际货运代理行业发展过程及趋势。

二、请根据以上所学的国际货运代理知识，进行案例分析。

货运公司的 A、B 两名业务人员分别有一票 FOB（Free on Board，船上交货价，也称“离岸价”）条款的货物，均配载在 D 轮从青岛经釜山转船前往纽约的航船上。开船后第二天，D 轮在釜山港与另一艘船相撞，造成部分货物损失。接到船东的通知后，两位业务人员分别采取如下解决方法。

A 业务员：马上向客户催收运杂费，收到费用后才告诉客户有关船损一事。

B 业务员：马上通知客户事故情况并询问该票货物是否已投保，积极向承运人查询货物是否受损并及时向客户反馈。待问题解决后才向客户收费。

结果：A 的客户的货物最终没有损失，但在知道事实真相后，客户对 A 及其公司表示不满并终止合作。B 的客户事后给该公司写来了感谢信，并扩大了双方的合作范围。

讨论：针对案例中的两个业务员的做法展开讨论，并思考从事国际货运代理行业最重要的素质是什么。

三、国际货运代理企业调研实训。

【实训目的】

了解货运代理的业务范围和作用。

【实训内容】

查找 CIFA 会员企业，制作企业业务介绍 PPT。

【实训要求】

将学生分组，每组 5～6 人。

【实训步骤】

1. 分组上网查找当地 CIFA 会员的公司名录。

2. 上网查阅 5～10 家经营国际货代业务的企业的详细资料。

3. 选择一家较有代表性的国际货代企业，制作一份介绍该企业的 PPT，并在课堂上分享。

任务评价

学完本任务后，结合自己学习情况，依指标进行评价。

考核项目	评分内容	总分值	得分值
知识掌握	1. 了解国际货运代理的定义（10 分） 2. 了解货运代理发展过程和趋势（10 分） 3. 熟悉国际货运代理行业组织（10 分）	30	
能力提升	1. 对国际货运代理有初步认识（20 分） 2. 能够辨别物流企业和货运代理企业区别（20 分）	40	
课堂表现	1. 学习态度（10 分） 2. 沟通合作（10 分） 3. 回答问题（10 分）	30	
签字		总分	

任务二　国际货运代理服务业务

任务描述

通过本任务的学习，学生应了解国际货运代理的服务范围，了解国际货运代理行业组织、企业类型，掌握从事货运代理工作应具备的基础知识。

知识链接

一、国际货运代理的服务范围

国际货运代理人的业务范围是相当广泛的。至于具体某个国际货运代理企业的经营范围，应以其经营许可证上核准的业务范围为准。不管是何类的国际货运代理企业，它们都经营着相似的业务。

（一）国际货运代理的业务范围

从各国国际货运代理企业的经营业务来看，国际货运代理的业务范围包括以下几个方面：

（1）以代理人身份从事海、陆、空进出口货物的报关报验代理以及保险等业务。

（2）以中介人、代理人或经营人身份从事海、陆、空货物的租船、订舱及运输组织等业务。

（3）以多式联运经营人身份从事多式联运业务。

（4）以第三方物流经营人身份从事物流服务业务。

（二）国际货运代理的具体业务

作为不同的代理人，国际货运代理具体的业务有所不同。

1. 作为出口货物发货人的代理人

货物运输代理企业作为出口货物发货人的代理人，其业务内容通常可以分为以下具体项目：

（1）为出口商（发货人）选择运输路线、方式和适当的承运人，并争取优惠的运价。

（2）为货主和选定的承运人之间安排揽货并办理订舱，如为集装箱运输办理订舱。

（3）从货主存货地点提取货物并送往指定的港站。

（4）根据信用证条款和有关主管部门的规定填制各种相关单证。

（5）办理包装、计量、存储及保险等有关事宜。

（6）办理出口结关手续并负责将货物交付承运人。

（7）支付运费、收取正本提单并交发货人。

（8）安排货物转运。

（9）记录货物残缺、灭失情况。

（10）协助发货人向有关责任方进行索赔。

（11）提供货运信息和咨询服务。

2. 作为进口货物收货人的代理人

国际货物运输代理企业作为进口货物收货人的代理人，其业务内容通常可以分为以下具体项目：

（1）向收货人通报货物动态。

（2）接受和核查有关货运单据，支付运费并提货。

（3）办理报关、纳税、结关等相关手续。

（4）安排存仓或转运分拨。

（5）向收货人交付已清关的货物，并进行结算。

（6）必要时协助收货人向有关责任方办理索赔事宜。

3. 作为出口货物承运人的代理人

国际货物运输代理企业作为出口货物承运人的代理人，其业务内容通常可以分为以下具体项目：

（1）回复托运人关于陆运车辆班次、海运船舶船期、空运飞机航班、运价、运输条件等相关事宜的查询。

（2）承揽货物、组织货载，接受托运人的包车、租船、包机、订车、订舱要求，与之洽谈并签订运输合同。

（3）填写、缮制货物入仓、进站、进港、进场单据，或集装箱、集装器的放行单，安排货物入仓、进站、进港、进场或装箱。

（4）协助承运人或车站、码头、机场进行车辆、船舶、飞机配载，装车、装船、装机。

（5）审核车站、码头、场站汇总的货物清单，缮制货物出口运单、提单等单证，并向海关申报集装箱、集装器、货物的情况。

（6）向航次租船的船舶承租人签发滞期或速遣通知。

（7）向托运人签发运单、提单，收取运费、杂费。

（8）办理货物、集装箱的中转手续。

（9）汇总出口货物运输单据，审核有关费用，收费，办理支付、结算手续。

（10）向委托人转交货物运输文件、资料，报告出口货载、用箱、费用、收费情况。

（11）向货物的目的地车站、港口、机场承运人代理传送货物运输文件、资料，传递运输信息。

4. 作为进口货物承运人的代理人

国际货物运输代理企业作为进口货物承运人的代理人，其业务内容通常可以分为以下具体项目：

（1）取得、整理、审核进口货物运输单据。

（2）向收货人或通知人传达货物到站、到港、运抵信息，通知其提货。

（3）填写、缮制进口货物运输单据，办理集装箱、集装器、货物进口申报手续。

（4）通知、协助车站、港口、机场安排卸货作业。

（5）安排集装箱的拆箱、货物的转运、查验、交接。

（6）收取运费、杂费及其他相关费用，办理放货手续。

（7）汇总进口货物运输单据，审核有关费用，收费，办理支付、结算手续。

（8）承运人委托的其他事项。

5. 作为独立经营人

国际货物运输代理可以作为独立经营人提供有关服务，如国际货物运输代理企业以缔约承运人、无船承运人、多式联运经营人身份提供货物运输服务时。其业务内容通常可以分为以下具体项目：

（1）在货物的起运地或其他地点与托运人或其代理人办理货物的交接手续，签发收货凭证、提单、运单。

（2）确定运输方式、运输路线，与实际承运人、分包承运人签订货物运输合同。

（3）安排货物运输，跟踪监管货物运输过程。

（4）必要时，对装载货物的集装箱进行保险，对货物的运输投保承运人责任险。

（5）通知在货物转运地的代理人，与分包承运人进行联系，申办货物的过境、换装运手续，办理相关事宜。

（6）定期向发货人、收货人或其代理人发布货物位置、状况信息。

（7）在货主提出要求时，安排货物的中途停运。

（8）通知收货人或其代理人货物运抵目的地的时间，安排在货物目的地的代理人办理通知提货、交货手续。

（9）向货主或其代理人收取、结算运费、杂费。

（10）办理货物的索赔、理赔手续。

6. 作为专业顾问

国际货物运输代理企业以专业顾问身份提供货物运输咨询服务时，其业务内容通常可以分为以下具体项目：

（1）向客户提供有关法律、法规、规章、惯例和运输信息。

（2）就货物的运输路线、运输方式、运输方案提出意见和建议。

（3）就货物的包装、装载形式、方式、方法提出意见和建议。

（4）就货物的进出口通关、清关、领事、商品检验、动植物检疫、卫生检验要求提供咨询意见。

（5）就货物的运输单证和银行要求提出意见和建议。

（6）就货物的运输保险险种、保险范围等提供咨询意见。

（7）就货物的理赔、索赔提出意见和建议。

二、国际货运代理的分类

（一）按企业业务范围划分

国际货运代理按企业业务范围，可划分为海运货运代理、空运货运代理、陆运（铁路、公路）货运代理和国际多式联运代理等类型。

（二）按企业的成立背景和经营特点划分

国际货运代理按企业的成立背景和经营特点，可分为五类，这些企业各具特色，具体内容见表 1-2。

表 1-2 按企业成立背景和经营特点划分的货代企业类型

成立背景	企业类型特征	经营特点
以中外运为背景	新中国成立以后，我国全面实行对外贸易管制，所有的进出口货物强制通过中外运统一组织办理托运，这种垄断局面一直持续到 1984 年。依托中外运，各个地方有众多货运代理企业	国资背景，网络广泛
以航运公司、航空公司、铁路部门为背景	此类货代企业中具有代表性的有：中远国际货运有限公司，天津海运集团控股的天海、天新、天富等货代公司，中国民航客货运输销售代理公司，中国铁路对外服务总公司等	与承运人关系密切，在运价及运输条件上具有很强的优势
以外贸专业公司、工贸公司为背景	这类企业如中粮、五矿、中纺等系统所属的国际货运有限公司，其前身一般是各企业履行发货、定舱、仓储、报关等职能的储运部、报运部	在货源、审核信用证、缮制货运单证和向银行办理议付结汇等方面具有明显优势
以仓储企业为背景	这类公司原以办理仓储业务见长，基于增加利润来源、更好地为货主服务的目的，进入国际货运代理行业，其中有天津渤海石油运输公司、上海国际展览运输有限公司、北京华协国际珍品货运服务公司等	凭借仓储优势及这方面的丰富经验，揽取货源，深得货主信任

续表

成立背景	企业类型特征	经营特点
外商投资类型	自2005年起，我国允许设立外商独资国际货运代理企业，一大批外资船公司纷纷建立自己的货代公司，参与市场竞争。它们通过其海外的国际网络，在加工贸易企业中用在信用证上“指定货代”的方式等手段抢占市场份额	在管理、服务方面有优势，受外商青睐

思考：国际贸易中，货运代理是否有存在的必要性？

任务实施（工作页）

一、回答下列问题。

1. 简述国际货运代理服务范围。

____

____

2. 简述国际货运代理企业的主要类型。

____

____

二、请根据以上所学的国际货运代理知识，进行案例分析。

海程邦达国际物流有限公司的业务发展

海程邦达国际物流有限公司（以下简称“海程邦达”）成立于1993年，是FIATA和IATA国际运输协会会员，于1999年通过ISO 9001质量体系认证。海程邦达自成立以来，一直致力于以专业化的服务提升客户价值，以ISO 9001管理体系为标准完善质量保证体系，并成功通过英国劳氏船级社ISO 9001质量体系认证。公司通过电子信息交换服务、VPN网络应用以及货运追踪和供应链管理的信息平台，为客户提供独具创新性的国际物流业务解决方案。与全球200余家代理公司保持着长期友好的合作关系。如今海程邦达已经发展成年营业额近30亿元人民币、拥有各类人才3000余人、运输网络遍及全国70余个港口和内陆城市的综合物流服务商。

进入21世纪后，随着我国外贸的迅速发展，海程邦达进一步拓展业务领域。在天津、成都、杭州、武汉、重庆等全国特大城市设立分公司。同时，加强员工培训与企业文化建设，积极投身社会公益事业，在业界的影响力与日俱增。

目前，海程邦达正在向综合物流企业发展，其业务主要有：

（1）海运服务。具体包括：出口集装箱订舱提货；进出口拼箱服务；特种货物及危险品货物的运输服务；铁海、江海联运服务；AMS、ACI、ISF、ICS申报服务；货物运输保险服务。

（2）空运服务。具体包括：空运、海空联运、多式联运；欧美航线包板业务；为航空公司提供国内转运服务；空运包机业务及特种货运输服务；制订并实施进口 FOB 全程货物运输方案；提供进口货物分拨、转运、门到门及清关限时服务；为进口监管货物提供安全可靠的仓储服务；提供国内料件的寄售服务；鲜活易腐货物、贵重货物等特种货物运输方案的设计实施及专业物流咨询。

（3）供应链管理。具体包括：利用在物流管理和路径设计方面的经验优势，对于具有互补性的内外部物流供应商所拥有的不同资源、能力和技术进行整合和管理，并提供整套供应链解决方案及咨询服务；通过先进物流信息技术集成供应链各环节，提高企业物流运作效率和供应链竞争力，降低企业采购及物流成本。

（4）通关服务。具体包括：物流关务信息一体化解决方案、专业预归类等关务专业咨询；进出口代理报关报检；属地报关、口岸放行；监管证件咨询办理；检疫熏蒸处理；加工贸易报备报核；减免税申请；企业贸易代管；银行现金调拨清关服务；特殊物品进口预申报、货到放行；业内首创报关报检电子信息无纸导入申报；专业报关单证及手册外包业务管理。

（5）物流配送。具体包括：城市快线、同城配送、仓储服务。

（6）展览运输。具体包括：国内、国际展览运输；在中国举办的国际大型展览会物流运输；体育赛事物流；演出物流、大型活动及艺术品物流。

（7）工程物流。具体包括：整厂搬迁服务，提供项目备案、减免税办理及门到门运输等一站式整厂搬迁服务；产品物流，航材、汽车、LED 及纺织品等产品的综合物流方案设计及实施；物流配套服务，为客户量身定做并实施综合物流方案，投入专业设备设施，提供物流配套服务；进出口大型设备全程运输业务及整体物流方案设计，设备安装定位；中国对外援助及承包工程项目运输业务，散杂运输、项目物资辅助采购、运输保险及海外内陆转运。

（8）保税物流。具体包括：海关特殊监管区域保税仓储、“园区一日游”，无须通过境外第三国，实现“国货复进口”；出口采购分拨中心，可实现出口入区退税、国内采购、物流园区集货、分拣、贴唛及简单加工等物流增值服务，实现按需向境外分拨；供应商管理库存（VMI）专业仓库经验，配以先进仓库管理系统（WMS）及先进贸易协同通关软件（TCS），实现企业 ERP 数据与报关数据对接，提高供应链响应时效；物流、资金流路径设计、优化，解决税率倒挂、三方贸易、加贸产品内销、超期手册核销等。

讨论：

（1）货运代理是海程邦达最重要的业务内容，这其中尤以海运代理为主。那么，海程邦达能够提供的海运代理服务具体有哪些内容？

（2）海程邦达近年来向综合物流企业发展。延伸出了多个业务领域，如物流配送、展览运输、工程物流、大件运输、保税物流等，可以通过网络等媒体找到相关的成功案例。

三、国际货运代理企业调研实训。

【实训目的】

通过实训，学生应熟悉我国及我省（或我市）知名国际货运代理企业，并了解其业务范围和具体服务项目；学生在从事具体货运代理业务前，对货运代理行业有整体的了解。

【实训内容】

要求上网查找以下资料：

1．中国排名前10位的国际货运代理企业。

2．本省（市）具有影响力的5家国际货运代理企业。

【实训要求】

1．列出我国和本省（市）排名前10位的国际货运代理企业的名称、营业额和公司网址。

2．任选其中的一家国际货运代理企业，调查其注册情况、主要业务范围、主要航线及其业务规模。

【实训步骤】

1．教师布置任务。

2．将学生分组，以小组为单位，通过分工合作，共同完成实训课题。各组组长组织组员将查到的资料内容在组内进行讨论、筛选、分类整理，并形成报告。

3．教师现场解答学生提出的问题并提供辅助指导。

任务评价

学完本任务后，结合自己学习情况，依指标进行评价。

考核项目	评分内容	总分值	得分值
知识掌握	1．了解国际货运代理服务范围（10分） 2．了解国际货运代理企业类型（10分） 3．熟悉我国国际航运代理行业（10分）	30	
能力提升	1．对国际货运代理有初步认识（20分） 2．能够走访调研周边国际货运代理企业（20分）	40	
课堂表现	1．学习态度（10分） 2．沟通合作（10分） 3．回答问题（10分）	30	
签字		总分	

任务三　国际货运代理企业的设立

任务描述

通过本任务的学习，学生应熟悉国际货运代理企业设立条件，能够准备货代企业和分支机构设立的相关资料，设立企业，掌握国际货运代理企业备案制度。

知识链接

根据《中华人民共和国国际货物运输代理业管理规定》和《中华人民共和国国际货物运输代理业管理规定实施细则》（试行）的规定：国际货运代理企业必须依法取得中华人民共和国企业法人资格，其名称、标志应当符合国家有关法律、法规和规章，与业务性质、范围相符合，并能体现行业特点。其中，名称中应当含有“货运代理”“运输服务”“集运”或“物流”等相关字样。

目前，我国国际货运代理企业的组织形式以有限责任公司或股份有限公司为主。随着新《中华人民共和国公司法》（以下简称《公司法》）的实施，一人公司大量设立，个人独资企业等其他组织形式的国际货运代理企业将逐渐增多。

一、国内投资国际货运代理企业的设立

（一）设立条件

根据我国《公司法》和《中华人民共和国国际货物运输代理业管理规定》的有关规定，要求登记注册国际货物运输代理企业应当具备下列条件：

（1）国际货运代理企业应当依据规定取得中华人民共和国企业法人资格。企业组织形式为有限责任公司或股份有限公司。禁止具有行政垄断职能的单位申请投资经营国际货运代理业务。承运人以及其他可能对国际货运代理行业构成不公平竞争的企业不得申请经营国际货运代理业务。

（2）国际货代企业的股东可由企业法人、自然人或其他经济组织组成。与进出口贸易或国际货物运输有关并拥有稳定货源的企业法人，应当为大股东且应在国际货代企业中控股。企业法人以外的股东不得在国际货代企业中控股。具体来讲，有限责任公司型国际货运代理企业股东数量应在 2 个以上（含 2 个）50 个以下（含 50 个）；股份有限公司型国际货运代理企业应有 5 个以上发起人，且半数以上发起人在中国境内有住所。国有企业改制为股份有限公司型国际货运代理企业，发起人可以在 5 个以下，但只能采取募集方式设立。

（3）国际货物运输代理企业的注册资本最低限额应当符合下列要求：经营海上国际货物运输代理业务的，注册资本最低限额为 500 万元人民币；经营航空国际货物运输代理业务的，注册资本最低限额为 300 万元人民币；经营陆路国际货物运输代理业务或者国际快递业务的，注册资本最低限额为 200 万元人民币。经营两项以上国际货物运输代理业务的，注册资本最低限额为其中最高一项的限额。国际货运代理企业每申请设立一个分支机构，应当相应增加注册资本 50 万元人民币。如果企业注册资本超过上述最低限额，其超过部分可以作为设立分支机构的增加资本。

（4）国际货物运输代理企业营业条件具体如下：

1）人员：具有至少 5 名从事国际货运代理业务 3 年以上的业务人员，其资格由业务人员原所在企业证明，或者取得国际货物运输代理资格证书。

2）场所：有固定的营业场所，自有房屋、场地须提供产权证明，租赁房屋、场地

须提供租赁契约。

3）营业设施：有必要的营业设施，包括一定数量的电话、传真、计算机、短途运输工具、装卸设备、包装设备等。

4）货源市场：有稳定的进出口货源市场，具体是指在本地区进出口货物运量较大，货运代理行业具备进一步发展的条件和潜力，并且申报企业可以揽收到足够的货源。

5）企业章程：有合法的国际货运代理企业章程。

6）组织机构：有符合规定的企业名称，建立符合法律要求的组织机构。

企业申请的国际货运代理业务经营范围中如包括国际多式联运业务，除应当具备上述条件外，还应当具备下列条件：从事货代业务 3 年以上，具有相应的国内外代理网络，拥有在商务部登记备案的国际货运代理提单。

（二）设立程序

2004 年 1 月 1 日，商务部修订的《中华人民共和国国际货物运输代理业管理规定实施细则》规定：经营国际货运代理业务，必须取得商务部颁发的《中华人民共和国国际货物运输代理企业批准证书》。

申请经营国际货运代理业务的单位应当报送下列文件：

（1）申请书，包括投资者名称、申请资格说明、申请的业务项目。

（2）可行性研究报告，包括基本情况、资格说明、现有条件、市场分析、业务预测、组建方案、经济预算及发展预算等。

（3）投资者的企业法人营业执照（影印件）。

（4）董事会、股东会或股东大会决议。

（5）企业章程（或草案）。

（6）主要业务人员情况，包括学历、所学专业、业务简历、资格证书。

（7）资信证明（会计师事务所出具的各投资者的验资报告）。

（8）投资者出资协议。

（9）法定代表人简历。

（10）国际货运代理提单（运单）样式。

（11）企业名称预先核准函（影印件，工商行政管理部门出具）。

（12）国际货运代理企业申请表。

（13）交易条款。

以上文件除（3）和（11）项外，均须提交正本，并加盖公章。

地方商务主管部门对申请项目进行审核后，应将初审意见（包括建议批准的经营范围、经营地域、投资者出资比例等）及全部申请文件按规定报商务部审批。申请人收到商务部同意的批复的，应当于批复之日起 60 天内持修改后的企业章程（正本），凭地方商务主管部门介绍信到商务部领取批准证书。

目前，我国国际货运代理的市场准入已经改为工商注册登记制度。国际货运代理企业应当持批准证书向工商、海关部门办理注册登记手续。任何未取得批准证书的单位，不得在营业执照上使用“国际货运代理业务”或与其意思相同或相近的字样。

批准证书的有效期为三年。企业必须在批准证书有效期届满的60天前，向地方商务主管部门申请换证。企业连续三年年审合格，地方商务主管部门应当于批准证书有效期届满的30天前报送商务部，申请换领批准证书。

二、外商投资和香港、澳门、台湾投资的国际货运代理企业的设立

（一）外商投资的国际货运代理企业的设立

2005年12月11日，商务部颁布的《外商投资国际货物运输代理企业管理办法》规定，外商可以在中国设立独资国际货物运输代理公司。该文件取消了之前外商不能设立相应独资公司的限制。外商投资者可以以合资、合作、独资的方式在中国境内设立外商投资国际货运代理企业。

外商投资设立经营国际快递业务的国际货运代理企业由商务部负责审批和管理；外商投资设立经营其他业务的国际货运代理企业由各省、自治区、直辖市、计划单列市及新疆生产建设兵团商务主管部门（以下简称“省级商务主管部门”）负责审批和管理；其注册资本要达到100万美元。投资国际货运代理企业每设立一个从事国际货物运输代理业务的分公司，应至少增加注册资本50万元人民币；如果企业注册资本已超过最低限额，超过部分可作为设立公司的增加资本。

（二）香港、澳门、台湾投资的国际货运代理企业设立

虽然香港、澳门、台湾属于中华人民共和国不可分割的组成部分，但是由于政治、法律等方面的原因，目前这些地区的公司、企业在内地设立国际货运代理企业，只能参照有关外商投资国际货运代理企业的规定办理。

国务院就香港、澳门投资者投资国际货运代理企业作出如下规定：

（1）允许香港服务提供者和澳门服务提供者在内地以合资、合作、独资的形式设立国际货运代理企业。符合条件的香港服务提供者和澳门服务提供者在内地投资设立国际货运代理企业的注册资本最低限额应当符合下列要求：

1）经营海上国际货物运输代理业务的，注册资本最低限额为500万元人民币。

2）经营航空国际货物运输代理业务的，注册资本最低限额为300万元人民币。

3）经营陆路国际货物运输代理业务的，注册资本最低限额为200万元人民币。

4）经营两项以上业务的，注册资本最低限额为其中最高一项的限额。

（2）香港服务提供者和澳门服务提供者在内地投资设立的国际货运代理企业在缴齐全部注册资本后，可申请在国内其他地方设立分公司。每设立一个分公司，应当增加注册资本50万元人民币。如果企业注册资本已超过最低限额，则超过部分可作为设立分公司的增加资本。

（3）台湾地区的投资者在内地投资设立国际货运代理企业，参照《外商投资国际货物运输代理企业管理办法》的相关规定。

三、国际货物运输代理企业实施备案登记制

2005年4月1日，商务部颁布的《国际货物运输代理企业备案暂行办法》（以下

简称《备案方法》）开始施行，取消了企业资格审批制度。《备案办法》对备案机关、程序、变更、注销等作了明确规定。国际货运代理企业备案不设门槛，不收取任何费用。企业备案运用电子政务，实行全国联网管理。国际货运代理企业经营资格的审批取消后，商务部将通过国际货运代理企业信息管理平台，收集国际货运代理行业的信息数据。

2005 年，商务部办公厅专门发出关于委托中国国际货运代理协会组织实施货代企业业务备案有关事宜的通知，委托中国国际货运代理协会组织实施备案制度，包括：①货运代理企业设立、变更及分支机构设立、变更，应当填写国际货运代理企业业务备案表；②货运代理企业应于每年 3 月底前填写国际货运代理企业业务备案表，将上年业务经营情况报送注册所在地国际货运代理行业中介组织或商务主管部门。

思考：国际货运代理企业的设立条件有哪些?

任务实施（工作页）

一、回答下列问题。

1．国际货运代理企业的法定组织形式是怎样的？

______

______

2．内资、外资国际货运代理企业及分支机构的设立条件有哪些？

______

______

3．简述国内投资国际货运代理企业的备案制。

______

______

二、国际货运代理企业建立实训。

【实训目的】

掌握国际货运代理企业成立的条件，理解国际货运代理企业的性质与形式，掌握建立国际货运代理企业的程序与所需材料。

【实训内容】

模拟建立国际货运代理企业及其分公司。

【实训要求】

1．根据企业性质，查找建立国际货运代理企业所需要的条件及注册程序。

2．准备和确认各类申报条件及注册会涉及的主管部门名称和地址。

【实训步骤】

1．教师布置任务。

2．将学生分组，以小组为单位，通过分工合作，共同完成实训课题。各组组长要组织大家将查到的资料内容在组内进行讨论、筛选、分类整理，并形成报告。

3．教师现场解答学生提出的问题并为其提供辅助指导。

任务评价

学完本任务后，结合自己学习情况，依指标进行评价。

考核项目	评分内容	总分值	得分值
知识掌握	1．了解设立国际货运代理企业的条件（10 分） 2．熟悉设立国际货运代理企业的程序（10 分） 3．了解国际航运代理企业备案制度（10 分）	30	
能力提升	1．能够准备申请材料（20 分） 2．能够正确填写各类申请资料（20 分）	40	
课堂表现	1．学习态度（10 分） 2．沟通合作（10 分） 3．回答问题（10 分）	30	
签字		总分	

任务四　国际货运代理的法律地位及身份

任务描述

通过本任务的学习，学生应能够认识国际货运代理的法律地位，能够判断货运代理具体业务中的身份，培养解决货运纠纷能力。

知识链接

一、国际货物运输代理的法律地位及确定

国际货运代理企业既可以作为进出口货物收货人、发货人的代理人，也可以作为独立经营人从事国际货运代理业务。而这两种法律地位的不同，导致其权利义务、法律责任有着巨大的差异。作为代理人，货运代理只收取佣金，实际上只是提供代理服务，其法律行为的后果由委托人承担，其业务活动产生的风险相对较小。作为独立经营人（即契约的当事人），货运代理人收取差价，却是两个合同的当事人，其义务的完全履行往往要靠另一方当事人（或者是货主，或者是实际承运人），所以，在这种情况下，货运代理要面临巨大的风险。因此，货运代理人在业务活动中应明确自己处于什么样的法律地位，应当承担什么样的责任，并应根据法律的规定力争规避风险，或采取措施减少这些风险。

根据货代在办理国际货运业务时，使用名义的不同和订立合同的不同，货代的法

律地位可以分为以下三种情况。

（一）货代以委托人名义，向第三方办理货物运输业务

这时产生的法律关系是民法上最普遍的直接代理关系，货代作为代理人，在业务开展过程中，应注意如下几个问题：

（1）要严格依照委托人的指示从事交易活动，不可出现越权代理的现象，也不能在未取得客户同意的情况下想当然地安排与货运代理业务有关的服务。

（2）当委托人的指示与货运代理实践不一致时，一定要得到委托人明确的、书面的指示。

（3）根据相关法律规定，禁止进行双方代理，只能代理一个当事人。

（二）货代以自己的名义，向第三方办理货物运输业务，与托运人签订委托代理合同

根据货代在与第三人交易时是否披露自己作为受托人的身份，又可以分为：

（1）货代以自己的名义办理货运，但表明其代理人身份。这时只要货代公开了自己的法律地位，无论是否披露委托人是谁，其法律地位仍等同于民法上一般意义的代理人。

（2）货代以自己的名义办理货运，但不表明自己代理人的身份。在因第三人或委托人的原因致使货代无法向相对方履行义务时，货代才有义务披露该法律关系，并产生第三人的选择权与委托人的介入权，但并不因此而排除货代履行其他合同义务和承担责任。

（三）以自己的名义，向第三人办理货物运输业务，与托运人签订运输合同

前面两种方式国际货代都是作为代理人从事运输业务，但是货代企业也可以当事人（独立经营人）身份从事业务。

在合同A中，货代对托运人而言充当了承运人的角色；在合同B中，货代对实际承运人而言又充当了货主的角色。两个合同形成一个关系链，货代在其中分别处于不同的法律地位，承担不同的法律责任。如果发生纠纷首先要确定争议存在于哪一个合同中，再确定货代的角色与责任。这种法律关系特别是在货代充当无船承运人或多式联运经营人时更为常见。

二、如何判别货代的身份和法律地位

作为独立经营人的“货运代理”已经突破了民法中“代理”的本意，一方面接受货主的指示，为实现货主的利益而服务；另一方面在履行委托义务时也会为自己利益考虑。一般来说，作为独立经营人的货代应具备以下法律特征：①接受进出口货物收货人、发货人或代理人的委托；②可以签发运输单证；③有义务履行运输合同，承担承运人责任；④收取运费及服务费。我们可以从其经营方式、提供服务内容来识别其法律地位。

（一）货运代理是否签发了自己的全程运输单证

货代如果签发了自己的提单，会被认为是当事人。

（二）在收取报酬方面，是收取佣金还是赚取运费差价

如果货运代理报自己的运价而不向客户说明其费用的使用情况，那么货运代理通

常应当承担契约承运人的责任，即将被认定为当事人。

（三）货运代理与客户以前的交易情况

这往往是法院在具体案件中判断货运代理是代理人还是当事人的重要考虑因素。实践中，有些客户与货运代理有着长时间的合作关系，如果货运代理一直是当事人的身份，那么当某一次交易中处于代理人的法律地位时，出于保护第三人的信赖利益，法院往往会倾向于认定其是当事人。这时，货运代理就应当举证证明自己的代理人身份。反之亦然。

（四）依据货代实施行为的标准

货代一旦参与到货运过程中，则会被视为运输的当事人。德国运输法规定：货代在组织几种不同来源的货物以同一运输工具进行运输时应被认定为承运人。美国海关经纪人和货代企业协会标准条款（NCBFAA）认为货代占有货物（包括仓储、包装），或是使用自己的交通工具（包括车辆、集装箱），或是对不同货主的货物的集运，都可能造成将货代认定为承运人的结果，承担运输中货损、货差以及延迟交货的责任，而不论提单上的规定如何。在当前货代业务不断扩展、仓储一体化以及不同来源货物集运常常发生的情况下，这一标准在实践中常常作为判断货代是否处于承运人的法律地位的依据。

三、国际货运代理与无船承运人

根据《中华人民共和国国际海运条例》，无船承运人是指无船承运业务经营者以承运人身份接受托运人的货载，签发自己的提单或者其他运输单证，向托运人收取运费，通过国际船舶运输经营者完成国际海上货物运输，承担承运人责任的国际海上运输经营活动。

国际货运代理人和无船承运人的比较见表 1-3。

表 1-3　国际货运代理人和无船承运人的比较

主要内容	国际货运代理人	无船承运人
与托运人关系	委托与被委托	托运与承运
法律地位不同	委托代理	当事人
收入性质	代理费或佣金	运费（差价）
是否拥有自己提单	无	有

思考：国际货运代理身份判别依据。

任务实施（工作页）

一、回答下列问题。

1．如何辨别国际货运代理的法律地位？

2. 简要说明国际货运代理人和无船承运人的区别。

二、请根据以上所学的国际货运代理知识，进行案例分析。

1. 我国货主 A 公司委托 B 货运代理公司办理一批服装货物海运出口，从我国青岛港到日本神户港。B 公司接受委托后，出具自己的 house B/L 给货主。A 公司凭此到银行结汇，提单转让给日本 D 贸易公司。B 公司又以自己的名义向 C 海运公司订舱。货物装船后，C 公司签发海运提单给 B 公司，B/L 上注明运费预付，收发货人均为 B 公司。实际上 C 公司并没有收到运费。货物在运输途中由于船员积载不当，造成服装污渍受损。C 公司向 B 公司索取运费，遭拒绝，理由是运费应当由 A 公司支付，B 公司仅是 A 公司的代理人，且 A 公司并没有支付运费给 B 公司。A 公司向 B 公司索赔货物损失，遭拒绝，理由是其没有诉权。D 公司向 B 公司索赔货物损失，同样遭到拒绝，理由是货物的损失是由 C 公司过失造成的，理应由 C 公司承担责任。根据题意，请回答：

（1）本案中 B 公司相对于 A 公司而言是何种身份？

（2）B 公司是否应负支付 C 公司运费的义务，理由何在？

（3）A 公司是否有权向 B 公司索赔货物损失，理由何在？

（4）D 公司是否有权向 B 公司索赔货物损失，理由何在？

（5）D 公司是否有权向 C 公司索赔货物损失，理由何在？

2. 某货运代理作为进口商的代理人，负责从 A 港接收一批艺术作品，在 B 港交货。该批作品用于国际展览，要求货运代理在规定的日期之前交付全部货物。货运代理在 A 港接收货物后，通过定期货运卡车将大部分货物陆运到 B 港。由于定期货运卡车出现季节性短缺，一小部分货物无法及时运抵。于是货运代理在市场上找了一辆货车，要求于指定日期之前抵达 B 港。而后，该承载货物的货车连同货物一起下落不明。试述该损失应由何方负责，并说明理由。

3. A 外贸公司 2 月 9 日通过出口货物明细单，委托 B 货运代理公司代理出运鲜活文蛤，要求装 2 月 15 日“丽波”轮从上海运至大阪。B 公司受托后办理了订舱手续。2 月 14 日，货物被运抵 B 公司仓库。由于 B 公司接到中远总公司集装箱运输总部的传真通知“大阪港压港严重，导致班轮脱班，遂决定调整‘丽波’轮 V.161 航次为 2 月 22 日”，B 公司将此情况迅速通知了 A 公司。另查明，从 2 月 14 日货物进 B 公司仓库至2月18日装船，集装箱温度始终控制在A公司要求鲜活文蛤保存的温度内，但货运抵大阪后海鲜全部死亡腐烂。试述该损失应由何方负责，并说明理由。

任务评价

学完本任务后，结合自己学习情况，依指标进行评价。

考核项目	评分内容	总分值	得分值
知识掌握	1. 了解国际货运代理法律地位（10分） 2. 了解无船承运人的定义（10分） 3. 熟悉国际货代和无船承运人的区别（10分）	30	
能力提升	1. 能够判别国际货运代理的身份（20分） 2. 能够辨别无船承运人和国际货运代理（20分）	40	
课堂表现	1. 学习态度（10分） 2. 沟通合作（10分） 3. 回答问题（10分）	30	
签字		总分	

任务五　国际货运代理的责任与风险管理

任务描述

通过本任务的学习，学生应能够分析各种国际货运业务中主要事故及纠纷的原因、责任划分、索赔方法、索赔途径与方式等，熟悉所适用的法律，掌握事故和纠纷的处理程序及货运代理的责任承担。

知识链接

一、国际货运代理的责任

各国法律对货运代理所承担的责任的规定并不统一，按其定义的业务范围，将其责任范围的大小分为以下三种情况。

（1）作为国际货运代理，仅对自己的错误和疏忽负责。

（2）作为国际货运代理，不仅对自己的错误和疏忽负责，还应使货物完好地抵达目的地。这就意味着他应承担承运人的责任和造成第三人损失的责任。

（3）国际货运代理的责任取决于合同条款的规定和所选择的运输工具等，例如FIATA规定，国际货运代理仅对属于本身或其雇员所造成的过失负责。如其在选择第三人时已恪尽职守，则对于该第三人的行为或疏忽不负责任。如能证明他未做到恪尽职守，其责任应不超过与其订立合同的任何第三人的责任。

由于各国的法律规定不同，因此国际货运代理所承担的责任也有很大差异。国际货运代理的责任，主要是指国际货运代理作为代理人和当事人两种情况时的责任。

（一）国际货运代理从事纯代理业务的责任（委托人）

传统上，国际货运代理作为代理人，负责代发货人或货主订舱、保管货物和安排货物运输、包装、保险等，并代为支付运费、保险费、包装费、海关税等，然后按整个费用的百分比收取一定的代理手续费。上述所有的成本均由客户承担，其中包括国际货运代理因货物的运送、保管、保险、报关、签证、办理汇票的承兑和为其服务所引起的一切费用；同时，还应支付由于国际货运代理不能控制的原因，致使合同无法履行而产生的其他费用。

国际货运代理经被代理人授权，在该授权范围内，以被代理人的名义从事代理行为时，所产生的法律后果由被代理人承担。从内部关系看，被代理人和国际货运代理人之间是代理合同关系，国际货运代理享有代理人的权利，承担代理人的义务。在外部关系上，国际货运代理不是与他人所签合同的主体，不享有该合同的权利，也不承担该合同的义务。对外所签合同的当事人为其所安排合同中的被代理人与实际承运人或其他第三人。当货物发生灭失或残损，国际货运代理不承担责任，除非其本人在代理过程中有过失，被代理人可直接向负有责任的承运人或其他第三人索赔。当国际货运代理在货物文件或数据上出现过错，造成损失时，则要承担相应的法律责任，受害人有权通过法院向国际货运代理请求赔偿。所以，一旦发现文件或数据有错误，国际货运代理应立即通知有关方，并尽可能挽回由此造成的损失。

国际货运代理作为纯粹的代理人，通常应对其本人及其雇员的过错承担责任。国际货运代理还应对其经营过程中造成第三人的财产灭失或人身伤亡承担责任。

国际货运代理作为纯代理人常见的错误和疏忽有：

（1）未按指示交付货物。

（2）尽管得到指示，办理保险仍然出现疏忽。

（3）报关有误。

（4）运货至错误的目的地。

（5）未能按必要的程序取得再出口（进口）货物退税。

（二）国际货运代理作为当事人的责任

国际货运代理作为当事人，是指在和客户开展业务的过程中，以其本人的名义承担责任的独立合同人。国际货运代理以自己的名义与第三人签订合同，或者在安排储运时使用自己的仓库或运输工具，或者在安排运输、拼箱、集运时收取差价，往往被认定为当事人并承担当事人的责任。国际货运代理作为合同当事人并以自己的名义安排托运人的货物运输。同时，托运人付给的是固定费用，而国际货运代理付给承运人的是较低运费，即从两笔费用的差价中获取利润。此外，国际货运代理经营集装箱拼箱货，被视为契约承运人，应承担承运人的责任。

作为当事人，国际货运代理不仅对其本身和雇员的过失负责，而且应对在履行与客户所签合同过程中提供的其他服务的过失负责。

（1）对客户的责任，主要表现在三个方面：其一，大部分情况属于对货物的灭失或残损的责任；其二，因职业过失，尽管既非出于故意也非由于粗心，但给客户造成了经济损失，例如不按要求运输，不按要求对货物投保，报关有误造成延误，运货至错误的目的地，未能代表客户履行对运输公司、仓储公司及其他代理人的义务，未收回提单而放货，未通知收货人，向错误的收货人交货；其三，迟延交货。尽管按惯例货运代理一般不确保货物到达日期，也不对迟延交货负责，但目前的趋势是对过分的延误要承担适当的责任，此责任限于被延误货物的运费或两倍的运费。

（2）对海关的责任。有报关权的国际货运代理在替客户报关时应遵守海关的有关规定，向海关及时、正确、如实地申报货物的价值、数量和性质。如报关有误，国际货运代理将会遭到罚款，并难以从客户那里得到此项罚款的补偿。

（3）对第三人的责任。多指对装卸公司、港口等参与货运的第三人提出来的索赔所承担的责任。这类索赔可分为两大类：一是第三人财产的灭失或损坏及由此产生的损失；二是第三人的人身伤亡及由此产生的损失。

（三）我国国际货运代理作为（当事人）独立经营人的责任形式

根据我国有关法律法规和业务活动实践操作，我国国际货运代理作为独立经营人的责任形式可分为以下几种情况。

1. 海运承运人身份的责任

承运人违反海上货物运输合同的约定，造成承运货物灭失、损坏或迟延交付时，应承担赔偿责任。

2. 多式联运经营人身份责任

当国际货运代理负责多式联运并签发提单时，便成了多式联运经营人，被看作法律上的承运人。同时，作为收取全部运费的合同当事人，将承担履行多式联运合同，保证货物抵达目的地的全部责任。他承担对发货人、收货人的货损、货差的责任（延期交货的责任视提单条款而定）。多式联运过程中发生的货物灭失或损坏，如能知道是在哪一区段发生的，作为多式联运经营人的国际货运代理的责任将适用于这一区段的国际公约或国家法律的有关规定。如无法得知，则根据货物灭失或损坏的价值，承担赔偿责任。发生货物迟延运抵目的地时，如能确定这种迟延发生在哪个区段并适用于这一区段的国际法律或国际公约的规定，则多式联运经营人依相应规定承担赔偿责任。但上述货物灭失、损坏或迟延，如能证明是由于某些即使恪尽职守也无法避免的原因造成的，则多式联运经营人可免责。

3. “混合”身份的责任

有些公司作为国际货运代理，从事的业务范围较为广泛，法律关系亦相对复杂，加之我国在国际货运代理方面的法律尚不健全，使国际货运代理在从事不同的业务、以不同的身份出现时，所享有的权利和承担的义务亦不相同。也就是说，其所处的法律地位不同，所承担的法律责任也不同。对于国际货运代理法律地位的确认，不能简单划一，而应具体情况具体分析。除了作为国际货运代理代委托人报关、报验、安排运输外，还用自己的雇员，以自己拥有的车辆、船舶、飞机、仓库及装卸工具来提供服务；或陆运阶段为承运人，海运阶段为代理人。在此情况下，货运代理有时须承担代理人责任，有时则视同承运人，须承担承运人的责任。

4. 作为物流经营人的责任

从事第三方物流的风险与责任，除了涵盖国际货运代理传统业务所面临的风险与责任外，还增加了许多额外的风险与责任。由于其是整个物流业务的组织者和指挥者，因此要对全过程负责，其风险可概括为合同责任风险和与合同有关的其他风险，具体又可分为：

（1）客户的合同责任。物流经营人与客户之间的法律责任主要体现于双方所签订的合同。物流服务合同中物流经营人所承担的责任，从接收货物到最终货物交付到客户手中，在整个过程中无论何时何处，无论是否在其实际控制之下，还是转由其他公司运输或保管，也无论是否属于其自身责任，对客户来讲，只要货物发生问题，均由物流经营人承担赔偿责任。也就是说，第三方物流业务要求协助客户控制好存货与配送，做到在正确的时间内将完整无缺的产品以精确的数量送到准确的地点，甚至直接做到按时、按质、按量提供货物，否则直接影响到客户的信誉、形象和市场，给客户带来经济损失，所以物流服务对时间、质量的要求十分严格，一般合同中都以明确的条款加以规定。

传统业务通常为一票货、两票货、一船货、两船货的协议，而第三方物流服务的协议则通常为数年之久的长期协议，而且须规定清楚的条款，若做不到，切记不可轻易承诺，否则不但可能无法规避风险，反而需要承担难以承受的合同责任风险。

(2)与分包人的合同责任。物流经营人是所有“供应链”的组织者，其中有的“供应链”由自己负责，有的“供应链”需要委托分包人来具体实施。物流经营人这样做既是行业的惯例也是行业的特征。但实践中物流经营人常常会碰到这样的问题，即与资信情况好的分包人合作不仅能降低物流经营的成本，也可使物流经营人的责任风险降到最低；反之，如遇到分包人资信情况不好，甚至突然宣布破产或倒闭，那么物流经营人的损失也就无法得到弥补了，这样的风险也是存在的。在与分包人合作即物流运作的全过程中，如果客户发生损失，无论是物流经营人的过失还是分包人的过失，都要物流经营人先承担对外赔偿责任。尽管物流经营人在赔付后，尚可向负责任的分包人进行追偿，但由于物流经营人与客户和分包人签订的分别是背对背的合同，因此所适用的法律往往不一样，其豁免条款、赔偿责任限额及诉讼时效等有时也不一样，物流经营人可能会因此得不到全部赔偿。

（3）与信息系统提供商的合同责任。物流经营人在利用信息技术时面临着以下两个问题：一是信息系统出现故障；二是商业秘密遭泄露。一旦信息系统发生故障造成物流经营人的业务无法正常进行，不能及时履行向客户提供信息服务，甚至全部丢失，损失就会相当大。解决纠纷时，如果合同中根据有关法律明确地划分了双方的责任，则纠纷容易解决；如果没有作出明确的规定，同时既查不出原因，又无法确定责任方，则纠纷就很难解决。所以，物流经营人在与信息系统提供商签订合同时，要明确双方的责任，明确信息系统提供商在何种情况下，需承担多大的责任。

物流经营人的其他责任风险包括投资的责任风险、方案设计的责任风险、金融服务的责任风险、特殊商品的责任风险、责任范围加大的责任风险等。

（四）国际货运代理的除外责任

除外责任是指根据国家法律、国际公约、运输合同的有关规定，责任人免于承担责任的事由，又称免责。国际货运代理作为承运人时，与其他一般的承运人一样享有除外责任。对于承运人，我国《中华人民共和国海商法》规定了12项免责事由。

国际货运代理的除外责任，归纳起来包括以下七个方面：

（1）客户的疏忽或过失所致。

（2）客户或其代理人在搬运、装卸、仓储和其他处理中所致。

（3）货物的自然特性或潜在缺陷所致，如由于破损、泄漏、自燃、腐烂、生锈、发酵、蒸发或由于对冷、热、潮湿的特别敏感性。

（4）货物的包装不牢固、缺乏或不当包装所致。

（5）货物的标志或地址的错误或不清楚、不完整所致。

（6）货物的内容申报不清楚或不完整所致。

（7）不可抗力所致。

上述七个方面的内容，通常规定在国际货运代理标准交易条件或与客户签订的合同中。尽管有上述免责条款的规定，国际货运代理仍须对因其自己的过失或疏忽而造成的货物灭失、短少或损坏负责。如果另有特殊约定，国际货运代理还应对货币、证券或贵重物品负有责任。

另外，在有关管理部门下达关于某种货物（危险品）的唛头、包装、申报等的特别指示时，客户有义务履行其在各方面应尽的职责。客户不得让其国际货运代理对由于下列事实产生的后果负责：

（1）有关货物的描述不正确、不清楚或不全面。

（2）货物包装、刷唛和申报不当等。

（3）货物在卡车、车厢、平板车或集装箱的装载不当。

（4）国际货运代理不能合理预见的货物内在的危险。

国际货运代理向委托人征询有关业务或处理意见时，委托人必须予以答复，委托人对要求国际货运代理所做的工作亦应及时给予各种明确的指示。如因指示不及时或不当而造成的损失，国际货运代理不承担任何责任。凡因此项委托引起的一切费用，除另有约定，均应按合同的规定及时支付。

二、国际货运代理的主要风险及简要对策

（一）身份错置

对于货运代理而言，不同的身份决定不同的法律地位，同时也决定不同的权利和义务。很多货运代理由于不清楚或不明确自己的身份，尤其是在货运代理具有双重身份的时候，混淆托运人、代理、独立经营人的概念，摆错自己的位置，从而行事不当，造成该行使的权利没有行使，不该承担的责任却要承担的被动局面。

防范对策：根据具体业务的情况，分析自己的身份和法律地位，知道自己该干什么，不该干什么。

（二）未尽代理职责

货运代理作为代理身份时，一定要履行合理而谨慎的职责，这是对货运代理最基本的要求。然而在实践中，货运代理企业往往疏于管理，未能尽到合理谨慎的义务，因自身的过错给托运人造成损失，实际上也是给自己造成损失。

1. 选择承运人不当

货运代理应当对所选择的承运人的资质、资信、履约能力进行合理而谨慎的考察和分析，如果盲目地选择费用低，或者可以满足托运人一些非分要求的承运人，则有可能被实际承运人欺骗，出现“船货两空”“车货两空”的结局。

2. 选择集装箱不当

集装箱由于长期反复使用，其外表会因正常消耗磨损而不适宜装载货物，同时又可能因集装箱未能及时清洗，内存异味或腐蚀性物质而导致不适宜装载货物。

在货运代理企业，代理托运人装箱、记数并施封时，货运代理有义务对集装箱的适载状况进行合理谨慎的审查，检查集装箱的外观是否完好，内部是否干燥、清洁、无味。如果货运代理疏于职守，未就货载集装箱进行必要的检查，导致因集装箱不适载而造成货物损失的，货运代理负有一定的责任。

3. 未能及时搜集、掌握相关信息并采取有效措施

货物在运输过程中，不可避免地会遭受天文、地理以及人文的影响，货运代理有义务及时搜集掌握这些对货物运输可能形成不利影响的信息，并及时果断地采取有效措施避免货物的灭失和损坏。

如果上述天灾人祸是无法预见、无法避免、无法克服的情况，可以适用不可抗力免责的规定，但是在实践中，很多天灾人祸是事先预报或可以提前推断和判断的，不符合不可抗力的“三不”原则，在这种情况下，货运代理应恪尽职守，充分搜集和掌握有关信息并采取防范对策，保证货物运输的安全，否则会被认为没有尽到合理谨慎的义务而被判定承担货损责任。

4. 对特殊货物未尽特殊义务

危险品和易腐烂、易破碎等特殊货物需要特别申报以及在保管和运输过程中采取必要的特别防护以及照料措施。此时，货运代理负有及时、准确地向海关以及有关部门申报，以及向实际承运人告知的义务，如果货运代理因疏忽、漏报、错报，导致海关以及有关部门的处罚，或者给实际承运人造成损失的，货运代理将负有不可推卸的赔偿责任。

5. 遗失单据

在货运代理中，重要单据遗失会造成重大损失，例如，提单的丢失会使托运人无法结汇；退税核销单丢失，托运人将无法退税。上述两个单证一个是物权凭证，一个是海关证明，如需补办，手续极其烦琐，尤其是提单。船务公司一般不愿出具第二套提单，即使同意签发也要履行登报作废的手续，同时要求货运代理和货主出具承担潜在风险责任的保函，这样又增加了货运代理的风险。

6. 单据缮制错误

任何一份有效单据上的错误，都可能导致出口货物的品名及数量与实际出运不符，

这样无论是在出口地还是在目的地国家，因申报与实际装运货物不符，都会遭受海关、检疫部门的查扣和罚款。

比如订舱单的目的地、箱号等打错，则货物极有可能错装、错运、错卸，引发一系列费用和问题，仓储费、运转费必不可少，如果遇到运输有时限要求或货物不易保存甚至收货人拒绝收货的情况，货运代理的损失难以估算。单据上货物数量的笔误，还有可能被别有用心的货主利用。如单据上的货物数量可能因笔误而多于实际装运货物，在货物损毁、遗失时，一些货主依据单据的记载向货运代理提出超实际损失的索赔。

防范对策：建立健全内部规章，制定标准业务流程，对可能或极有可能出现因疏忽造成风险的业务环节进行科学、全面的分析，使业务环节程序化、制度化，并不断完善，同时加强检查力度，把疏忽大意的发生概率降到最低。

（三）超越代理权限

在业务实践中，货运代理处处为托运人着想、处处为托运人省事，往往为了货物的及时发出不惜超越代理权限代行托运人的权利，如签发各类保函、承诺支付运费、同意货装甲板、更改装运日期、将提单直接转给收货人等。

这些行为有的可能托运人一无所知，有的可能事先已得到托运人的默许或口头同意，而一旦出现问题，托运人就会矢口否认。由于没有证据证明托运人的认可，货运代理往往要为自己超越代理范围的行为承担责任。

防范对策：明确托运人的权利和责任，分清货运代理与托运人权利责任的界限，不要越俎代庖。

（四）货主欺诈

货主为了逃避海关监管，可能虚报、假报进出口货物的品名以及数量。当货运代理代其报关后，经海关查验申报，品名、数量与实际不符时，货运代理可能会首先遭受海关的调查和处罚。

在集装箱运输方式中，由于货物不便查验，货主可能会实际运输低价值的货物，而去申报高价值的货物，并与收货人串通，伪造出具假发票、假信用证、假合同。当货物到达目的地后，通过各种手段骗取海关放货，然后，发货人凭正本提单向货运代理索要高于出运货物实际价值的赔偿。

防范对策：对货主实行资信等级考察制度，对不同等级的货主实行不同的对待策略，同时，注意保护自身权益。

（五）随意出具保函

目前，倒签提单、预借提单现象严重，凭保函签发清洁提单或无单放货的情况更是普遍，船公司往往会要求货运代理出具保函以保证承担因此而引起的一切责任，或要求货运代理在货主出具的保函上加盖公章，承担连带担保责任。出具保函的行为是超越代理范围的自身行为，货运代理所承担的风险责任也远远超出其应承担责任的范围。

防范对策：加强制度管理，对外出具保函时应当进行严格的审核，慎重出具；对于不应当或不必要以及可能损害货运代理利益的保函，坚决不出。

（六）法律适用的问题

货运代理在作为国际多式联运经营人时，货物运输要采取几种运输方式，涉及几个国家，每种运输方式所适用的法律不同，其规定的责任区间、责任限额、责任大小都不尽相同，而不同国家的具体法律规定也不同，这样就有可能导致因法律适用问题而给货运代理造成风险损失。

由于各地的海关监管、免疫查验、出入境管理以及相关监管的法律法规不同，而货运代理又不能完全掌握，缺少信息追踪及相关信息调研的部门，极有可能触犯这些规定，从而招致处罚，轻则罚款，重则有可能被吊销在当地的经营资格。

防范对策：加强对国际相关国家法律的研究和了解，知道自己的权利和责任。

任务实施（工作页）

一、回答下列问题。

1．区分货运代理处于纯代理人和当事人等不同地位的责任及其原因。

____

____

2．国际货运代理的除外责任有哪些？

____

____

3．国际货运代理人的主要风险有哪些？

____

____

二、请根据以上所学的国际货运代理知识，进行案例分析。

1．上海一家公司（以下称发货人）出口 30 万美元的皮鞋，委托集装箱货运站装箱出运，发货人在合同规定的装运期内将皮鞋送货运站，并由货运站在卸货记录上签收后出具仓库收据。该批货出口提单记载 CY/CY 运输条款、SLAC（由货主装载并计数）、FOB 价、由国外收货人买保险。国外收货人在提箱时箱子外表状况良好，关封完整，但打开箱门后一双皮鞋也没有。

（1）收货人向承运人提出赔偿要求，承运人是否可以拒赔？说明理由。

（2）收货人该如何处置？说明理由。

（3）作为货运代理应如何免责？

2. 2022年1月，陕西某多式联运经营人从塞尔维亚通过大陆桥运输进口家具，家具装载于8个20英尺的集装箱内，第一批货为4个集装箱，于2月21日抵达集装箱站，而另外4个集装箱却迟迟不见。后经多次查找方知，由于国外代理制单错填到站名，将货错发至上海。当时上海正遭遇洪水灾害，7月25日收到货后，打开集装箱发现大部分家具已被水浸泡、破损，不能使用。问：本次货运事故责任由谁负责？具体分析。

任务评价

学完本任务后，结合自己学习情况，依指标进行评价。

考核项目	评分内容	总分值	得分值
知识掌握	1. 熟悉国际货运代理的责任（10分） 2. 了解国际货运代理的除外责任（10分） 3. 熟悉国际货运代理的风险防范策略（10分）	30	
能力提升	1. 对国际货运代理有初步认识（20分） 2. 能够辨别物流企业和货运代理企业的区别（20分）	40	
课堂表现	1. 学习态度（10分） 2. 沟通合作（10分） 3. 回答问题（10分）	30	
签字		总分	

项目二　国际贸易基础及国际贸易单据制作

项目描述

对于将进入国际货运代理行业工作的新人，国际贸易相关知识是行业必备知识之一。本项目将学习国际贸易的一些主要业务知识和技能，通过学习，学生将了解国际贸易合同交易磋商的规则、国际贸易合同条款、国际贸易术语以及国际贸易支付方式，学会制作国际贸易业务中常见的单据，为进入国际货运代理行业打下良好的专业技能基础。

知识目标

- 了解国际贸易交易磋商的程序及有关国际贸易规则。
- 了解国际贸易合同的形式及内容。
- 熟悉常用的国际贸易术语。
- 熟悉国际贸易主要结算方式。
- 掌握信用证及合同项下发票、装箱单及海运委托的制作要点。

能力目标

- 能够完成一般的国际贸易交易磋商。
- 能够看懂合同条款。
- 能够根据不同的贸易术语界定买卖双方应承担的费用和责任。
- 能够解读信用证条款。
- 能够制作信用证及合同项下发票、装箱单、海运委托及投保单。

项目结构图

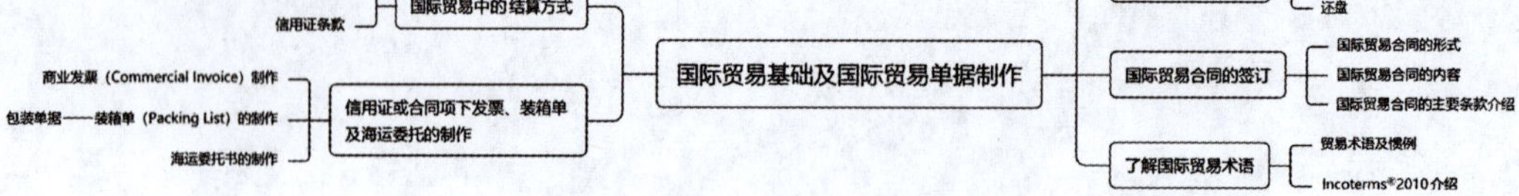

任务一　国际贸易交易磋商

任务描述

通过本任务的学习，学生要熟悉国际贸易交易磋商的程序及有关国际贸易规则，能够利用《联合国国际货物销售合同公约》的规定，进行国际贸易交易磋商案例的分析，培养遵守国际贸易规则的意识。

知识链接

进出口交易的磋商通常是通过口头或书面方式进行的。口头磋商主要指交易双方当面直接协商或通过电话协商，书面磋商则是交易双方通过信函、电报、电传、电子邮件等通信方式磋商。

磋商的内容包括商品名称、数量、品质、规格或花色品种、包装、价格、交货方式、运输方式、付款方式、发生意外的处理方式、保险的办理、发生纠纷的处理方式。这些问题在磋商中都要明确下来。

交易磋商的一般程序可概括为询盘、发盘、还盘、接受四个环节，其中发盘和接受是必不可少的环节。

《联合国国际货物销售合同公约》（以下简称《公约》）是联合国国际贸易法委员会制订的。自1988年1月1日起，《公约》对包括我国在内的11个成员国生效。截至2016年12月，加入《公约》的国家已有85个。在国际贸易合同的交易磋商和履行过程中，我们要遵循《联合国国际货物买卖合同公约》的相关规定。我国公司与《公约》的缔约国公司签订的合同如不另行作出法律选择，则合同规定的事项自动适用《公约》的有关规定（直接适用），发生纠纷和诉讼亦得依《公约》处理。

一、询盘

交易的一方欲购买或出售某种商品，向另一方发出探询买卖该商品及有关交易条件的一种表示，称为询盘（Inquiry），也叫询价，在法律上称为“要约邀请”。询盘既可由买方发出，也可由卖方发出。询盘是交易的起点，只是表示一种愿望，请将来可能的交易对象向自己发盘。所列内容多是探询和参考性质，没有必须购买或售出的义务，对双方均没有约束力，不是交易磋商的必经步骤。但询盘是了解市场供求、寻找交易机会的有效手段，不应忽视。

例1　买方询盘。

BOOKABLE MIDDLE SIZE T-SHIRT 2 000 DOZEN

PLEASE CABLE LOWEST PRICE EARLIEST DELIVERY

（拟订购中号T恤衫2 000打，请电告最低价格和最快交货期）

例 2 卖方询盘。

CAN SUPPLY T-SHIRT MARCH SHIPMENT CABLE INTERESTED

（可供 T 恤衫 3 月装，如有兴趣请电告）

二、发盘

发盘（Offer）是买方或卖方向对方提出交易条件并愿意按此条件达成交易的表示，也叫报盘、报价、发价，法律上称发盘为“要约”。发盘可以由卖方提出，习惯上叫卖方发盘，也可以由买方提出，习惯上叫买方发盘，或称递盘（Bid）。发盘人将受其约束，并承担按发盘条件和对方订立合同的法律责任。

《公约》规定：“凡向一个或一个以上的特定的人提出的订立合同的建议，如果其内容十分确定并且表明发盘人有在其发盘一旦得到接受就受其约束的意思，即构成发盘。”

例如：

OFFER MIDDLE SIZE T-SHIRT 120 PACKED IN CARTONS OF 10 DOZ EACH STERLING FORTY PER DOZEN CIF LONDON DECEMBER SHIPMENT IRREVOCABLE SIGHT L/C SUBJECT REPLY REACHING US FIFTEENTH

（兹发盘中号 T 恤衫 120 纸箱，每箱 10 打，每打 40 英镑 CIF 伦敦，12 月装，即期不可撤销信用证支付，限 15 日复到我方）

1. 构成有效发盘的条件

（1）发盘应向一个或一个以上特定的人提出。

（2）发盘的内容十分确定。发盘内容的确定性体现在：发盘所列条件是完整的、明确的和终局的。

所谓完整的，按习惯做法是准确阐明各项主要交易条件，一般包括品名规格、数量、包装、价格、装运、付款、保险七大要件。

构成发盘有三个基本要素：货物名称、数量和价格。

所谓明确的，即指交易条件需清楚、具体、不含糊、不模棱两可，不能在发盘中出现大概、预计、可能、参考等用词。

所谓终局的，即肯定的，不能有保留性、限制性的条款。

（3）表明经受盘人接受，发盘人即受约束的意思（发盘人的发盘在得到接受时，发盘人将按发盘的条件与受盘人订立合同承担法律责任）。

（4）发盘必须送达受盘人。发盘只有受盘人收到才生效，受盘人没收到或没正式收到就没有法律效力，发盘人也没有订立合同的义务。

2. 发盘的有效期

发盘的有效期是指可供受盘人对发盘作出接受的时间或期限。发盘人在发盘的有效期内受其约束，超过有效期，发盘人则不再受其约束，因此，发盘的有效期既是对发盘人的限制，也是对发盘人的保障。

采用口头发盘时，一般受盘人只能当场表示接受，方为有效。

采用函电成交时，发盘人一般都应明确规定发盘的有效期，其规定的方法有以下两种：

（1）规定最迟接受的期限，例如：限 5 月 10 日复到有效。

（2）规定一段接受的期限，例如：发盘有效期为 5 天。

3. 发盘的撤回与撤销

发盘发出后，有些发盘人由于种种原因要求撤回。发盘的撤回与发盘的撤销是不同的。

撤回（Withdrawal）是指在发盘送达受盘人之前（发盘生效前），将其取消，以阻止其生效。（在目前电子邮件发盘的情况下，撤回恐怕不可能了。）

撤销（Revocation）是指发盘已送达受盘人（发盘生效后），即发盘生效之后将发盘取消，以阻止其继续生效。

《公约》对发盘撤销的规定：在尚未订立合同之前，发盘得予撤销，如果撤销的通知在受盘人发出接受通知之前送达受盘人。

注意：

《公约》规定，并不是所有的发盘都可以撤销，下列两种情况下的发盘，一旦生效，则不得撤销：

（1）在发盘中规定了有效期，或以其他方式明确表示该发盘是不可被撤销的。

（2）受盘人有理由信赖该发盘是不可撤销的，并本着对该发盘的信赖采取了行动，例如受盘人已申请开立信用证或已备货。

三、还盘

还盘（Count Offer）是受盘人对发盘内容不完全同意，为了进一步协商，反过来向发盘人提出需要变更内容或建议的表示，也叫还价，法律上称还盘为新要约。实际上就是还盘人（原受盘人）要求原发盘人答复是否同意还盘人提出修改的交易条件，这样原受盘人成了新的发盘人，还盘就成了新的发盘，而原发盘人则成了新的受盘人，原发盘随之失效。一笔交易的达成，往往要经过多次还盘和再还盘的过程，发盘人与受盘人的地位多次转化。在还盘时，对双方已经同意的条件一般无须重复列出。还盘不是交易磋商程序中必备的环节。

例如：

YOURS OFFER- PRICE TOO HIGH COUNTER-OFFER USD 30/PC REPLY FOURTEENTH

（你方报价太高还盘 30 美元 / 件限 14 日复）

还盘的法律意义：一项发盘一经对方还盘，原发盘人的发盘已失效，其不受约束；有效的还盘是新的发盘，对还盘人 / 新的发盘人具有约束力。

四、接受（Acceptance）

受盘人声明或以其他行为表示无条件地同意对方在发盘中提出的各项条件，即为接受。接受在法律上称为承诺，其实质是对发盘表示同意。发盘一经接受，合同就告成立，对双方都有约束力，发盘人和受盘人任何一方都不得任意更改或撤销。

接受是受盘人同意发盘的意思表示。受盘人接到发盘的全部内容，向发盘人发出通知表示同意，即构成接受。

例如：

YOURS FIFTEENTH WE ACCEPT

（你方 15 日电我方接受）

应用举例

你方 18 日电我方接受。200 公吨中国松香 AA 级铁桶装每公吨 185 美元 CIF 安特卫普，8 月份装运不可撤销即期信用证付款。

（Your cables 18th we accept. Chinese rosin AA grade iron drum 200 M/T USD 185 per M/T CIF Antwerp August shipment irrevocable sight L/C.）

1. 构成有效接受的条件

（1）必须由受盘人做出。例如，A 对 B 发盘，C 做出接受，无效。

（2）必须是同意发盘所提出的交易条件，包括品质、数量、装运、支付、保险、检验等内容。

（3）必须在发盘规定的有效期内送达发盘人。

（4）接受必须表示出来。受盘人表示接受的方式有：

1）用声明表示，即受盘人用口头或书面形式向发盘人同意发盘。

2）用行为表示，通常指由卖方发运货物或由买方支付价款，或开出信用证来表示。

2. 《公约》对接受的相关规定

接受必须是同意发盘提出的交易条件，即接受必须与发盘相符。

根据《公约》规定，一项有效的接受必须同意发盘所提出的交易条件，只接受发盘中的部分内容，或对发盘条件提出实质性的修改，或提出有条件的接受，均不能构成接受，而只能视作还盘。

有条件的接受，分为两种情况：

（1）实质性改变：有关货物价格、付款、货物质量和数量、交货地点和时间、赔偿责任范围或解决争端等的添加或更改。实质性变更是对发盘的拒绝，构成还盘。

（2）非实质性变更：如要求装箱单、商检证和原产地证，包装，分批装运等。对于非实质性变更，除非发盘人在不过分迟延的期间内以口头或书面通知反对其差异外，仍构成接受。

受盘人对货物的价格、付款、品质、数量、交货时间与地点，一方当事人对另一方当事人的赔偿责任范围或解决争端的办法等提出添加或更改，均视为实质性变更发盘条件，成为新的发盘。

《公约》第 19 条（3）款规定，包装的改变不属于实质性改变。

3. 接受的生效、撤回和修改

（1）接受生效的时间。

英美法系采用“投邮生效”的原则，即接受通知一经投递，则接受立即生效；大陆法系采用“到达生效”的原则，即接受通知必须送达发盘人时才能生效；《公约》采用了“到达生效”的原则，明确规定“接受送达发盘人时生效”。

合同于接受通知送达发盘人时成立。

（2）接受的撤回和修改。在接受送达发盘人之前，受盘人将撤回或修改接受的通知送达发盘人，或两者同时送达，则接受可以撤回或修改。

以行为表示接受时，不涉及接受的撤回问题。

思考：采用传真、EDI、电子邮件等形式订立合同，接受可以撤回吗？

4. 逾期接受（Late Acceptance）

接受通知未在发盘规定的时限内送达发盘人，则该项接受称作逾期接受。

《公约》对逾期接受作了灵活处理，规定在下列两种情况下逾期接受仍具有效力：

(1)如果发盘人毫不迟延地用口头或书面方式通知受盘人，确认该项逾期接受有效，合同仍可于接受通知送达发盘人时订立。

（2）如果载有逾期接受的信件或其他书面文件表明，在传递正常的情况下，应是能够及时送达发盘人的，则此项逾期接受仍视为有效，除非发盘人毫不迟延地用口头或书面方式通知受盘人，认为发盘因逾期接受而失效。

因此，一项逾期接受是否有效，关键在于发盘人的态度。

任务实施（工作页）

一、回答下列问题。

1．交易磋商的一般程序包括哪些？交易双方磋商的内容包括什么？

____

____

2．什么是发盘？有效发盘需具备哪些条件？商业广告是一项发盘吗？为什么？

____

____

3．某公司对外发盘中显示："吉祥"牌全棉男衬衫 500 打，每打大概 80 美元 CIF 孟买，不可撤销信用证支付，即装，如有兴趣请速复；以我公司最后确认为准。这是一项有效发盘吗？为什么？

____

____

4．一项发盘被对方还盘意味着什么？

____

____

5．什么是接受？有效接受的条件是什么？

6．根据《公约》规定，一项接受对原发盘的哪些内容做了更改即被视为对发盘条件提出实质性的修改？

二、请根据以上所学的国际贸易规则，进行案例分析。

1．上海一家外贸公司欲向美国 A 公司出口服装一批，于当年 6 月 10 日向该公司发盘，限 6 月 30 日复到有效。6 月 20 日上海外贸公司接到总公司的通知，该服装价格即日起提高 20%，于是告知 A 公司 6 月 10 日的发盘无效。6 月 22 日 A 公司经研究来电表示："我方无条件接受贵方 6 月 10 日发盘的条件。"

请分析：本案例中上海外贸公司是否可以撤销原发盘？为什么？

2．我某公司向美国 A 公司发盘出售一批大宗商品，对方在发盘有效期内复电表示接受。第三天，我方收到 A 公司通过银行开来的信用证。因获知该商品的国际市场价格已大幅度上涨，我公司当天将信用证退回，但 A 公司认为其接受有效，合同成立。双方意见不一，于是提交仲裁机构解决。

讨论：如果你是仲裁员，你将如何裁决？合同成立吗？

3．A 公司向 B 公司供应动力煤。6 月 12 日 A 向 B 发盘，同日收到 B 同样内容的递盘。6 月 14 日动力煤市场涨价，A 再次去电 B，将原发盘每公吨 38 美元调高到 42 美元。双方往来函电如下：

① Seller A outgoing cable dated June 12, 2021

Steam coal 5000 M/T USD 38 per M/T FOB China port shipment July, other terms same last, firm here 13.

② Buyer B outgoing cable dated June 12, 2021

Firm bid steam coal 5 000 M/T USD 38 per M/T FOB China port shipment July, other terms same last, reply 13.

③ Seller A outgoing cable dated June 14, 2021

Our cables 12 steam coal, we renew offer subject USD 42 per M/T reply 16.

B 公司以 12 日去电与 A 公司 12 日来电内容完全一致为由，坚持要按原价成交。A 公司不依，因此发生争议，B 上诉至法院。

讨论：你认为谁将胜诉？根据是什么？

4．某外贸公司向国外询购某电器，外商 3 月 2 日对此发盘，有效期为 3 月 31 日止。我方于 3 月 10 日电复："如每台降低 20 美元，可接受。"外商没有答复。鉴于该商品的国内行情看涨，我方又于 3 月 30 日致电接受 3 月 2 日发盘所提出的各项条件。试分析：我方 30 日函电的接受有效吗？合同成立吗？为什么？

三、交易磋商模拟练习。

圣诞前夕，英国甲公司欲购入圣诞老人衣服一批，中国乙公司为国内一家较大的服装生产厂商，甲公司欲在乙公司采购该类服装，双方就此进行交易磋商。

品名条款：A-Z 圣诞服。

包装条款：纸箱装，每箱 50 件。

品质条款：货号：DB-5，含绒量 90%，允许上下浮动 1%。

要求：

（1）每两个人一组，分别扮演进口商或出口商。

（2）在模拟磋商过程中，双方必须包含询盘、发盘、多次还盘和接受等程序。

（3）最高价格不能高于 CIF 伦敦 2500 USD/PC，最低价格不能低于 CIF 伦敦 2000 USD/PC。

任务评价

学完本任务后，结合自己学习情况，依指标进行评价。

考核项目	评分内容	总分值	得分值
知识掌握	1．了解国际贸易交易磋商的程序（10 分） 2．掌握交易磋商中有效发盘和有效接受的条件（10 分） 3．了解《联合国国际销售合同公约》对交易磋商的相关规定（10 分）	30	
能力提升	1．能够进行国际贸易交易磋商（20 分） 2．能够在交易磋商中正确运用国际贸易规则（20 分）	40	
课堂表现	1．学习态度（10 分） 2．沟通合作（10 分） 3．回答问题（10 分）	30	
签字		总分	

任务二　国际贸易合同的签订

任务描述

通过本任务的学习，学生要了解国际贸易合同的形式、合同条款内容，能够看懂国际贸易合同。

知识链接

一、国际贸易合同的形式

合同的形式是合同当事人内在意思的外在表现形式。在国际贸易中，交易双方订立合同有下列几种形式。

（一）书面形式

1．买卖合同（Sales Contract）

买卖合同除了包括合同的主要条款，如货物名称、品质规格、数量、包装、单价、总值、交货、支付方式之外，还包括一般合同条款，如保险、商品检验、异议索赔、仲裁和不可抗力等。

2．销售确认书（Sales Confirmation）

销售确认书的内容一般包括货物名称、品质规格、数量、包装、单价、总值、交货期、装运港和目的港、支付方式、运输标志、商品检验等条款。对于异议索赔、仲裁、不可抗力等一般条款都不予列入。

3．协议（Agreement）

在法律上，协议和销售合同、确认书具有相同的含义。

4. 备忘录（Memorandum）

备忘录是用来记录当时洽谈的内容，以供今后核查的文件。

5. 订单（Order）

订单是指进出口商或实际买家拟制的货物订购单。

（二）口头形式

采用口头形式订立的合同，又称口头合同或对话合同，即当事人之间通过当面谈判或通电话方式达成协议而订立的合同。

（三）其他形式

这是指上述两种形式之外的订立合同的形式，即以行为方式表示接受而订立的合同。

在我国对外贸易业务中，合同或者确认书通常一式两份，由双方合法代表分别签字后各执一份，作为合同订立的证据和履行合同的依据。

二、国际贸易合同的内容

（一）约首部分

约首部分是指合同的序言部分，包括合同的名称、订约双方当事人的名称和地址（要求写明全称）、合同编号，除此之外，在合同序言部分常常写明双方订立合同的意愿和执行合同的保证。该序言对双方均具约束力，因此，在规定该序言时，应慎加考虑。

（二）本文部分

本文部分是合同的主体部分，具体列明各项交易的条件或条款品名、品质规格、数量、单价、包装、交货时间与地点、保险条件、支付方式以及检验、索赔、不可抗力和仲裁条款。这些条款体现了双方当事人的权利和义务。

（三）约尾部分

约尾部分一般列明合同的份数，使用的文字及其效力，订约的时间和地点及生效的时间。合同的订约地点往往要涉及合同准据法的问题，因此要慎重对待。我国出口合同的订约地点一般都写在我国。有时，有的合同将"订约时间和地点"在约首部分订明。

三、国际贸易合同的主要条款介绍

国际贸易合同包括以下条款。

（一）货物的品质规格条款

货物的品质规格是指商品所具有的内在质量与外观形态。品质条款的主要内容是品名和规格。合同中规定品质规格的方法有两种：凭样品成交和凭文字说明成交。在凭样品确定商品品质的合同中，卖方要承担货物品质必须同样品完全一致的责任。为避免发生争议，合同中应注明"品质与样品大致相同"。凭样品成交适用于从外观上即可确定商品品质的交易。凭文字说明成交的买卖包括凭规格、等级或标准的买卖，凭说明书的买卖，以及凭商标、牌号或产地的买卖。对于附有图样、说明书的合同要注明图样、说明书的法律效力。

（二）货物的数量条款

数量条款的主要内容是交货数量、计量单位与计量方法。制定数量条款时应明确计量单位和度量衡制度。在数量方面，合同通常规定有“溢短装条款”，明确规定溢短装幅度，如“东北大米 1000 公吨，溢短装 3%”，同时规定溢短装的选择权以及作价方法。

（三）货物的包装条款

包装是指为了有效地保护商品的数量完整和质量要求，把货物装进适当的容器。包装条款的主要内容有包装方式、规格、包装材料、包装费用和运输标志（Shipping Marks，唛头）。

（四）货物的价格条款

价格条款的主要内容有计量单位、单位金额、计价货币、贸易术语及佣金折扣等。为防止商品价格受汇率波动的影响，在合同中还可以增订外汇保值条款，明确规定在计价货币币值发生变动时，价格应作相应调整。

（五）货物的装运条款

装运条款的主要内容是装运时间、运输方式、装运地与目的地、可否分批装运及转船、装运方式及装运通知。根据不同的贸易术语，装运的要求是不一样的，所以应该依照贸易术语来确定装运条款。如果合同中有选择港，则应明确增加的运费、附加费用由谁承担。

（六）货物的支付条款

支付条款的主要内容包括支付工具、支付方式、支付时间和地点。支付工具以汇票为主，汇票可分为即期汇票与远期汇票。支付方式有汇付、托收和信用证三种，其中，汇付和托收属于商业信用，信用证属于银行信用。支付时间通常按交货与付款的先后，分为预付款、即期付款与延期付款等。付款地点即为付款人或其指定银行所在地。

（七）货物的保险条款

国际货物买卖中的保险是指进出口商按照一定险别向保险公司投保并缴纳保险费，以便货物在运输过程中受到损失时，从保险公司得到经济上的补偿。保险条款的主要内容包括确定投保人及支付保险费，投保险别和所采用的保险条款。在国际货物买卖中，保险责任与费用的分担由当事人选择的贸易术语决定，因此投保何种险别以及双方对于保险有何特殊要求都应在合同中订明。此外，双方应在合同中订明所采用的保险条款名称，如是采用中国人民保险公司海洋货物保险条款，还是伦敦保险业协会的协会货物险条款，以及其制定或修改日期、投保险别、保险费率等。

（八）货物的检验条款

商品检验指由商品检验机关对进出口商品的品质、数量、重量、包装、标记、产地、残损等进行查验分析与公证鉴定，并出具检验证明。检验条款主要内容包括检验机构、检验权与复验权、检验与复验的时间、地点及检验证书等。在国际贸易中，检验机构主要有官方检验机构，产品的生产或使用部门设立的检验机构，由私人或同业协会开设的公证、鉴定行。检验权与复验权的归属，以及检验与复验的时间、地点，在国际货物买卖中，通常由当事人在合同中约定。检验证书是检验机构出具的证明商品品质数量等是否符合合同要求的书面文件，是买卖双方交接货物、议付货款并据以进行索赔的重要法律文件。应按照合同的具体约定出具符合合同要求或某些国家特殊法律规定的检验证书。

（九）不可抗力条款

不可抗力条款是指合同订立以后发生的当事人订立合同时不能预见的、不能避免的、人力不可控制的意外事故，导致合同不能履行或不能按期履行，遭受不可抗力一方可由此免除责任，而对方无权要求赔偿。一般来说，不可抗力来自两个方面：自然条件和社会条件。前者如水灾、旱灾、地震、海啸、泥石流等，后者如战争、暴动、罢工、政府禁令等。不可抗力是一个有确切含义的法律概念，并不是所有的意外事故都可构成不可抗力。有时当事人在合同中改变了不可抗力概念通常的含义，因此需要在合同中订明双方公认的不可抗力事故。

（十）仲裁条款

仲裁条款是双方当事人自愿将其争议提交第三者进行裁决的意思表示。仲裁条款的主要内容有仲裁机构、适用的仲裁程序规则、仲裁地点及裁决效力。在国际贸易实践中，仲裁机构、仲裁地点都由双方约定产生，仲裁程序规则一般由选择的仲裁机构决定；仲裁裁决的效力一般是一次性的、终局的，对双方都有约束力，凡订有仲裁协议的双方，不得向法院提起诉讼。

（十一）法律适用条款

国际货物买卖合同是在营业地分别处于不同国家的当事人之间订立的，由于各国政治、经济、法律制度不同，易产生法律冲突和法律适用问题。当事人应当在合同中明确合同适用哪国的法律。

任务实施（工作页）

一、在国际贸易中，书面合同的形式有哪些？销售确认书与买卖合同在内容上有什么不同？

二、国际贸易买卖合同中规定了哪些条款？

三、请认真阅读以下国际贸易合同范例，仔细了解贸易合同的每一个条款，根据合同请回答以下问题：

（1）说明本合同中的商品信息（品名、品质、数量、包装）。

（2）合同中唛头（Shipping Marks）属于哪个合同条款？

（3）合同中对运输条款做了哪些方面的规定？

（4）合同中对保险条款的规定。

（5）如果出现不可抗力事件，应该怎么办？结果会怎样？

正 方 进 出 口 贸 易 公 司

ZHENGFANG IMPORT & EXPOR TRADE CORPORATION

222 ZHONGSHAN ROAD SHANGHAI CHINA

销 售 确 认 书

Sales Confirmation

TEL：(021) 65788877

S/C No：TXT264

Fax: (021) 65788876 DATE: Apr.10,2018

To Messrs: TKAMRA CORPORATION 6-7,KAWARA MACH OSAKA JAPAN

谨启者：兹确认售予你方下列货品，其成交条款如下：

Dear Sirs,

We hereby confirm having sold to you the following goods on terms and conditions as specified below:

唛 头 SHIPPING MARKS	货物描述及包装 DESCRIPTIONS OF GOODS, PACKING	数 量 QUANTITY	单 价 UNIT PRICE	总 值 TOTAL AMOUNT
T.C TXT264 HAMBURG C/NO. 1-UP	100% COTTON COLOUR WEAVE T-SHIRTTM111 TM222 TM333 TM444 PACKED IN ONE CARTON 20 PCS OF EACH	2000 PCS 2000 PCS 1000 PCS 1000 PCS	USD 11.00/PC USD 10.00/PC USD 9.50/PC USD 8.50/PC CIF TOKYO AS PER INCOTERMS® 2010.	USD 22000.00 USD 20000.00 USD 9500.00 USD 8500.00 USD60000.00

装运港：

LOADING PORT: SHANGHAI CHINA

目的港：

DESTINATION: TOKYO JAPAN

装运期限：

TIME OF SHIPMENT: LATEST DATE OF SHIPMENT JUN. 30, 2018

分批装运：

PARTIAL SHIPMENT: PROHIBITED

转船：

TRANSSHIPMENT: PROHIBITED

保险：

INSURANCE: TO BE COVERED BY THE SELLERS FOR 110 PERCENT OF THE INVOICE VALUE COVERING ALL RISKS AND WAR RISK AS PER CIC CLAUSE, DATED 1981/1/1

由卖方按发票金额的 110 %投保 一切 险， 战争 险以中国人民保险公司1981年1月1日的有关海洋运输货物险条款为准。

付款条件：

TERMS OF PAYMENT: L/C AT SIGHT.

买方须于2018年5月20日前开出本批交易的信用证（或通知售方进口许可证号码），否则，售方有权不经过通知取消本确认书，或向买方提出索赔。The Buyer shall establish the covering Letter of Credit (or notify the Import License Number) before May.20,2018, falling which the Seller reserves the right to rescind without further notice, or to accept whole or any part of this Sales Confirmation non-fulfilled by the Buyer ,or ,to lodge claim for direct losses sustained, if any.

品质与数量、重量的异议与索赔：

Quality/Quantity Discrepancy and Claim:

如买方提出索赔，凡属品质异议须于货到目的口岸之日起3个月内提出，凡属数量异议须于货到目的口岸之日起15天内提出，对所装运物所提任何异议属于保险公司、轮船公司及其他有关运输机构或邮递机构所负责者，售方不负任何责任。

QUATLITY/QUANTITY DISCREPANCY: In case of quality discrepancy, claim should be filed by the Buyers within 3 months after the arrival of the goods at port of destination, while of quantity discrepancy, claim should be filed by the Buyers within 15 days after the arrival of the goods at port of destination. It is understood that the Sellers shall not be liable for any discrepancy of the goods shipped due to causes for which the Insurance Company, Shipping company, other transportation, organization/or Post Office are liable.

不可抗力条款

由于水灾、火灾、地震、干旱、战争或协议一方无法预见、控制、避免和克服的其他事件导致不能或暂时不能全部或部分履行本协议，该方不负责任。但是，受不可抗力事件影响的一方须尽快将发生的事件通知另一方，并在不可抗力事件发生15天内将中国国际贸易促进委员会出具的不可抗力事件的证明寄交对方。

Force Majeure

Either party shall not be held responsible for failure or delay to perform all or any part of this agreement due to flood, fire, earthquake, draught, war or any other events which could not be predicted, controlled, avoided or overcome by the relative party. However, the party affected by the event of Force Majeure shall inform the other party of its occurrence in writing as soon as possible and thereafter send a certificate of the event issued by the relevant authorities to the other party within 15 days after its occurrence.

仲裁条款

在履行协议过程中，如产生争议，双方应友好协商解决。若通过友好协商未能达成协议，则提交中国国际贸易促进委员会对外贸易仲裁委员会，根据该会仲裁程序暂行规定进行仲裁。该委员会决定是终局的，对双方均有约束力。仲裁费用，除另有规定外，由败诉一方负担。

Arbitration

All disputes arising from the execution of this agreement shall be settled through friendly consultations. In case no settlement can be reached, the case in dispute shall then be submitted to the Foreign Trad Arbitration Commission of the China Council for the Promotion of International Trade for Arbitration in accordance with its Provisional Rules of Procedure. The decisions made by this commission shall be regarded as final and binding upon both parties. Arbitration fees shall be borne by the losing party, unless otherwise awarded.

备注：

Remark:

卖方 买方

THE SELLERS THE BUYERS

任务评价

学完本任务后，结合自己学习情况，依指标进行评价。

考核项目	评分内容	总分值	得分值
知识掌握	1. 了解国际贸易合同的形式（10 分） 2. 掌握国际贸易合同条款的内容（20 分）	30	
能力提升	1. 能够正确找出国际贸易合同中的商品信息（20 分） 2. 能够正确解读合同中的运输条款和保险条款。（20 分）	40	
课堂表现	1. 学习态度（10 分） 2. 沟通合作（10 分） 3. 回答问题（10 分）	30	
签字		总分	

任务三　了解国际贸易术语

任务描述

通过本任务的学习，学生要了解《国际贸易术语解释通则》中的 11 种国际贸易术语，能够熟悉货运代理业务中涉及的常用贸易术语的运输费用的构成及风险转移界限，能够利用《国际贸易术语解释通则》的规定解决实际问题。

知识链接

一、贸易术语及惯例

（一）贸易术语的含义及作用

国际贸易业务中会涉及许多问题，如由哪方办理运输、保险及进出口通关手续，由哪方支付运费、保险费、关税及其他杂项费用，由哪方承担货物在运输途中可能发生的损坏和灭失的风险等。如果每笔交易都要求买卖双方对上述手续、费用和风险逐项反复磋商，将耗费大量的时间和费用。为了减少磋商事项、简化合同内容，商人们发明了代表不同交易条件的贸易术语（例如 FOB、CIF）。

1. 贸易术语的含义

贸易术语（Trade Terms），又称价格术语，是用英文字母来表示价格构成、区分买卖双方的责任、费用和风险划分的专门术语。贸易术语是进出口商品价格的重要组成部分。其中：

（1）“责任”是指因交货而产生的租船订舱、装货卸货、保险办理、通关手续等有关义务。

（2）“费用”是指因货物的移动而产生的运杂费、保险费、仓储费、装卸费及码头作业费等。

（3）“风险”是指由于各种原因导致的货物受损、灭失等危险。

2. 贸易术语的作用

贸易术语的产生，极大地便利和促进了国际贸易的发展。贸易术语的作用可概括为：

（1）可以表示价格构成，有利于买卖双方的成本与费用核算。

（2）可以明确界定买卖双方的责任、义务、费用和风险，减少法律纠纷。

（3）可以简化交易磋商与合同的内容、缩短成交时间、节省交易成本。

（二）与贸易术语有关的国际贸易惯例

在国际贸易业务实践中，因各国法律制度、贸易惯例和习惯做法不同，国际上对各种贸易术语的理解与运作互有差异，从而容易引起贸易纠纷。为了避免各国在对贸易术语解释上出现分歧和引起争议，有些国际组织和商业团体便分别就某些贸易术语作出统一的解释与规定，其中影响较大的主要有：国际法协会制定的《1932 年华沙—牛津规则》，美国一些商业团体制定的《美国对外贸易定义修订本》，国际商会制定的

《国际贸易术语解释通则》（International Rules for the Interpretation of Trade Terms，简称 Incoterms）。

《国际贸易术语解释通则》第一版于1936年问世，为适应国际贸易实践发展的需要，国际商会先后于1953年、1967年、1976年、1980年、1990年、2000年和2010年进行过多次修订和补充。最新一版的解释通则为Incoterms®2020。这里应当注意，新的贸易术语解释通则的颁行并不意味着之前版本的失效，当事人可以选择适用原先的贸易术语。

二、Incoterms®2010 介绍

Incoterms®2010 共解释了11个贸易术语，主要分为两大类。

第一类：适用于任何运输方式的术语。共七个：EXW、FCA、CPT、CIP、DAT、DAP、DDP。

（1）EXW（EX Works）：工厂交货。

（2）FCA（Free Carrier）：货交承运人。

（3）CPT（Carriage Paid to）：运费付至目的地。

（4）CIP（Carriage and Insurance Paid to）：运费、保险费付至目的地。

（5）DAT（Delivered at Terminal）：运输终端交货。

（6）DAP（Delivered at Place）：目的地交货。

（7）DDP（Delivered Duty Paid）：完税后交货。

第二类：适用于海运及内河水运的术语。共四个：FAS、FOB、CFR、CIF。

（1）FAS（Free Alongside Ship）：装运港船边交货。

（2）FOB（Free on Board）：装运港船上交货。

（3）CFR（Cost and Freight）：成本加运费。

（4）CIF（Cost Insurance and Freight）：成本、保险费加运费。

（一）适用于任何运输方式的贸易术语介绍

Incoterms®2010 中的第一类术语共7个（EXW、FCA、CPT、CIP、DAT、DAP和DDP），这类术语可适用于任何一种运输方式，也可适用于多种运输方式的联合运输。

1. EXW

EXW术语全文是EX Works (place of delivery)（……指定交货地点），是指当卖方在其所在地或其他指定地点（如工厂、车间或仓库）将货物交给买方处置时，即完成交货。货物灭失或损坏的风险在交给买方处置时转移。

EXW术语下，买卖双方的义务为：

（1）卖方义务包括：按合同规定备好货物，并在约定的时间和地点内将货物交给买方处置。卖方不需要将货物装上任何前来接收的运输工具。

（2）买方义务包括：自行安排运输工具到交货地点接受货物，自行办理进、出口清关的一切手续，承担一切风险、责任和费用，并将货物从交货地点运到目的地。

2. FCA

FCA术语全文是Free Carrier (... named place of delivery)，即货交承运人（……指

定交货地点），是指卖方在其所在地或其他指定地点，将货物交给买方指定的承运人，即完成交货。货物灭失或损坏的风险在货交承运人时转移。

FCA 术语下，买卖双方的义务为：

（1）卖方义务包括：办理出口清关手续并承担相关税费；在指定地点和装运期内将货物交付给买方指定的承运人，并就交货情况给予买方充分的通知；承担货物交付给承运人之前的一切费用和风险；向买方提供已交货的通常凭证。

（2）买方义务包括：自付费用签订自指定的交货地点起运货物的运输合同，并及时向卖方发出交货通知；承担自货物交付给承运人之后货物灭失与损坏的一切风险；按合同规定领受卖方提供的交货凭证并支付货款；办理进口清关手续并承担相关税费。

3. CPT

CPT 术语全文是 Carriage Paid to (... named place of destination)，即运费付至目的地（……指定目的地），是指卖方自付费用订立将货物运至指定目的地的运输合同，在约定的时间和地点内将货物交给承运人即完成交货。货物灭失或损坏的风险在货交承运人时转移。

CPT 术语下，买卖双方的义务为：

（1）卖方义务包括：办理出口清关手续并承担相关税费；自费订立运输合同，如期将货物交给承运人，并向买方发出装运通知（已交货通知）；承担货物自装运地至目的地的通常费用；承担货交承运人之前的一切费用和货物灭失与损坏的一切风险；向买方提供运输凭证。

（2）买方义务包括：承担自货物交付给承运人之后货物灭失与损坏的一切风险；在指定目的地自承运人处收取货物，接受运输凭证并支付货款；办理进口清关手续并承担相关税费。

4. CIP

CIP 术语全文是 Carriage and Insurance Paid to (... named place of destination)，即运费、保险费付至目的地（……指定目的地），是指卖方自付费用订立将货物运至指定目的地的运输合同和保险合同，在约定的时间和地点内将货物交给承运人即完成交货。货物灭失或损坏的风险在货交承运人时转移。

CIP 术语下，买卖双方的义务为：

（1）卖方义务包括：办理出口清关手续并承担相关税费；自费订立运输和保险合同，如期将货物交给承运人，并向买方发出已交货的通知；承担货物自装运地至目的地的通常费用；承担货交承运人之前的一切费用和货物灭失与损坏的一切风险；向买方提供运输凭证。

（2）买方义务包括：承担自货物交付给承运人之后货物灭失与损坏的一切风险；在指定目的地自承运人处收取货物，接受运输凭证并支付货款；办理进口清关手续并承担相关税费。

5. DAT

DAT 术语全文是 Delivered at Terminal (... named terminal at port or place of destination)，即运输终端交货（……指定目的港或目的地的运输终端），是指卖方自负风险和费用，

在指定目的港或目的地的运输终端，将货物从运输工具上卸下交给买方处置时完成交货。运输终端意味着任何地点，而不论该地点是否有遮盖，如码头、仓库、集装箱堆场或公路、铁路、空运货站等。货物灭失或损坏的风险在交给买方处置时转移。

DAT 术语下，买卖双方的义务为：

（1）卖方义务包括：办理出口清关手续并承担相关税费；向买方发出到货通知并提供运输凭证；在指定时间和地点向买方交货，承担将货物运送至运输终端并其将卸下期间的一切风险和费用。

（2）买方义务包括：领受货物；承担交货时起货物灭失与损坏的一切风险；接受运输凭证并支付货款；办理进口清关手续并承担相关税费。

6. DAP

DAP 术语全文是 Delivered at Place (... named place of destination)，即目的地交货（……指定目的地），是指当卖方在指定目的地将仍处于抵达的运输工具上可供卸载的货物交由买方处置时完成交货。货物灭失或损坏的风险在交给买方处置时转移。

DAP 术语下，买卖双方的义务为：

（1）卖方义务包括：办理出口清关手续并承担相关税费；向买方发出到货通知并提供运输凭证；在指定时间和地点向买方交货，承担将货物运送到指定地点前的一切风险和费用（进口清关的风险及税费除外）。

（2）买方义务包括：领受货物并承担卸货费用；承担交货时起货物灭失与损坏的一切风险；接受运输凭证并支付货款；办理进口清关手续并承担相关税费。

7. DDP

DDP 术语全文是 Delivered Duty Paid (... named place of destination)，即完税后交货（……指定目的地），是指卖方承担将货物运至目的地的一切风险和费用，在指定目的地将仍处于抵达的运输工具上、但已完成进口清关且可供卸载的货物交由买方处置时完成交货。货物灭失或损坏的风险在交给买方处置时转移。

DDP 术语下，买卖双方的义务为：

（1）卖方义务包括：办理进、出口清关手续并承担相关税费；向买方发出到货通知并提供运输凭证；在指定时间和地点向买方交货，承担将货物运送到指定地点前的一切风险和费用。

（2）买方义务包括：领受货物并承担卸货费用；承担交货时起货物灭失与损坏的一切风险；接受运输凭证并支付货款。

（二）适用于海运及内河水运的贸易术语介绍

Incoterms®2010 中的第二类术语共 4 个（FAS、FOB、CFR 和 CIF），其交货地点和运达地点都是港口，因此被划分为“适用于海运及内河水运的术语”。其中 FOB、CFR 和 CIF 3 个术语均以将货物置于“船上”构成交货。

1. FAS

FAS 术语全文是 Free Alongside Ship (... named port of shipment)，即装运港船边交货（……指定装运港），是指当卖方在指定装运港将货物交到买方指定的船边（如置于码头或驳船上），或以取得已经在船边交付的货物的方式交货。货物灭失或损坏的风险在装运港船边转移。

FAS 术语下，买卖双方的义务为：

（1）卖方义务包括：办理出口清关手续并承担相关税费；在指定装运港和装运期内将货物交到买方指定的船边，并就交货情况给予买方充分的通知；承担完成交货前的一切费用和风险；向买方提供已交货的通常凭证。

（2）买方义务包括：自付费用签订自指定装运港起运货物的运输合同，并及时向卖方发出派船通知；承担完成交货之后货物灭失与损坏的一切风险和费用；按合同规定收取货物，接受运输凭证并支付货款；办理进口清关手续并承担相关税费。

2. FOB

FOB 术语全文是 Free on Board (... named port of shipment)，即装运港船上交货（……指定装运港），是指卖方以在指定装运港将货物交到买方指定的船上或通过取得已交付至船上的货物的方式交货。货物灭失或损坏的风险在装运港船上转移。

FOB 术语下，买卖双方的义务为：

（1）卖方义务包括：办理出口清关手续并承担相关税费；在指定装运港和装运期内将货物交到买方指定的船上，并就装船情况给予买方充分的通知；承担完成交货前的一切费用和风险；向买方提供已交货的通常凭证。

（2）买方义务包括：自付费用签订自指定装运港起运货物的运输合同，并及时向卖方发出派船通知；承担完成交货之后货物灭失与损坏的一切风险和费用；按合同规定收取货物，接受运输凭证并支付货款；办理进口清关手续并承担相关税费。

3. CFR

CFR 术语全文是 Cost and Freight (... named port of destination)，即成本加运费（……指定目的港），是指卖方以在装运港船上交货或通过取得已交付至船上的货物的方式交货。货物灭失或损坏的风险在装运港船上转移。卖方必须签订将货物运至指定目的港的运输合同，并支付必要的运费。

CFR 术语下，买卖双方的义务为：

（1）卖方义务包括：办理出口清关手续并承担相关税费；租船订舱并支付运费；在约定时间内装船并及时向买方发出装船通知；承担完成交货前的一切费用和风险；向买方提供运输凭证。

（2）买方义务包括：承担完成交货之后货物灭失与损坏的一切风险和费用；在指定目的港地自承运人处收取货物，接受运输凭证并支付货款；办理进口清关手续并承担相关税费。

4. CIF

CIF 术语全文是 Cost Insurance and Freight (... named port of destination)，即成本、保险费加运费（……指定目的港），是指卖方以在装运港船上交货或通过取得已交付至船上的货物的方式交货。货物灭失或损坏的风险在装运港船上转移。卖方必须签订将货物运至指定目的港的运输合同和保险合同，并支付所需运费和保险费。

CIF 术语下，买卖双方的义务为：

（1）卖方义务包括：办理出口清关手续并承担相关税费；租船订舱、办理保险并支付运费和保险费；在约定时间内装船，承担完成交货前的一切费用和风险；向买方提供运输凭证。

（2）买方义务包括：承担完成交货之后货物灭失与损坏的一切风险和费用；在指定目的港地自承运人处收取货物，接受运输凭证并支付货款；办理进口清关手续并承担相关税费。

任务实施（工作页）

一、什么是贸易术语？它在国际贸易中有何作用？

二、说明 FOB、CIF、CFR 三种贸易术语中买卖双方各自承担的责任、费用与风险划分的界限。

三、总结 FOB、CIF、CFR 三个贸易术语和 FCA、CIP、CPT 这三个术语的区别。

四、完成表 2-1 所示的 Incoterms®2010 贸易术语对照表的填写。

表 2-1　各贸易术语对比

序号	贸易术语	中文含义	运输办理	保险办理	交货地点	风险转移界限	出口报关	进口报关	适用的运输方式
1	EXW								
2	FCA								
3	CPT								
4	CIP								
5	DAT								
6	DAP								

续表

序号	贸易术语	中文含义	运输办理	保险办理	交货地点	风险转移界限	出口报关	进口报关	适用的运输方式
7	DDP								
8	FAS								
9	FOB								
10	CFR								
11	CIF								

任务评价

学完本任务后，结合自己学习情况，依指标进行评价。

考核项目	评分内容	总分值	得分值
知识掌握	1．掌握贸易术语的含义和作用（10 分） 2．掌握适用于任何运输方式的 7 种贸易术语（10 分） 3．掌握适用于海运及内河水运的 4 种贸易术语（10 分）	30	
能力提升	1．能够利用《国际贸易术语解释通则》的规定解决实际问题（20 分） 2．能够向客户提供不同贸易术语项下的运输费用及风险转移的咨询（20 分）	40	
课堂表现	1．学习态度（10 分） 2．沟通合作（10 分） 3．回答问题（10 分）	30	
签字		总分	

任务四　国际贸易中的结算方式

任务描述

通过本任务的学习，学生要了解国际贸易中常用的结算方式（汇付、托收和信用证）；熟悉信用证的使用流程；能够正确解读信用证条款。

知识链接

一、国际贸易中常用的结算方式

国际贸易中的常用结算方式有以商业信用为基础的汇付 、托收和以银行信用为基础的信用证。

（一）汇付

汇付结算方式是指进口方（买方，债务人）将货款交由当地银行，通过它在国外的联行或代理行汇交国外出口商（卖方，债权人）的一种结算方式。汇付结算业务中主要的当事人有汇款人、收款人、汇出行和汇入行。

国际的汇付结算方式主要有信汇、票汇和电汇三种。

1. 信汇（Mail Transfer，M/T）

信汇是指汇出行应汇款人的申请，将信汇付款委托书（M/T Advice）或支付委托书（Payment Order）寄给汇入行，授权解付一定金额给收款人的一种汇款方式。

2. 票汇（Demand Draft，D/D）

票汇是指汇出行应汇款人的申请，代汇款人开立以其分行或代理行为解付行的银行即期汇票（Bankers Demand Draft），支付一定金额给收款人的一种汇款方式。

3. 电汇（Telegraphic Transfer，T/T）

电汇是指汇出行应汇款人的申请，采用电传、SWIFT（环球银行间金融电讯网络）等方式，以电汇付款委托书委托汇入行解付汇款给收款人的一种汇款方式。

电汇是常用的汇付方式，通常用于预付货款、货到付款等业务。

（1）预付货款（Payment in Advance）。预付货款俗称“前 T/T”。

（2）货到付款（Payment after Arrival of Goods）。货到付款俗称“后 T/T”，实为赊销（Open Account，O/A）或称延期付款（Deferred Payment）。

（3）双汇付（前 T/T ＋后 T/T）。为实务中普遍接受的做法，其中“前 T/T”的比例一般为 20% ～ 30%。具体做法是：

1）买方在合同签订后（或装船前）若干天预付货款的 ××% 作为定金，即“前 T/T”。

2）卖方在货物装船后 1 ～ 2 天内将正本提单电传给买方，买方凭以付款。

3）买方收到电传提单后 ×× 天内电汇余款，并将电汇收据电传给卖方，即“后 T/T”。

4）卖方收到电传收据后再将正本提单快递给买方，买方凭以提货。

（二）托收

托收（Collection）是指由卖方开具汇票并随附单据，把它交给当地银行（托收银行），并提出托收申请，委托该行通过它在进口地的代理行（代收银行），代向进口商收款的结算方式。托收业务中主要有委托人、托收银行、代收银行和付款行四方当事人。托收属于商业信用。

根据代收行交付货运单据的不同条件，跟单托收可分为付款交单（D/P）和承兑交单（D/A）。

1. 付款交单

付款交单（Documents Against Payment，D/P）是指出口商的交单以进口商的付款为条件，即进口商付清款项后，才能取得运输单据提取货物。

根据付款时间的不同，付款交单又分为即期付款交单和远期付款交单。

（1）即期付款交单（D/P at Sight）：指出口人装运后，开具即期汇票，连同装运单据交给当地银行，通过银行向进口人提示，进口人见票后须立即付款，付款后获取装运单据。

（2）远期付款交单（D/P after Sight）：出口人装运后，开具远期汇票，连同装运单据交给当地银行，通过银行向进口人提示，由进口人承兑远期汇票，于远期汇票到期日付清款项后领取装运单据。

2. 承兑交单

承兑交单（Documents Against Acceptance，D/A）是指出口人装运后，开具远期汇票连同装运单据交给当地银行，通过银行向进口人提示，由进口人承兑远期汇票之后，即可取得装运单据，提取货物，待汇票到期再付清货款。

（三）信用证

信用证（Letter of Credit，L/C），是开证行应开证申请人（进口商）的要求开立的，在符合信用证规定的条件下，凭规定单据对受益人（出口商）付款的书面文件。

简言之，信用证是一种银行开立的有条件的书面付款承诺，具体的条件就是受益人必须提交符合信用证规定的各种单据。

1. 与信用证有关的国际惯例——《跟单信用证统一惯例》（UCP600）

国际商会为明确信用证有关当事人的权利、责任、付款的定义和术语，减少因解释不同而引起各有关当事人之间的争议和纠纷，调和各有关当事人之间的矛盾，于 1930 年拟订一套《商业跟单信用证统一惯例》（Uniform Customs and Practice for Commercial Documentary Credits），并于 1933 年正式公布。随着国际贸易的变化，国际商会分别在 1951 年、1962 年、1974 年、1978 年、1983 年、1993 年进行了多次修订。该惯例被各国银行和贸易界所广泛采用，已成为信用证业务的国际惯例。但其本身不是一个国际性的法律规章。现行的是 2007 年版本，从 2007 年 7 月起，《跟单信用证统一惯例（2007 年修订本）》第 600 号出版物开始执行，简称为 UCP600。

2. 信用证的特点

（1）开证行负有第一性付款责任。UCP600 规定，对于各种类型的信用证，“当开证行授权另一银行凭表面上符合信用证条款的单据付款、承担延期付款责任、承兑汇票或议付时，开证行和保兑行（若有的话）有义务：（ i ）对已承担付款、承担延期付款责任、承兑汇票或议付的银行进行偿付；（ ii ）接受单据。”

（2）信用证是一项自足文件。信用证是根据买卖合同开立的，但信用证一经开出，就成为独立于买卖合同之外的约定，信用证的各当事人的权利和责任完全以信用证中所列条款为依据，不受买卖合同的约束。

信用证开立是以买卖合同为基础的，信用证内容必须与合同内容相符；但是信用证一经开出，即成为独立于合同的另一种契约；银行审核单据时只看信用证条款，不看合同条款。

（3）信用证是一种单据交易。UCP600 规定：在信用证业务中，有关各方所处理的是单据，而不是与单据有关的货物、服务、履约行为。在信用证业务中，只要受益人提交符合信用证条款的单据，开证行就应承担付款责任，进口人也应接受单据并向开证行付款赎单。所以，信用证业务是一种纯粹的单据业务。

3. 信用证操作流程

跟单信用证操作的流程简述如下：

（1）买卖双方在贸易合同中规定使用跟单信用证支付。

（2）买方向当地银行（开证行）申请开立以卖方为受益人的信用证。

（3）开证行请求卖方所在地银行（通知行）向卖方通知信用证。

（4）通知行通知卖方，信用证已开立。

（5）卖方收到信用证，对信用证进行审证，如有不符合同的条款，要求买方改证，确保能履行信用证规定的条件后，即装运货物。

（6）卖方装运货物后，从船公司取回正本提单，并制作其他单据。

（7）卖方将单据向指定银行提交。该银行可能是开证行，或是信用证内指定的付款、承兑或议付银行。

（8）该银行按照信用证审核单据。如单据符合信用证规定，银行将按信用证规定进行支付、承兑或议付。

（9）开证行以外的银行将单据寄送开证行。

（10）开证行审核单据无误后，以事先约定的形式，对已按照信用证付款、承兑或议付的银行偿付。

（11）开证行通知买方付款赎单，在买方付款后交单。

（12）买方凭单据向船运公司提取货物。

以不可撤销即期议付信用证为例，其收付程序如图 2-1 所示。

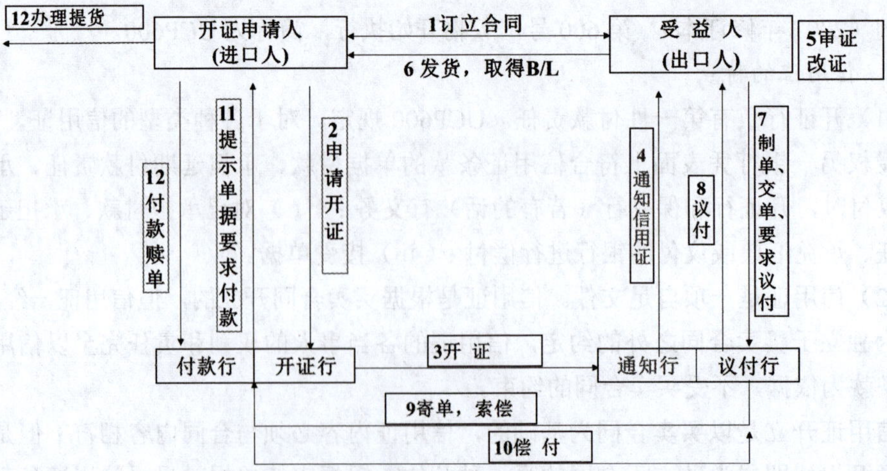

图 2-1 不可撤销即期议付信用证收付程序

二、信用证条款

（一）信用证主要条款

信用证的常见条款包括对信用证本身的说明、货物描述、对运输的要求、对单据的要求以及银行间的指示或授权等条款。

1. 信用证开证日期（Issuing Date）

开证日期是开证行开立信用证的日期。开证日期一般表述为 Date of Issue。

信用证中必须明确表明开证日期。

2. 信用证有效期限（Expiry Date）和有效地点（Expiry Place）

信用证的有效期限是受益人向银行提交单据的最后日期。受益人应在有效期限日期之前或当天向银行提交信用证单据。

有效地点是受益人在有效期限内向银行提交单据的地点。国外开来的信用证一般规定有效地点在我国国内，如果有效地点在国外，受益人（出口商）要特别注意，一定要在有效期限之前提前交单（新加坡、马来西亚、中国澳门、中国香港等近洋国家或地区提前 7 天左右；远洋国家或地区提前 10 ～ 15 天），以便银行在有效期限之内将单据寄到有效地点的银行。

3. 信用证申请人（Applicant）

信用证申请人是根据商务合同的规定向银行（开证行）申请开立信用证的人，即进口商。

信用证的申请人包括名称和地址等内容，必须完整、清楚。

4. 信用证受益人（Beneficiary）

信用证的受益人是信用证上指定的有权使用信用证的人，即出口商。

信用证的受益人包括名称和地址等内容，应完整、清楚，如果有错误或遗漏等，应立即电洽开证行确认或要求开证申请人修改。

5. 信用证号码（Documentary Credit Number）

信用证号码是开证行的银行编号，在与开证行的业务联系中必须引用该编号。

6. 信用证币别和金额（Currency Code，Amount）

货币符号应是国际普遍使用的世界各国货币标准代码。

信用证的金额一般采用国际通常的写法，例如一百万美元写成 USD1,000,000.00。

如果信用证中有大写和小写两种金额的写法，大写和小写金额保持一致。

7. 信用证货物描述（Description of goods and/or services）

信用证货物描述是信用证对货物的名称、数量、型号或规格、包装、价格等方面的描述。

8. 信用证单据条款（Documents Required Clause）

信用证单据条款是开证行在信用证中列明的受益人必须提交的单据的种类、份数、签发条件等内容。单据条款中规定了各种单据的内容要求，例如在单据的提单条款里，有对提单的类型，正本提单的份数，提单的收货人和通知方，以及提单的运费支付方面的要求；保险单条款里会规定投保的险别、投保的金额和所遵循保险条款等方面的要求。

9. 信用证装运期限（Shipment Date）

信用证装运期限是受益人（出口商）装船发货的最后期限。受益人应在最后装运日期之前或当天（装船）发货。信用证的装运期限应在有效期限内。

一般情况下，信用证的装运日期和有效日期之间的间隔为 10 ～ 15 天，除非信用证有特别规定。

10. 信用证交单期限（Period for Presentation of Documents）

信用证交单期限，是除了有效期限以外，每个要求出具运输单据的信用证还应规定的一个在装运日期后的一定时间内向银行交单的期限。如果没有规定该期限，根据国际惯例，银行将拒绝受理迟于装运日期后 21 天提交的单据，但无论如何，单据必须不迟于信用证的有效日期内提交。

（二）SWIFT 信用证介绍

SWIFT 又称“环球同业银行金融电讯协会”，是国际银行同业间的国际合作组织，成立于 1973 年，目前全球大多数国家大多数银行已使用 SWIFT 系统。SWIFT 的使用，使银行结算能提供安全、可靠、快捷、标准化、自动化的通信业务，从而大大提高了银行的结算速度。由于 SWIFT 的格式具有标准化，目前信用证的格式主要采用 SWIFT 电文。对于 SWIFT 电文，SWIFT 组织有着统一的要求和格式。

常用的 SWIFT 信用证代码含义见表 2-2。

表 2-2　常用的 SWIFT 信用证代码含义

代码（Tag）	栏位名称（Field Name）
27	Sequence of Total 电文页次
20	Documentary Credit Number 信用证编号
40E	Applicable Rule 适用条文
45B	Description of Goods and/or Service 货物和 / 或服务的描述
46B	Documents Required 所需单据
47B	Additional Conditions 附加条款
50	Applicant 申请人
59	Beneficiary 受益人
32B	Currency Code、Amount 币种、金额
39A	Percentage Credit Amount 信用证金额上下浮动允许的最大范围
39B	Maximum Credit Amount 最高信用证金额
39C	Additional Amount Covered 附加金额
41A	Available with … by … 指定的有关银行及信用证兑付的方式
42C	Drafts at … 汇票付款日期
42A	Drawee 汇票付款人

续表

代码（Tag）	栏位名称（Field Name）
42M	Mixed Payment Details 混合付款条款
42P	Deferred Payment Details 延期付款条款
43P	Partial Shipment 分批装运
43T	Transshipment 转运
44A	Loading on Board / Dispatch / Taking in Charge at / from … 装船、发运和接受监管的地点
44B	For Transportation to … 货物发运的最终目的港（地）
44C	Latest Date of Shipment 最迟装船日
44D	Shipment Period 装期
45A	Description of Goods and / or Services 货物和 / 或服务描述
46A	Documents Required 所需单据
47A	Additional Conditions 附加条款
71B	Charges 费用情况
48	Period for Presentation 交单期限
49	Confirmation Instruction 保兑指示
53A	Reimbursement Bank 偿付银行
78	Instructions to the Paying / Accepting / Negotiating Bank 对付款 / 承兑 / 议付银行的指示
57A	Advising through 通知银行
72	Sender to Receiver Information 银行间的备注

任务实施（工作页）

一、完成下面的单选题。

1．属于银行信用的国际贸易支付方式是（　　）。

A．电汇　　B．付款交单　　C．信用证　　D．承兑交单

2．信用证的第一付款人是（　　）。

A．进口商　　B．开证行　　C．出口商　　D．通知行

3．D/P at sight 指的是（　　）。

A．远期付款交单　　B．即期付款交单

C．跟单托收　　D．承兑交单

4．在信用证付款方式下，银行付款的原则是出口商提交的单据（　　）。

A．与买卖合同的规定相符

B．与信用证规定和买卖合同的规定同时相符

C．与合同规定或信用证的规定相符

D．与信用证的规定相符

5. 在国际贸易支付方式里，前 T/T 是指（　　）。

A. 随订单付款　B. 交货付现　C. 预付货款　D. 记账赊销

二、请说明托收业务中的即期付款交单和承兑交单。

三、信用证支付方式有哪些特点？

四、案例讨论。

1. 我出口企业收到进口商开来的不可撤销即期议付信用证后，货物按信用证规定的交货期装运。当我方正准备议付时，收到开证行声称进口商已倒闭的通知。对此，我方应如何处理？为什么？

2. 烟台某水产品贸易公司向日商出口一批冻对虾，信用证规定的规格为每千克 20 ～ 25 只。浙江某水产品贸易公司按信用证规定装运，并持全套单据进行了议付。货到后，日商经检验发现货物规格为每千克 28 ～ 30 只，于是以此为由向开证行提出索赔。请分析：日商的要求合理吗？为什么？应该怎么做？

3. 某公司从国外某商行进口一批钢材，货物分两批装运，支付方式为不可撤销即期信用证，每批分别由中国银行开立一份信用证。第一批货物装运后，卖方在有效期内向银行交单议付，议付行审单后，即向该商行议付货款，随后，中国银行对议付行作了偿付。我方在收到第一批货物后，发现货物品质与合同不符，因而要求开证行对第二份信用证项下的单据拒绝付款，但遭开证行拒绝。问：开证行这样做是否合理？为什么？

五、请阅读以下信用证内容，完成信用证分析表（表 2-3）的填写。

FORM OF DOC. CREDIT	*40 A: IRREVOCABLE
DOC. CREDIT NUMBER	*20: 08H-11-1520
DATE OF ISSUE	31C: 2015/11/18
EXPIRY	*31 D: DATE 2016/01/24 PLACE AT OUR COUNTER
APPLICANT	*50: LUCKY VICTORY INTERNATIONAL COMPANY, STIR. 5, D-84618, SCHORNDORF, GERMANY
APPLICANT BANK	51: VOLKSBANK SCHORNDORF GERMANY
BENEFICIARY	59: HEBEI MACHINERY I/E CORP (GROUP), 720 DONGFENG ROAD ,SHIJIAZHUANG CHINA
AMOUNT	*32B: CURRENCY EUR AMOUNT 66950.00
AVAILABLE WITH /BY BY NEGOTIATION	*41A: ANY BANK
PARTIAL SHIPMENTS	43P: ALLOWED
TRANSSHIPMENT	43T: ALLOWED
PORT OF LOADING	44E: XINGANG,TIANJIN
PORT OF DISCHARGE	44F: HAMBURG GERMANY
LATEST DATE OF SHIPMENT.	44C: 2016/01/03
DESCRIPTION. OF GOODS	45A: STAINLESS STEEL SPADE HEAD, ART. NO. S821/8909, 4500PCS, 6PC/CARTON EUR9.60 PER PC. ART. NO. F807/8219, 2500PCS, 5 PC/CARTON EUR9.50 PER PC. CIF HAMBURG SHIPPING MARKS HAMBURG HM360 COUNTRY OF ORIGIN:CHINA AS PER S/C NO. HM360 DATED NOV. 10, 2015
DOCUMENTS REQUIRED	46A: + DRAFTS IN DUPLICATE AT SIGHT + SIGNED COMMERCIAL INVOICE IN TRIPLICATE + FULL SET OF CLEAN ON BOARD OCEAN BILLS OF LADING MADE OUT TO ORDER OF VOLKS-BANK MARKED FREIGHT PREPAID AND NOTIFY

APPLICANT
+CERTIFICATE OF ORIGIN
+PACKING LIST IN TRIPLICATE
+INSURANCE POLICY ISSUED TO THE APPLICANT, COVERING ALL RISKS AND WAR RISKS FOR AT LEAST 110 PCT OF THE CIF VALUE, MARKED PREMIUM PAID, SHOWING CLAIM PAYABLE IN IN GERMANY
+ SHIPPING ADVICE FROM SELLER TO BUYER SENT WITHIN 2 DAYS FROM B/L DATE,ADVISING BUYER THE VESSEL NAME,B/L DATE AND NO. QUANTITY AND WEIGHT , CONTAINER NUMBER.

ADDITIONAL COND. 47A:
1. A HANDING FEE OF EUR 100.00 WILL BE DEDUCTED IF DISCREPANCY DOCUMENTS PRESENTED
2. ALL DOCUMENTS INDICATING THIS L/C NUMBER

PRESENTATION PERIOD 48: DOCUMENTS TO BE PRESENTED WITHIN 15 DAYS AFTER THE DATE OF SHIPMENT, BUT WITHIN THE VALIDITY OF THE CREDIT

ADVISED THROUGH 57: BANK OF CHINA, HEBEI BRANCH

DETAILS OF CHARGES 71B: ALL BANKING CHARGES AND EXPENSES OUTSIDE THE ISSUING BANK ARE FOR BENEFICIARY'S ACCOUNT

表 2-3　信用证分析表

信用证号码	
信用证开证银行	
信用证有效期	
信用证金额	
开证申请人（进口商）	
受益人（出口商）	
品名	
规格 / 包装 唛头	
数量（计价数量）	
价格	
最后装期	
装运港	
目的港	
分批	
转运	
所需单据种类及份数	

任务评价

学完本任务后，结合自己学习情况，依指标进行评价。

考核项目	评分内容	总分值	得分值
知识掌握	1. 掌握电汇付款的方式（10 分） 2. 掌握托收的种类和特点（10 分） 3. 掌握信用证的特点及流程（10 分）	30	
能力提升	1. 能够根据支付方式的特点进行相关业务案例分析（20 分） 2. 能够正确解读信用证内容（20 分）	40	
课堂表现	1. 学习态度（10 分） 2. 沟通合作（10 分） 3. 回答问题（10 分）	30	
签字		总分	

任务五　信用证或合同项下发票、装箱单及海运委托的制作

任务描述

通过本任务的学习，学生要掌握信用证或合同项下发票、装箱单和海运委托的填制规则，能够根据信用证或合同内容制作商业发票、装箱单及海运委托。

知识链接

一、商业发票（Commercial Invoice）制作

（一）商业发票

商业发票在对外贸易中简称发票，是出口公司对国外买方开立的载有货物名称、规格、数量、单价、总金额等方面内容的清单，供国外买方凭以收货、支付货款和报关完税使用，是所装运货物的总说明。虽然发票不是物权凭证，但如果出口单据中缺少了发票，就不能了解该笔业务的全部情况。

（二）商业发票的作用

（1）商业发票是卖方履约的证明。

（2）商业发票是出口商凭以收取货款和进出口双方记账的凭证。

（3）商业发票是进出口双方办理报关纳税的重要依据。

（4）商业发票是出口商办理保险等出口手续时提供的单据之一。

（三）商业发票的内容和缮制

商业发票由出口企业自行拟制，无统一格式，但基本内容和缮制方法大致相同。内容包括买卖双方的名称与地址、出口商品的描述、唛头、规格、数量、单价、总值等。

商业发票示例如图 2-2 所示。

<table>
<tr><td colspan="2">ISSUER (SHIPPER) （1）</td><td colspan="3" rowspan="2">COMMERCIAL INVOICE
商 业 发 票</td></tr>
<tr><td colspan="2" rowspan="2">TO （2）</td></tr>
<tr><td colspan="2">INV. NO. （4）</td><td>DATE （5）</td></tr>
<tr><td colspan="2" rowspan="2">TRANSPORT DETAILS （3）</td><td colspan="2">S/C NO. （6）</td><td>L/C NO. （7）</td></tr>
<tr><td colspan="3">TERMS OF PAYMENT （8）</td></tr>
<tr><td>Shipping Marks （9）</td><td>Description of goods （10）</td><td>Quantity （11）</td><td>Unit Price （12）</td><td>Amount （13）</td></tr>
<tr><td></td><td></td><td></td><td></td><td></td></tr>
<tr><td colspan="5">（14） Total:</td></tr>
<tr><td colspan="5">（14） SAY TOTAL:
（15） Declaration and Other Contents （16） Signature</td></tr>
</table>

图 2-2 商业发票示例

商业发票的填制要求如下所示。

1. 出票人的名称与地址（ISSUER、SHIPPER、EXPORTER'S NAME AND ADDRESS）

出票人的名称、地址，应与合同的卖方或信用证的受益人的名称、地址相同。制单时，应标注出票人的中英文名称和地址。

2. 收货人（Messrs/TO）

收货人在信用证方式下须按信用证的规定填制，一般是开证申请人。托收方式下，通常是买方。两者填写时，名称地址不应同行放置，应分行表明。

3. 运输工具名称及航线（BY S.S. … from… to…）

填写船名以及货物实际的起运港（地）、目的港（地），如货物需经转运，应把转运港（地）的名称标示出来。

例如：BY S.S. MAYFLOWER FROM LONDON TO NEWYORK

From Shanghai to London W/T Rotterdam. From Guangzhou to Piraeus W/T Hongkong by Steamer.

如货物运至目的港后再转运内陆城市，可在目的港下方打 In transit to… 或 In transit 字样。

4. 发票号码（No.）

发票号码由出口公司根据本公司的实际情况自行编制，是全套结汇单据的中心编号。

5. 发票日期（Date）

发票日期应晚于合同和信用证的签发日期，在结汇单据中是最早签发的单据。

6. 合同编号（Contract No. S/C NO.）

合同编号应与信用证列明的一致，信用证未规定合同编号，可不填。其他支付方式下，必须填入。

7. 信用证编号（L/C No.）

信用证项下的发票必须填入信用证编号，其他支付方式可不填。

8. 支付方式（TERMS OF PAYMENT）

支付方式应根据合同支付条款情况填写，如 T/T、D/P、D/A、L/C 等。

9. 唛头及件号（Marks and Number）

发票唛头应按信用证或合同规定的填制，通常包括收货人简称、参考号码、目的地和货物总件数。如未作具体的规定，则填写 N/M。

10. 货物描述（Description of Goods）

货物描述一般包括品名、品质、数量、包装等内容。信用证方式下必须与信用证的描述一致，省略或增加货名的任何字或句，都会造成单证不符。如为其他支付方式，货描内容应与合同规定的内容相符。

信用证项下应严格按照信用证规定填写，做到单证相符，严格一致。

> 如何在 L/C 中快速找到货描条款？
>
> 在 SWIFT 信用证中找到 45A 货描条款，该条款包括商品品名、规格、包装、数量、价格等信息。

11. 数量（Quantity）

数量栏目要填写货物的计价数量。

例如某商品描述中有以下几个数量：

PACKED IN 4000 CTNS

G.W.50000 KGS

N.W.48000 KGS

单价是 @EUR1000/MT CIF HAMBURG。

发票中的这个数量需要填写 48MT，数量单位需要与计价数量的单位一致。

商业发票填写范例如图 2-3 所示。

COMMERCIAL INVOICE

INV.NO:SYCOFCO034
DATE:Arp.20,2019
S/C NO.:RT05342
L/C NO. ARD3456

SOLD TO: PETER BIEIG GMBH, LEIMROND ROAD 29, FRANKFURT MAIN GERMANY

FROM DALIAN CHINA TO HAMBURG GERMANY BY SS "XIAOSHI KOU V.252"

MARKS & NOS	DESCRIPTION OF GOODS	QUANTITY	U/PRICE	AMOUNT
HAMBURG 5342	FRESH FROZEN CHICKEN BREAST MEAT (HS CODE 0207 1400) PACKED IN 6 X 2KG POLY BAG PER CARTON PACKED IN 4000CTNS G.W.50000KGS N.W.48000KGS MEASUREMENT: 72CBM GOODS SHIPPED IN ONE 40 FEET REFFER CONTAINER EACH CONTAINER CONTAINS 24MT	48MT	@EUR1000/MT CIF HAMBURG	EUR48000.00

图 2-3 商业发票填写范例

12. 单价及价格术语（Unit Price and Trade Terms）

完整的单价应包括计价货币、单位价格、计量单位和贸易术语四部分内容。

例：USD100 Per DOZ CIF London。价格术语关系到买卖双方风险和费用的划分，也是海关征税的依据，必须正确表述。

13. 总值（Amount）

发票总值不能超过信用证金额，对于佣金和折扣应按信用证规定的处理。如果来证要求分别列出运费、保险费和 FOB 价格，必须照办。

14. 总计和发票金额大写（TOTAL AND TOTAL AMOUNT IN WORDS）

发票需要对货物的数量和金额做汇总（小写）。还需对金额大写，对货币种类用缩写，大写结尾要加 ONLY，表示"……整"，不能遗漏。

常用的货币种类包括欧元（EURO）、日元（JANPANESE YEN）、英镑（GBP）等。

例如：SAY TOTAL: U.S.DOLLARS THIRTY FOUR THOUSAND FIVE HUNDRED AND SIXTY ONLY. 商业发票金额填写范例如图 2-4 所示。

15. 声明文句及其他内容（Declaration and Other Contents）

该部分是根据信用证的规定或特别需要在发票上注明的内容，包括某些参考号，如 Import License No.（进口许可证号码）；证明文句，如 We hereby declare that the goods are of pure national origin of the exporting country.（兹声明该商品保证产于出口国。）/We hereby certify that the contents of invoice herein are true and correct.（兹证明发票中的内容是真实正确的。）

Marks and Numbers	Description of goods	Quantity	Unit Price FOB DALIAN	Amount
N/M	CHICKEN BREAST MEAT GRADE A	12MT	@USD1480/MT	USD17,760.00
	GRADE AA	10MT	@USD1680/MT	USD16,800.00
	Total:	22MT		USD34,560.00

SAY TOTAL: U.S.DOLLARS THIRTY FOUR THOUSAND FIVE HUNDRED AND SIXTY ONLY.

ONLY 表示“……整”，不能遗漏。

图 2-4 商业发票金额填写范例

16. 出票人签章（Signature）

通常出票人签章，是在发票的右下角打上出口公司的名称，并由经办人签名或盖章。如信用证规定手签（Manual Signed），则必须按规定照办。对墨西哥、阿根廷的出口，无论信用证是否规定，都必须手签。

二、包装单据——装箱单（Packing List）的制作

（一）包装单据的作用

（1）包装单据是出口商缮制商业发票及其他单据时计量、计价的基础资料。

（2）包装单据是进口商清点数量或重量以及销售货物的依据。

（3）包装单据是海关查验货物的凭证。

（4）包装单据是公证或商检机构查验货物的参考资料。

（二）包装单据的种类

不同商品有不同的包装单据，常用的包装单据有以下几种。

1. 装箱单（Packing List/Packing Slip）

装箱单用以表明包装货物的名称、规格、数量、唛头、箱号、件数、重量及包装情况，当来证条款要求提供详细包装单时，应提供尽可能详细的包装内容，描述每件包装的细节，包括商品的货号、色号、尺寸搭配、毛净重及包装的尺码等。

2. 重量单（Weight List）

除包装单上的内容外，应尽量清楚地表明商品每箱毛重、净重及总重量的情况，供买方安排运输、存仓时参考。

3. 尺码单（Measurement List）

尺码单偏重于说明货物每件的尺码和总尺码，即在包装单内容的基础上再重点说明每件、每不同规格项目的尺码和总尺码。如果不是统一尺码，应逐件列明。

4. 其他包装单据

其他包装单据如包装说明（Packing Specification）、详细包装单（Detailed Packing List）、包装提要（Packing Summary）、重量证书（Weight Certificate）、磅码单（Weight Memo）、花色搭配单（Assortment List）等。

（三）装箱单的填制

装箱单示例如图 2-5 所示。

<table>
<tr><td colspan="3">ISSUER (1)</td><td colspan="4">装箱单PACKING LIST</td></tr>
<tr><td colspan="3">TO (2)</td><td colspan="2">INVOICE NO. (3)</td><td colspan="2">DATE (4)</td></tr>
<tr><td>Marks and Numbers (5)</td><td>Description of goodsNumber and kind of package (6)</td><td>Quantity (7)</td><td>Package(8)</td><td>G.W. (9)</td><td>N.W. (10)</td><td>Meas. (11)</td></tr>
<tr><td></td><td></td><td></td><td></td><td></td><td></td><td></td></tr>
<tr><td colspan="7">(12) TOTAL:</td></tr>
</table>

图 2-5　装箱单示例

装箱单填制要求如下所示。

1. 出票人的名称与地址（ISSUER、SHIPPER、EXPORTER'S NAME AND ADDRESS）

出票人的名称、地址应与合同的卖方或信用证的受益人的名称、地址相同。制单时，应标注出票人的中英文名称和地址。

2. 收货人（Messrs/TO）

收货人在信用证方式下须按信用证的规定填制，一般是开证申请人。托收方式下，通常是买方。两者填写时，名称地址不应同行放置，应分行表明。

3. 发票号码（No.）

发票号码由出口公司根据本公司的实际情况自行编制，是全套结汇单据的中心编号。

4. 装箱单日期（Date）

装箱单日期同发票日期。

5. 唛头（Shipping Marks）

唛头同发票，按信用证或合同规定的填制，通常包括收货人简称、参考号码、目的地和货物总件数。如未作具体的规定，则填写 N/M。

6. 货物描述、包装数量和种类（Description of goodsNumber and kind of package）

此栏填写商品的名称、具体型号或货号以及包装类型。

7. 数量（Quantity）

此栏填写货物的数量，同发票。

8. 包装（Package）

此栏填写货物的外包装数量。

9. 毛重、净重（G.W.、N.W.）

此栏应列明每件的毛重和净重，总的毛重和净重数字必须与发票和运输单据、产地证、出口许可证的数字相符。按照惯例，装箱单上的重量保留两位小数点，表明每件的毛重和净重时，数字前面加 @ 符号。

10. 体积（Measurement）

此栏填写出口货物的总体积，有时也列明单件包装箱的尺码与总体积。按照惯例，装箱单上的体积保留三位小数点。

11. 总计（TOTAL）

此栏是对数量、包装数量、毛重、净重和体积的汇总。

按照惯例，装箱单全部填写完毕后，在下方写上总包装件数的英文大写，并在开头用 SAY，结束用 ONLY，以防加塞伪造内容。例如“SAY ONE HUNDRED AND EIGHTY CARTONS ONLY.”。

装箱单填制范例如图 2-6 所示。

江苏合泰股份有限公司

JIANGSU HOTIY CORPOARATION

HOTIY BUILDING，50 ZHONGSHAN.,NANJING,CHINA

PACKING LIST

TO: INVOICE NO.: A2400A/98

JYSK CHANALEF SILK A/S DATE: 20131021

BRIGHT BUILDING 14,SKOVSGERD

DK-9990 BROVET.DENMARK

MARKS&NO.S	DESCRIPTIONS	QUANTITLES	PACKAGES	GW./NW.(KGS)	M^3 MEAS.(CM)
JYSK COPENHAGEN A2400A/98 1-7	DECORATIONS				
	2-A15261	250BOXES	5CTNS	@12/10	@65*36*45
	2-A15261-1	40BOXES	1CTNS	@12/10	@67*39*58
	2-A15261-2	23BOXES	1CTNS	@7/5	@67*39*36
TOTAL:		313BOXES	7CTNS	79/65KGS	0.772CBM

SAY TOTAL PACKDE IN SEVEN CTNS ONLY.

江苏合泰股份有限公司

JIANGSU HOTIY CORPOARATION

图 2-6 装箱单填制范例

（四）缮制包装单据应注意事项

（1）装箱单是商业发票的补充，一般由发货人缮制，表明装箱货物的名称、规格、数量、唛头、箱号、件数、重量以及包装情况。装箱单的出具日期，应不迟于发票日期或与发票日期相同。

（2）包装单必须与其他单据相关联，如显示发票号码、信用证号码等。

（3）毛重、净重方面，应列明每件的毛重和净重，小计数及合计数必须与发票和运输单据、产地证、出口许可证的数字相符。对于计价的重量，数字更须注意。

（4）装箱单据一般不应显示货物的单价、总价，因为进口商把商品转售给第三者时只要交付包装单和货物，不愿泄漏其购买成本。

（5）货物描述，可以与信用证中的货描一致，也可以使用货物统称，但不得与信用证规定的货物描述相抵触。

三、海运委托书的制作

（一）海运委托书介绍

海运委托书（Booking Note）是出口企业和国际货代企业之间委托代理关系的证明文件，客户（出口企业）一般根据贸易合同或者相关信用证内容填制海运委托书。海运委托书的格式有的是货代公司提供的，有的是贸易公司自己印制的，但内容基本一致，都包含以下内容：托运人名称、收货人名称、货物名称、规格、货号、运输唛头、件数、毛、净重、体积等货物明细、起运港、目的港、信用证规定的装运期限、信用证有效期、关于分批和转运的规定、对运输的要求以及其他特殊要求等。

发货人一般应在装运前10～15天制好海运委托，送交国际货代公司办理托运手续。同时提交的单据还有海运出口代理协议、发票、装箱单等报关单据。

（二）海运委托书填制要求

海运委托书示例如图2-7所示。

1. 托运人（Shipper）

托运人一般为出口商。

海运委托书应填写托运人的全称、街名、城市、国家、电话、传真号。托运人可以是货主，也可以是其贸易代理人或货运代理。一般情况下，支付方式为电汇或者托收时，托运人是合同的卖方，也就是出口商；在信用证方式下一般是信用证的受益人。

2. 收货人（Consignee）

海运委托的收货人，即是这票货物提单中的收货人，俗称“抬头”。在进出口实务中，抬头通常有两种填写方法。

（1）记名抬头：即直接将收货人的名称和地址完整地填写在收货人栏内。记名抬头的提单不能背书转让给第三方，除了提单上记名的收货人，其他任何人不能提货。这种做法有利于进口商提货，但对于出口商来说有一定的风险。万一国际市场有变，进口商拒绝提货，出口商也无法转让。

Shipper 托运人		Booking Note 海运托运单	
Tel	Fax		
Consignee 收货人			
Notify Party 通知人		Vessel/Voyage 船名/航次	
		Date of B/L Issued:提单日期	

Place of Receipt 收货地	Place of Loading 装货港	Size 柜型	Quantity 柜量	B/L Issued at: 提单发放地点	
		20'		SHENZHEN	
		40' GP		HONGKONG	
		40' HQ		TAIWAN	
Port of Discharge 卸货港	Place of Delivery 目的地	45'		OTHER	
		其它（如海运散货）		Release B/L Way: 放货方式	
				MASTER B/L	
				HOUSE B/L	
				TLX RELEASE	

Seal No.& Marks & Nos 封志号、标记/号码	Quantity&Kind of package 件数及包装	Description of Goods 货物品名及规格	Gross Weight （KGS）毛重	Measurement （CBM）尺码

Freight Confirm 费用确认	Ocean Freight 海运费	DOC 文件费	Other 其它	Prepaid 预付	Collect 到付

如客户自拖自报，请注明： 拖车公司及联系方式、报关行及电话	Signature & Chop by Shipper 托运人签名及盖单
如需要我司安排拖车，请填写此栏： 拖柜地点、时间、联系人及电话	

图 2-7 海运委托书示例

（2）指示抬头：因为提单是物权凭证，谁持有提单谁就拥有了货物的所有权，所以在实务中提单收货人常用“凭指示”或“凭 ×× 指示”的形式来表示。“凭指示”也称“空白抬头”，需要托运人背书后才能转让物权；“凭 ×× 指示”也称“记名指示抬头”，需要“××”背书后才能转让物权。

出口商在托运时，如支付方式是信用证，应根据信用证的要求填写。填写依据是信用证的 46A 单据条款中的提单规定的内容。

例如：信用证中提单的描述是“+FULL SET OF CLEAN ON BOARD OCEAN BILLS OF LADING MADE OUT TO ORDER OF SHIPPER BLANK EN MARKED FREIGHT PREPAID AND NOTIFY APPLICANT.”。

我们可以看 MADE OUT 后面的要求 TO ORDER OF SHIPPER，那么收货人（Consignee）栏目填写“TO ORDER OF SHIPPER”。

通常，此栏目的填写有以下几种情况：

1）TO ORDER，凭指示。

2）TO ORDER OF SHIPPER，凭发货人指示。

3）TO ORDER OF××××CO.，凭 ×× 公司指示。

4）TO ORDER OF××bank，凭××银行指示。

在托收的方式下，一般填写“TO ORDER”或者“TO ORDER OF SHIPPER”，不能直接填写进口商的名称。

收货人（Consignee）栏目填写内容，决定了之后船公司出具的提单类型是记名提单还是指示提单。

3. 通知人（Notify）

货物到达目的港后，船公司的代理通知此栏目显示的收货方来提货，一定要填写清楚。一般以信用证要求为准，必须有公司名称和详细地址。一般如何填写在信用证的提单条款里有具体规定。依然是在信用证的 46A 单据条款中的提单内容里查找填写依据。

例如：信用证中提单的描述是“+FULL SET OF CLEAN ON BOARD OCEAN BILLS OF LADING MADE OUT TO ORDER OF SHIPPER MARKED FREIGHT PREPAID AND NOTIFY APPLICANT.”。

可以看到 NOTIFY APPLICANT，那么通知人（Notify）栏目的填写为“APPLICANT”，即信用证申请人的名称和地址。

有些情况下，信用证或合同的提单条款会规定提单的通知方为进口商以外的某家公司，则 notify 栏目按照要求来填写。

例如：信用证中提单的描述是“+FULL SET OF CLEAN ON BOARD OCEAN BILLS OF LADING MADE OUT TO ORDER OF SHIPPER MARKED FREIGHT PREPAID AND NOTIFY DONGFANG INTERNATIONAL FREIGHT FORWARDER COMPANY.”。

那么通知人（Notify）栏目的填写为“DONGFANG INTERNATIONAL FREIGHT FORWARDER COMPANY”。

4. 装运港（Place of Loading）

此处填写实际货物装运的港口全称。

对于信用证方式结算的交易，按信用证中规定的装运港填写。通常为信用证中的 44E 条款“PORT OF LOADING”。

5. 卸货港（Port of Discharge）

此处填写实际货物被卸离船舶的最终港口全称。对于信用证方式结算的交易，按信用证中规定的卸货港填写。通常为信用证中的 44F 条款“PORT OF DISCHARGE”。

6. 目的地（Place of Delivery）

此处填写货物最终的交货地的城市名称，或地区名称。

如果是 FOB 、CFR 和 CIF 这三种贸易术语，该栏可以留空，因为这三种贸易术语的启运地和目的地都必须是港口。如果使用 FCA、CPT 和 CIP 这三种贸易术语并且采用国际多式联运，该栏则填写货物到进口国的内地城市名称。例如，以 FCA 上海成交，从上海到洛杉矶采用海运，从洛杉矶到拉斯维加斯采用陆运，最终目的地是拉斯维加斯，那么装货港填写“SHANGHAI”，卸货港填写“LOS ANGELES”，最终目的地填写“LAS VEGAS”。

7. 货物描述及包装数量（Description of Goods; NO.S of Packages）

此栏填写出口货物的名称，可以填写大类名称或统称，不填写具体规格、颜色等细目，但不能与信用证规定的货物描述相矛盾。如果同时出口不同种类的商品，应分别列明，不允许只填写其中数量较多或金额较大的那种商品。件数是指出口货物的运输包装件数，单位为箱、包、捆等，当一笔合同中含有同一商品属类的多种商品，如果这些商品的包装单位不同，合计中单位栏应填“Packages”。

8. 标记及号码，又称唛头（SHIPPINGMARK）

唛头是为了便于识别货物，防止错发货，通常由型号、图形或收货单位简称、目的港、件数或批号等组成。 如果合同和信用证都没有规定唛头，整箱出口的可以填写“N/M”，拼箱出口时，出口商必须编制一个唛头并填写上去。

9. 重量（Gross Weight）和体积（Measurement）

此栏填写出口货物的总毛重和总体积。重量的单位为千克（kg），尺码单位为立方米（CBM）。

托盘货要分别注明托盘的重量、尺码，以及货物本身的重量、尺码。

按照惯例，毛重四舍五入，保留两位小数点，即使是整数，小数点后面也应填“00”。例如，某货物毛重 2345.60 千克，则在托运单上填写“2346.00”千克。体积保留三位小数，即使是整数，小数点后面也应填写“000”。例如，200 箱的商品纸箱尺寸是 46×46×36（厘米），计算结果是 15.235 立方米。

对超长、超重、超高货物，应提供每一件货物的详细的体积（长、宽、高）以及每一件的重量，以便货运公司计算货物积载因数，安排特殊的装货设备。

10. 运费付款方式

运费一般有预付（Prepaid）和到付（Collect），按信用证或合同要求填写。有的转运货物，一程运输费预付，二程运费到付，要分别注明。

11. 可否转船、分批，以及装期、效期等

可否转船、分批，以及装期、效期等均应按信用证或合同要求一一注明。

12. 提单份数

此栏填写提单正本的份数。纸质提单一般为三份，三份正本提单皆有效，一份正本提货之后，其余两份自动失效。此栏可以同时填写字母与数字（如 THREE /3）。

需要注意，如果是产地装箱，写明具体的装箱地点，订几个什么规格的集装箱；如为冷藏箱，注明要求的冷藏温度等内容，还应填写联系人及电话，最后发货人要盖公章。

任务实施（工作页）

请根据以下信用证内容及出运货物信息分别填写如图 2-8、图 2-9、图 2-10 所示的商业发票、装箱单和海运委托书。

27: SEQUENCE OF TOTAL
    1/1
40A: FORM OF DOCUMENTARY CREDIT
    IRREVOCABLE
20: DOCUMENTARY CREDIT NUMBER
    2019FTCL06-1401
31C: DATE OF ISSUE
    19-06-14
40E: APPLICABLE RULES
    UCP LATEST VERSION
31D: DATE AND PLACE OF EXPIRY
    19-07-30 IN BENEFICIARY'S COUNTRY
50: APPLICANT
    FIREBIRD TRADING CO. LTD. (CANADA)
    350, BRIGHTWAY AVENUE, BRITISH COLOMBIA
    TEL: 001-503 362 2603 FAX: 001-503 362 2605
59: BENEFICIARY – NAME & ADDRESS
    GUANGXI WUZHOU SENGONG I/E CO. LTD.
    20, EAST XINXING ROAD, WUZHOU, GUANGXI, P.R.C.
    TEL: 0086—774 3820 5638 FAX: 0086-774—3820 7891
32B: CURRENCY CODE, AMOUNT
    CURRENCY: USD (US DOLLAR)
    AMOUNT: USD675,000.00
41D: AVAILABLE WITH…BY… NAME & ADDR
    ANY BANK IN BENEFICIARY'S COUNTRY
    BY NEGOTIATION
42C: DRAFTS AT…
    SIGHT
    FOR 100% OF INVOICE VALUE
42D: DRAWEE –NORTHEAST AMERICA BANK OF CANADA.
43P: PARTIAL SHIPMENTS
    ALLOWED
43T: TRANSHIPMENT
    ALLOWED
44E: PORT OF LOADING

GUANGZHOU CHINA

44F: PORT OF DISCHARGE

MONTREAL, CANADA

44C: LATEST DATE OF SHIPMENT

19-07-15

45A: DESCRIPTION OF GOODS OR SERVICES

150 M/T OF MANGANESE DIOXIDE POWDER

MNO_2: 85% MIN, FE: 5% MAX. AL_2O_3:4% MAX. SIO_2: 10% MAX.

H_2O:4% MAX. , Fineness: 400 mesh 90% min.passing through.

UNIT PRICE: USD4500/MT CIF MONTREAL, CANADA

PACKED IN TWO-PLY PLASTIC WOVEN BAGS OF 50 KGS NET EACH,40 BAGS TO A WOODEN PALLET.

AS PER SALES CONFIRMATION NO.MHT201906E01

46A: DOCUMENTS REQUIRED

+ SIGNED COMMERCIAL INVOICE IN THREE COPIES.

+ FULL SET OF CLEAN ON BOARD MARINE BILLS OF LADING IN TWO ORIGINALS AND 3 COPIES，MADE OUT TO ORDER OF NORTHEAST AMERICA BANK OF CANADA AND NOTIFY APPLICANT EVIDENCING SHIPMENT FROM GUANGZHOU TO MONTREAL.

+ INSPECTION CERTIFICATE OF QUALITY AND WEIGHT IN DUPLICATE.

+ PACKING LIST IN THREE COPIES.

+ G.S.P. FORM A ISSUED BY CORRESPONDING AUTHORITY IN DUPLICATE.

+ INSURANCE POLICY OR CERTIFICATE ENDORSED IN BLANK WITH CLAIMS PAYALBE AT THE DFESTINATION WITH THE SAME CURRENCY OF DRAFT AGAINST ALL RISKS AND WAR RISK OF C.I.C. FOR 110% PCT OF INVOICE VALUE.

+ BENEFICARY'S CERTIFICATE CERTIFYING THAT ONE SET OF NON-NEGOTIABLE SHIPPING

DOCUMENTS HAS BEEN SENT TO APPLICANT BY EMS WITHIN 7 DAYS AFTER SHIPMENT HAS BEEN EFFECTED.

47A: ADDITIONAL CONDITIONS

+ ALL DOCUMENTS AND DRAFT(S) MUST BEAR THIS CREDIT NUMBER.

+ SHIPMENT DATE PRIOR TO L/C'S ISSUING DATE IS PROHIBITED.

+ 5 PCT MORE OR LESS IN QUANTITY AND AMOUNT ARE ACCEPTABLE.

71B: CHARGES

ALL BANKING CHARGES OUTSIDE CANADA, IF ANY,ARE FOR ACCOUNT OF BENEFICIARY

48: PERIOD FOR PRESENTATION
DOCUMENTS PRESENTED WITHIN 15 DAYS AFTER SHIPMENT BUT WITHIN THE VALIDITY OF THE CREDIT.

49: CONFIRMATION INSTRUCTIONS
WITHOUT

78: INSTR TO PAYG/ACCPTG/NGGOTG BANK
1. ALL DOCUMENTS MUST BE SENT TO US IN ONE LOT, OUR ADDRESS: NORTHEAST AMERICA BANK OF CANADA, 238 #, BEIXALU, GM, MONTREAL, CANADA.
2. A DISCREPANCY FEE OF USD60.00 SHOULD BE DEDUCTED FROM NEGOTIATION AMOUNT FOR EACH PRESENTATION IF DOCUMENTS DO NOT COMPLY WITH L/C TERMS AND CONDITIONS.
3. ONE COPY OF BILL OF LADING AND COMMERCIAL INVOICE IS REQUIRED FOR ISSUING BANK'S FILE. USD10.00 WILL BE CHARGED IF THESE COPIES ARE NOT PRESENTED.

57D: 'ADVISE THROUGH' BANK
BANK OF CHINA WUZHOU BRANCH

实际装运信息

包装件数：3000BAGS /75 PALLETS
毛重：150300KGS
净重：150000KGS
体积：180CBM

船名：MAYFLOWER V.32E

<table>
<tr><td colspan="2">ISSUER (SHIPPER)</td><td colspan="3">COMMERCIAL INVOICE
商业发票</td></tr>
<tr><td colspan="2">TO</td><td>INV. NO.</td><td colspan="2">DATE</td></tr>
<tr><td colspan="2" rowspan="2">TRANSPORT DETAILS</td><td>S/C NO.</td><td colspan="2">L/C NO.</td></tr>
<tr><td colspan="3">TERMS OF PAYMENT</td></tr>
<tr><td>Shipping Marks</td><td>Description of goods</td><td>Quantity</td><td>Unit Price</td><td>Amount</td></tr>
<tr><td></td><td></td><td></td><td></td><td></td></tr>
<tr><td colspan="5"></td></tr>
</table>

图 2-8 商业发票

<table>
<tr><td colspan="3">ISSUER</td><td colspan="4">装箱单PACKING LIST</td></tr>
<tr><td colspan="3">TO</td><td colspan="2">INVOICE NO.</td><td colspan="2">DATE</td></tr>
<tr><td>Marks and Numbers</td><td>Description of goodsNumber and kind of package</td><td>Quantity</td><td>Package</td><td>G.W.</td><td>N.W.</td><td>Meas.</td></tr>
<tr><td></td><td></td><td></td><td></td><td></td><td></td><td></td></tr>
<tr><td colspan="7">TOTAL:</td></tr>
</table>

图 2-9　装箱单

海运出口货物委托书 BOOKING NOTE

Shipper （发货人）		NO.
Consignee（收货人）		
Notify （通知人）		
Place of Receipt （收货地点）	Port of Loading（装货港）	
Vessel Name（船名）	Voyage No.（航次号）	
Port of Discharge（卸货港）	Place of Delivery（交货地点）	

Marks & No.s（标记与号码）	No. of P'kgs（箱数或件数）	Kind of packages; Description of Goods（包装种类与货名）	Gross Weight 毛重（公斤）	Measurement 尺码（立方米）
TOTAL NUMBER OF CONTAINERS : OR PACKAGES (IN WORDS) 集装箱数或件数合计（大写）				

FREIGHTS & CHARGES（运费与附加费）	Revenue Tons（运费吨）	Rate(运费率)	Prepaid(运费预付)	Collect(到付)

Ex Rate: (兑换率)	Prepaid at （预付地点）	Payable at （到付地点）	Place of Issue
	Total Prepaid （预付总额）	No. of Original B(s)/L (正本提单份数)	

Service Type on Receiving: CY CFS DOOR	Service Type on Delivery: CY CFS DOOR	Reefer Temperature Required (冷藏温度) F C

TYPE OF GOODS（种类）					
Ordinary（普通）	Reefer（冷藏）	Dangerous（危险品）	Auto.（裸装车辆）	危险品	Class: Property: IMDG Code Page: UN No.:
Liquid（液体）	Live Animal（活动物）	Bulk（散货）			

可否转运:	可否分批:		
装期:	信用证效期:		
金额:		制单人	
制单日期:			公司订舱章

图 2-10 海运委托书

任务评价

学完本任务后，结合自己学习情况，依指标进行评价。

考核项目	评分内容	总分值	得分值
知识掌握	1. 掌握发票和装箱单的填制规则（15 分） 2. 掌握海运委托的填制规则（15 分）	30	
能力提升	1. 能够根据信用证或合同内容制作商业发票（10 分） 2. 能够根据信用证或合同内容制作装箱单（10 分） 3. 能够根据信用证或合同内容制作海运委托书（20 分）	40	
课堂表现	1. 学习态度（10 分） 2. 沟通合作（10 分） 3. 回答问题（10 分）	30	
签字		总分	

项目三 国际海上货运代理基础

项目描述

对于将进入国际货运代理行业工作的新人，海上货物和集装箱知识是行业必备知识之一。本项目主要介绍国际海上货物和集装箱基本知识，通过学习，学生应了解国际海上货物运输所涉及的船、港、货、线等基础知识。本项目最后重点阐述海上货运实务的主要操作对象——集装箱及集装箱货物的流转形态、交接责任等问题，学生学习后，应能够深入分析集装箱运输方式下的货物交接相关问题。

知识目标

- 了解国际海运船舶的种类和国际海运货物的种类。
- 掌握货物积载因数的基本原理。
- 了解国际海上货物运输的主要航线。
- 掌握国际海运集装箱常见的几种箱型和种类。
- 了解集装箱标志的含义。
- 掌握集装箱货物的流转形态、交接地点、交接方式。

能力目标

- 能够选择合适的航线。
- 针对具体的货物会选择集装箱。
- 能说出常用集装箱的尺寸。
- 能够辨别和分析在不同的交接方式下，集装箱运输经营人责任、义务的不同。

项目结构图

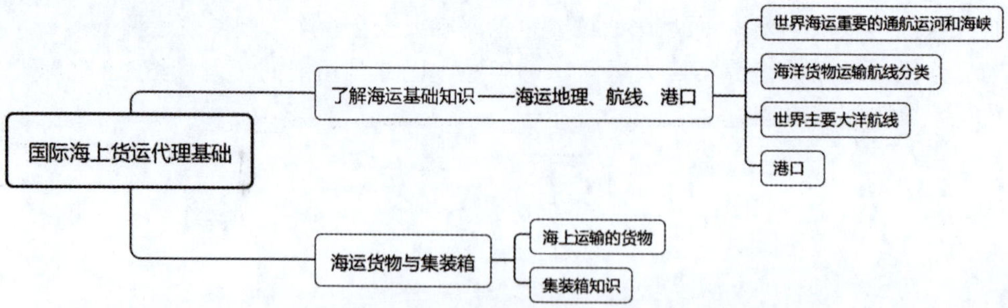

任务一　了解海运基础知识——海运地理、航线、港口

任务描述

通过本任务的学习，学生应了解世界海运地理、航线、港口，能够根据不同情况为客户选择合适的航线，为成为合格的国际货运代理打下基础。

知识链接

一、世界海运重要的通航运河和海峡

（一）主要国际运河

主要国际运河简况见表 3-1。

表 3-1　主要国际运河简况

中文名称	英文名称	位置	相连的海洋
苏伊士运河	Suez Canal	埃及东北部	地中海和红海
巴拿马运河	Panama Canal	巴拿马中部	太平洋和大西洋
基尔运河	Kiel Canal	德国北部	波罗的海和北海

1. 苏伊士运河（Suez Canal）

苏伊士运河位于埃及东北部，是一条具有重要战略意义和经济意义的水道。它沟通了地中海和红海，从而连接了大西洋和印度洋。苏伊士运河的开通，使西欧、北美至印度洋和太平洋西岸的航程比绕行好望角缩短了 5500 ～ 8000 千米，因此成为世界上最繁忙的航道之一，每年经苏伊士运河运输的货物占世界海运贸易量的 14%。

2. 巴拿马运河（Panama Canal）

巴拿马运河位于美洲巴拿马共和国的中部，它是沟通太平洋和大西洋，连接两洋各港口的重要航运要道。巴拿马运河的开通，使太平洋与大西洋之间的航程比原来缩短了 5000 ～ 10000 千米，而且比通过麦哲伦海峡要安全得多，国际航运价值很高，是仅次于苏伊士运河的世界第二大运河。每年通过巴拿马运河的货运量约 1.8 亿吨，占世界海运货物总量的 5% 左右。

3. 基尔运河（Kiel Canal）

基尔运河位于德国东北部，横贯日德兰半岛，沟通波罗的海和北海，是波罗的海通往大西洋的捷径。它比经过丹麦、挪威、瑞典间的斯卡厄海峡缩短航程 685 千米。每年通过 8 万多艘船舶，是世界通过船只最多的国际运河，年货运量约 5000 万吨。基尔运河对所有国籍的船舶日夜开放。

（二）主要国际海峡

1. 英吉利—多佛尔海峡

英吉利海峡和多佛尔海峡位于大不列颠岛与欧洲大陆之间，沟通了大西洋和北海，

总长约 600 千米，最宽处为 220 千米，最窄处从英国多佛尔到法国加来西边灰鼻岬，宽度只有 33 千米，面积约 9 万平方千米。该海峡是连接西北欧与北美的主要航线，每年通过海峡的船只达 12 万艘次，居世界各海峡之首。1973 年 7 月，英法两国达成协议，共同开凿多佛尔海峡的海底隧道。隧道投入运营后，大大缩短了由英国到欧洲大陆的时间，每 10 多分钟就有一列高速火车往返，乘车只需 35 分钟就可穿越海峡。

2. 马六甲海峡

马六甲海峡位于亚洲东南部马来半岛和苏门答腊岛之间，西北端通安达曼海，东南端连接南海，是沟通太平洋与印度洋的咽喉要道，是亚洲、非洲、欧洲沿岸国家往来的重要海上通道。海峡全长约 1080 千米，西北部最宽达 370 千米，东南部最窄处只有 37 千米。水深 25 ～ 113 米，每年约有 10 万艘次船只通过。由于船多拥挤，为避免事故，一般 20 万吨以上的货轮须绕道龙目海峡、望加锡海峡航行，约增加航程 1000 海里。

3. 霍尔木兹海峡

霍尔木兹海峡位于亚洲西部伊朗和阿拉伯半岛之间，海峡呈“人”字形，东西长约 150 千米，平均水深 70 米以上。海峡西接波斯湾，东连阿曼湾。波斯湾沿岸产油国家的石油资源绝大部分通过这里输向西欧、日本和美国等地。因此，该海峡有“石油海峡”之称，在国际航运上占有重要地位。进出霍尔木兹海峡的油轮每年有 2.4 万余艘，每年油运量为 6 亿～ 8 亿吨。

此外，重要的国际海峡还有直布罗陀海峡、达达尼尔—博斯普鲁斯海峡、曼德海峡、龙目海峡和望加锡海峡等。

主要国际海峡简况见表 3-2。

表 3-2 主要国际海峡简况

海峡名称	位置	沟通的海洋
英吉利—多佛尔海峡	英国和法国之间	大西洋和北海
马六甲海峡	马来半岛和苏门答腊岛之间	南海和安达曼海
霍尔木兹海峡	伊朗和阿拉伯半岛之间	波斯湾和阿曼湾
直布罗陀海峡	西班牙和摩洛哥之间	地中海和大西洋
达达尼尔—博斯普鲁斯海峡	土耳其西北部	地中海和黑海
曼德海峡	也门和吉布提之间	红海和亚丁湾
龙目海峡	龙目岛和巴厘岛之间	印度洋和太平洋
望加锡海峡	加里曼丹岛和苏拉威西岛之间	苏拉威西海和爪哇海

二、海洋货物运输航线分类

海运航线（Shipping Line）是海洋货物运输航线的简称，是指船舶在两个或多个港口之间从事货物运输的线路。海运航线按其不同的要求分为国际大洋航线、地区性的国际航线和沿海航线；根据船舶营运的方式，可分为定期航线和不定期航线。

海洋货物运输航线可以从不同的角度进行分类，通常有以下几种划分方法。

（一）按航行范围划分

1. 远洋航线（Cross Ocean-going Shipping Line）

远洋航线是指船舶航行跨越大洋的运输航线。如远东地区各港口至欧洲、美洲和大洋洲各港口的航线。

2. 近洋航线（Near-sea Shipping Line）

近洋航线是指本国各港口至邻近国家港口间的海上运输航线。如中国各港口至日本海、马六甲海峡、印度尼西亚沿海、鄂霍次克海各港口间的运输航线。

3. 沿海航线（Coastal Shipping Line）

沿海航线是指本国沿海各港口间的海上运输航线。如上海至广州、青岛至大连等。

（二）按港口大小和货运量多少划分

1. 干线（Trunk Line）

干线是指货运量大而集中的主干航线。如欧洲、地中海、澳大利亚及北美等航线为国际海运干线。

2. 支线（Feeder Line）

支线又称补给线，是指小港口与大港口之间的集散航线。

（三）按船舶营运方式划分

1. 定期航线（Liner）

定期航线又称班轮航线，是指使用固定船舶，按固定船期和固定港口航行并以相对固定的运价经营客货运输业务的航线。

2. 不定期航线（Tramp Shipping Line）

不定期航线是与定期航线相对而言的，指使用不定船舶，不定船期，行驶不定港口和不定航线，并使用租船市场运价，以经营大宗、低值货物运输业务为主的航线。

三、世界主要大洋航线

（一）太平洋航线

太平洋沿岸有 30 多个国家和地区，经济水平比较发达。太平洋航线有以下几组。

1. 远东—北美西海岸各港航线

从该航线包括从中国、朝鲜、日本等的海港到加拿大、美国、墨西哥等北美西海岸各港的贸易运输线。从我国的沿海各港出发，偏南的经大隅海峡出东海；偏北的经对马海峡穿日本海后，或经清津海峡进入太平洋，或经宗谷海峡穿过鄂霍次克海进入北太平洋。该航线随季节也有波动，一般夏季偏北、冬季南移，以避北太平洋的海雾和风暴。本航线是二战后货运量增长最快、货运量最大的航线之一。

2. 远东—加勒比海、北美东海岸各港航线

该航线常经夏威夷群岛南北至巴拿马运河后到达。从我国北方沿海港口出发的船只多半经大隅海峡或经庵美大岛出东海。该航线不仅要横渡北太平洋，还越过巴拿马运河，因此一般偏南，横渡大洋的距离也较长。夏威夷群岛的火奴鲁鲁港是它们的航站，船舶在此添加燃料和补给品等。本航线也是太平洋货运量最大的航线之一。

3. 远东—南美西海岸航线

该航线与以上航线相同的是都要横渡大洋、航线长，要经过太平洋枢纽站。但不同的是不用过巴拿马运河。该线也有先南行至南太平洋的枢纽港，后横渡南太平洋到达南美西岸的。

4. 远东—东南亚航线

这组航线是我国、朝鲜、韩国、日本去东南亚各港，以及过马六甲海峡去波斯湾、地中海、西北欧、东西非、南美东海岸各港常走的航线。东海、台湾海峡、巴士海峡、南海是该航线船舶经常进出的海域。

5. 远东—澳、新航线

由于澳大利亚面积辽阔，远东至新西兰、澳大利亚东西海岸航线有所不同。我国北方沿海各港去澳东海岸和新西兰港口，走琉球、加罗林群岛，进入所罗门海、珊瑚海：日本等国到该地区的航线也基本与我国相同。但中澳之间的集装箱航线则由我国北方港口南下经香港加载后经南海、苏拉威西海、班达海、阿拉弗拉海，然后进入珊瑚海、塔斯曼海。中国去澳西海岸航线，多半经菲律宾的民都洛海峡，然后经望加锡海峡、龙目海峡南下。由于北部一些岛国（地区）工业发达而资源贫乏，而南部国家资源丰富，因而初级产品运输特别繁忙。

6. 澳、新—北美东西海岸航线

澳、新—北美西海岸航线大多途经苏瓦、火奴鲁鲁等太平洋上重要航站。澳、新—北美东海岸航线则大多取道社会群岛中的帕皮提，后经巴拿马运河到达。

7. 北美—东南亚航线

这组航线一般要经过夏威夷、关岛、菲律宾等地；到北美东海岸和加勒比海各港，要经巴拿马运河。

（二）大西洋航线

大西洋水域辽阔，海岸线曲折，有许多优良港湾和深入大陆的内海。北大西洋两侧是西欧、北美两个世界经济发达的地区，又有苏伊士运河和巴拿马运河通印度洋和太平洋。

大西洋航线有以下几组。

1. 西北欧—北美东海岸各港航线

这组由北美东海岸经过纽芬兰横渡大西洋进入西北欧的航线的历史最悠久，是美国、加拿大与西欧、北欧各国之间国际贸易的海上大动脉。航运贸易的历史悠久，船舶往来特别繁忙，客货运量大，船舶大多走偏北大圆航线。该航区冬季风浪大，并有浓雾、冰山，对航行安全有威胁。

2. 西北欧、北美东岸—加勒比海各港航线

该航线大多出英吉利海峡后横渡大西洋。除可到达加勒比海沿岸各港外，还可经巴拿马运河到达美洲太平洋西岸港口。

3. 西北欧、北美东岸—地中海、苏伊士运河去东方航线

这是世界上最繁忙的一条航线，它除与地中海各港口往来外，还与海湾国家往来密切。

4. 西北欧、地中海—南美东海岸航线

该航线一般经过西非大西洋岛屿、加纳利、佛得角群岛上的航站。

5. 西北欧、北美大西洋岸—好望角、东方航线

该航线一般是巨型油船的运输线。西北欧、北美去海湾运油的 15 万吨级以上巨轮必须经过好望角。西非大西洋上的佛得角群岛、加纳利群岛是它们经常停靠的地方。

6. 南美东海岸—好望角航线

它是南美东海岸去海湾运油或远东国家购买巴西矿石常走的路线。中国至南美东海岸运油和矿石也走该航线。

（三）印度洋航线

由于印度洋的特殊地理位置，其航线可以将大西洋与太平洋连接起来，因此经过的航线众多。

印度洋航线主要有以下几组。

1. 横贯印度洋东西的航线

这组航线是从亚洲太平洋地区和大洋洲横穿印度洋西行的航线，在这组航线上的港口，如塞得港、苏伊士港、亚丁港、科伦坡港等，因地理位置的特殊性而有着极其重要的地位。

2. 进出印度洋北部国家各港的航线

印度洋北部包括孟加拉湾、阿拉伯海沿岸各国，该航线为进出缅甸、孟加拉国、印度、斯里兰卡、巴基斯坦等国港口的航线。船舶来自东部太平洋地区或欧洲。

3. 进出波斯湾沿岸国家的航线

波斯湾沿岸大多为石油输出国，石油为这组航线的基本货物。大致又可分三条航线：一条是去曼德海峡和红海，经苏伊士运河、地中海进入大西洋，到达欧洲或继续驶往北美；另一条是南下印度洋，经东非的索马里、肯尼亚、坦桑尼亚附近，绕道好望角通往大西洋，到达西欧或北美；还有一条是由波斯湾东行，经印度洋、马六甲海峡、太平洋到东南亚或日本。

4. 出非洲东岸国家的航线

在这条航线上，货物的运量较其他航线要少，但它仍是印度洋上一组重要的航线。

（四）现代集装箱运输的主要航线

当前，世界上规模最大的三条主要集装箱航线是远东—北美航线，远东—欧洲、地中海航线和北美—欧洲、地中海航线。

1. 远东—北美航线

远东—北美航线习惯上也称为（泛）太平洋航线，该航线实际上可以分为两条航线，一条是远东—北美西岸航线，另一条为远东—北美东岸航线。远东—北美西岸航线主要由远东—加利福尼亚航线和远东—西雅图、温哥华航线组成。其涉及的港口主要有亚洲的高雄港、釜山港、上海港、香港港、东京港、神户港、横滨港等和北美西岸的长滩港、洛杉矶港、西雅图港、塔科马港、奥克兰港和温哥华港，涉及亚洲的中国、韩国、日本等国和中国香港、台湾地区，以及北美的美国和加拿大东部地区。远东—

北美东岸的纽约航线涉及的北美东岸港口主要有纽约港、新泽西港、查尔斯顿港和新奥尔良港，该航线还包括澳新航线。

2. 远东—欧洲、地中海航线

远东—欧洲、地中海航线也称为欧地线。该航线由远东—欧洲航线和远东—地中海航线组成。远东—欧洲航线是1879年由英国4家船公司开辟的世界最古老的定期航线。欧洲地区涉及的主要港口有荷兰的鹿特丹港，德国的汉堡港、不来梅港，比利时的安特卫普港和英国的费力克斯托港。远东—地中海航线是1972年10月开始集装箱运输的，其地中海地区主要涉及的港口有位于西班牙南部的阿尔赫西拉斯港、意大利的焦亚陶罗港和位于地中海中央、马耳他岛南端的马尔萨什洛克港。

3. 北美—欧洲、地中海航线

北美—欧洲、地中海航线也被称为跨大西洋航线。该航线实际包括三条航线：北美东岸、海湾—欧洲航线，北美东岸、海湾—地中海航线，北美西岸—欧洲、地中海航线。

（五）中国对外贸易主要海运航线

1. 近洋航线

（1）中国—朝鲜航线。

（2）中国—日本航线。

（3）中国—越南航线。

（4）内地—香港航线。

（5）中国—俄罗斯航线。

（6）中国—菲律宾航线。

（7）中国—新马航线。

（8）中国—北加里曼丹航线。

（9）中国—泰国湾航线。

（10）中国—印度尼西亚航线。

（11）中国—孟加拉湾航线。

（12）中国—斯里兰卡航线。

（13）中国—波斯湾航线。

（14）中国—澳大利亚、新西兰航线。

2. 远洋航线

（1）中国—红海航线。

（2）中国—东非航线。

（3）中国—西非航线。

（4）中国—地中海航线。

（5）中国—西欧航线。

（6）中国—北欧、波罗的海航线。

（7）中国—北美航线。

（8）中国—中南美航线。

四、港口

港口是海洋交通和内陆交通的连接点，一般设在江、湖、海湾沿岸，具有水陆联运设备和条件，是供船舶安全进出和停泊的运输枢纽。港口按用途可分为商港、渔港、军港及避风港。商港是供商船停靠装卸、补充给养，办理客货运输，尤其是外贸进出口货物运输的出入口。

（一）商港的分类

1. 按地理位置分类

（1）海湾港：海湾港地处海湾，又据海口，一般有水深、风浪小的特点。有些海湾港位于开敞海面岸边或天然掩护不足，通常须修建相当规模的防波堤，如大连港、青岛港、连云港港、基隆港、热那亚港等；也有完全靠天然掩护的大型海湾港，如东京港、香港港、悉尼港等。

（2）河口港：位于河流入海口或受潮汐影响的河口段内，可兼为海船和河船服务。河口港一般有大城市作依托，水陆交通便利，内河水道往往深入内地广阔的经济腹地，承担大量的货流量，故世界上许多大港都建在河口附近，如鹿特丹港、伦敦港、纽约港、列宁格勒港、上海港等。

（3）内河港：位于天然河流或人工运河上的港口，如长江沿岸的南通港、马鞍山港等。

2. 按商港的功能分类

（1）存储港：一般位于工商业中心，立体交通体系发达，利于货物的存储、分拨、联运，是货物的集散地，如上海港、天津港等。

（2）转运港：一般位于水陆交通衔接处，利于货物在水路和陆路间转运或办理转船业务，如鹿特丹港、香港港、新加坡港等。

（3）经过港：地处航道要冲，是船舶必经之地，可供船舶短暂停留以补充燃料、物料、淡水、食物等给养，如科伦坡港、亚丁港等。

3. 从国家政策和贸易角度分类

（1）非通商港：是指专为本国商船经营国内贸易货物出入的港口，对外国商船一般不开放，因此又称为国内港。

（2）通商港：又称为开放港，可经营国际航运业务，外国船舶只要办理相关手续便可自由出入。

（3）自由港：可分为完全自由港和有限自由港。完全自由港不属于海关管制区范围，一切外国商品均可以免税进出；有限自由港则对部分商品征税或实施贸易管制，对其他商品则完全免税。香港港、新加坡港都是世界上著名的有限自由港。

（二）港口组成

港口由水域和陆域组成。

1. 水域

水域通常包括进港航道、锚泊地和港池。

（1）进港航道要保证船舶安全、方便地进出港口，因此必须有足够的深度和宽度，以及适当的位置、方向和弯道曲率半径，应避免强烈的横风、横流和严重淤积，以尽量降低航道的开辟和维护费用。当港口位于深水岸段，低潮或低水位时天然水深已能满足船舶航行需要时，无须开挖人工航道，但要标志出船舶出入港口的最安全路线。如果不能满足上述条件，且需要船舶随时都能进出港口，则须开挖人工航道。人工航道分单向航道和双向航道。大型船舶的航道宽度为 80 ～ 300 米，小型船舶的为 50 ～ 60 米。

（2）锚泊地指有天然掩护或人工掩护条件、能抵御强风浪的水域，船舶可在此锚泊、等待靠泊码头或离开港口。如果港口缺乏深水码头泊位，也可在此进行船转船的水上装卸作业。内河驳船船队还可在此进行编、解队和换拖（轮）作业。

（3）港池指直接和港口陆域毗连，供船舶靠离码头、临时停泊和调头的水域。港池按构造形式分，有开敞式港池、封闭式港池和挖入式港池。港池尺度应根据船舶尺度、船舶靠离码头方式、水流和风向的影响及调头水域布置等确定。开敞式港池池内不设闸门或船闸，水面随水位变化而升降。封闭式港池池内设有闸门或船闸，用以控制水位，适用于潮差较大的地区。挖入式港池在岸地上开挖而成，多用于岸线长度不足、地形条件适宜的地方。

2. 陆域

陆域指港口供货物装卸、堆存、转运和旅客集散之用的陆地面积。陆域上有进港陆上通道（铁路、道路、运输管道等）、码头前方装卸作业区和港口后方区。码头前方装卸作业区用于分配货物，布置码头前沿铁路、道路、装卸机械设备和快速周转货物的仓库或堆场（前方库场）及候船大厅等。港口后方区用于布置港内铁路、道路、较长时间堆存货物的仓库或堆场（后方库场）、港口附属设施（车库、停车场、机具修理车间、工具房、变电站、消防站等）以及行政、服务房屋等。

（三）港口设备

港口设备包括间歇作业的装卸机械设备（门座式、轮胎式、汽车式、桥式及集装箱起重机、卸车机等）、连续作业的装卸机械设备（带式输送机、斗式提升机、压缩空气和水力输送式装置及泵站等）、供电照明设备、通信设备、给水排水设备、防火设备等。港内陆上运输机械设备包括火车、载重汽车、自行式搬运车及管道输送设备等。水上装卸运输机械设备包括起重船、拖轮、驳船及其他港口作业船、水下输送管道等。

（四）港口技术特征

1. 港口水深

港口水深是港口的重要技术标志，表明港口条件和可供船舶使用的基本界限。现代港口供大型干货海轮停靠的码头水深为 10 ～ 15 米，大型油轮码头的水深为 10 ～ 20 米。

2. 码头泊位数

码头是港口的主体，是船舶停泊靠岸的地方，是装卸货物的场所。码头有浮码头和固定码头两种，固定码头又有长堤型和栈桥型两种。一个港口的码头泊位数是决定港口吞吐能力的重要因素。

（五）世界及我国主要港口

1. 世界主要港口

目前，世界上共有大小港口3000多个，其中，国际贸易港约2400个，分属145个国家，吞吐量超过1亿吨的港口有10多个。主要的港口有：荷兰的鹿特丹港，美国的纽约港、新奥尔良港和休斯敦港，日本的神户港和横滨港，比利时的安特卫普港，新加坡的新加坡港，法国的马赛港，英国的伦敦港等。

2. 我国主要港口

我国沿海现有大小港口158个，其中年吞吐量1000万吨以上的7个、100万吨以上的16个。各港口共有码头泊位921个，其中万吨级以上的深水泊位有147个。目前，我国对外开放的港口主要有大连港、秦皇岛港、天津港、烟台港、青岛港、南通港、连云港港、上海港、宁波港、温州港、福州港、黄埔港、湛江港、北海港、海口港。

任务实施（工作页）

一、回答下列问题。

1. 世界重要通航运河有哪些？

____

____

2. 世界主要航线有哪些？

____

____

二、请根据以上所学的国际货运代理知识，进行实践作业。

1. 上网查询天津新港停靠哪些公司的定期班轮，并且指出这些班轮航线的走向和经过的地区。

2. 调研你所在城市的优势出口货物，并且指出这些货物出口的运输方式和路线。

三、世界主要海运航线、港口及船公司调研实训。

【实训目的】

1．熟悉国际班轮航线与主要班轮公司信息。

2．会使用各种工具检索船期等信息。

【实训内容】

1．结合世界交通地图册，自行绘制以下国家与区域地图，填写主要港口。

韩国、日本、东南亚、美国、欧洲、地中海、波斯湾、大洋洲、非洲、南美洲、中美洲

2．了解世界主要集装箱班轮公司的背景资料。

地中海航运、马士基航运、达飞轮船、中远海运集团、赫伯罗特、长荣海运、海洋网联船务（ONE）

【实训步骤】

1．教师布置任务。

2．将学生分组，以小组为单位，通过分工合作，共同完成实训课题。各组组长要组织大家将查到的资料内容在组内进行讨论、筛选、分类整理，并形成报告。

3．教师现场解答学生提出的问题并为其提供辅助指导。

任务评价

学完本任务后，结合自己学习情况，依指标进行评价。

考核项目	评分内容	总分值	得分值
知识掌握	1．了解海运地理（10 分） 2．了解海上主要航线（10 分） 3．熟悉世界各地主要航线和港口（10 分）	30	
能力提升	1．能够为客户选择合适的航线（20 分） 2．能够指出各航线上有哪些港口（20 分）	40	
课堂表现	1．学习态度（10 分） 2．沟通合作（10 分） 3．回答问题（10 分）	30	
签字		总分	

任务二　海运货物与集装箱

任务描述

通过本任务的学习，学生应掌握集装箱班轮运输的基本要素、方式及其主要特点。同时对集装箱货运中，货运代理的主要职责有初步的了解。掌握集装箱整箱货与拼箱货的交接等内容，结合对目前实际操作方式的介绍，对集装箱货运代理所从事的工作有完整的了解。

知识链接

一、海上运输的货物

（一）货物的分类

1. 件装货物

件装货物主要有包装货物（Pcaked Cargo）、裸装货物（Unpacked Cargo）、成组化货物（Unitized Cargo）、集装箱货物（Containerized Cargo）。

2. 散装货物

散装货物主要有干质货物（Solid Bulk Cargo）、液体散装货（Liquid Bulk Cargo）。

3. 普通货物

普通货物主要有清洁货物、液体货物、粗劣货物。

4. 特殊货物

特殊货物主要有危险货物、冷藏货物、贵重货物、活体动物、长大笨重货物。

（二）货物的包装和标志

货物包装包括袋装、箱装、桶装货物，以及瓶装、包捆装、裸装和特殊包装。

国际货物运输标志分为主标志、副标志、指示标志和危险品标志等。

主标志是区别货物的最终依据，由三部分组成：收货人及/或发货人名字的代用简字和简单几何图形、目的港（地）名称、货物件号。

指示标志和危险品标志作为货物作业的指导和提示应引起注意，防止损害和危害发生。指示标志和危险品标志均采用国际通用的简明图示进行标注。

（三）货物的计量和积载因数

1. 货物的计量

货物的计量是根据一定的原则和方法，对货物的重量和体积进行衡量，确定货物的重量和体积，以便明确责任，计算运费，确保安全运输，正确向口岸管理机关进行申报。货物的重量和体积由发货人承运人申报，承运人进行核定。

货物的计量包括丈量和衡重。

（1）丈量，又称量尺。丈量原则是按货件的最大方形进行丈量和计算，在特殊情况下可酌情予以适当的扣除，计算公式为：$V=L\times W\times H$。其中，V 代表货物体积，单位为 m^3，L、W、H 分别为长、宽、高，单位为 m。

（2）衡重又可分为净重、皮重、毛重。货物衡重一般应以毛重计算。

2. 货物积载因数

货物积载因数（Stowage Factor，S.F.）指每一吨货物在正常堆装时实际所占的容积，单位是 m^3/t。

二、集装箱知识

（一）集装箱的定义

关于集装箱（Container）的定义，国际上不同国家、地区和组织的表述有所不同。根据国际标准化组织（ISO）及大多数标准术语的定义，集装箱是一种运输设备（Transport Equipment）。它应具有如下条件：

（1）具有耐久性，其坚固程度足以反复使用。

（2）为了便于商品运送而专门设计的，采用一种或多种运输方式时无须中途换装。

（3）设有便于装卸和搬运，特别是便于从一种运输方式转移到另一种运输方式的装置。

（4）设计时应注意便于货物装满或卸空。

（5）内容积为 $1m^3$ 或 $1m^3$ 以上。

在实际业务中，集装箱又分为 S.O.C（Shipper's Own Container）和 C.O.C（Carrier's Own Container）两种。无论是承运人提供的集装箱（C.O.C）还是货主箱（S.O.C）都应能满足抵抗海上运输中所会遇到的、可遇见的风险的条件，同时能满足货物运输所需要的条件。

（二）集装箱的标准

目前使用的国际集装箱规格尺寸主要是第一系列的 4 种箱型，即 A 型、B 型、C 型和 D 型。它们的尺寸和总重量见表 3-3。

表 3-3　第一系列集装箱规格尺寸和总重量

箱型		长		宽		高		最大总重量	
		公制 mm	英制 ft in	公制 mm	英制 ft in	公制 mm	英制 ft in	kg	LB
40	IAAA	12 192	40′	2 438	8′	2 896	9′6″	30 480	67 200
	IAA					2 591	8′6″		
	IA					2 438	8′		
	IAX					<2 438	<8′		
30	IBBB	9 125	29′11.25″	2 438	8′	2 896	9′6″	25 400	56 000
	IBB					2 591	8′6″		
	IB					2 438	8′		
	IBX					<2 438	<8′		
20	ICC	6 058	19′10.5″	2 438	8′	2 591	8′ ″	24 000	52 900
	IC					2 438	8′		
	ICX					<2 438	<8′		
10	ID	2 991	9′9.75″	2 438	8′	2 438	8′	10 160	22 400
	IDX					<2 438	<8′		

另外，为了便于计算集装箱数量，可以以 20 英尺的集装箱作为换算标准箱（Twenty-foot Equivalent Unit，TEU），并以此作为集装箱船载箱量、港口集装箱吞吐量、集装箱保有量等的计量单位。其相互关系为：40 英尺集装箱 =2TEU，30 英尺集装箱 =1.5TEU，20 英尺集装箱 =1TEU，10 英尺集装箱 =0.5TEU。另外，实践中人们有时将

40 英尺集装箱称为 FEU（Forty-foot Equivalent Unit）。

（三）集装箱的种类

集装箱的分类可以有多种方法，如以制造材料不同或以结构不同等进行分类。按照制造材料可以分为钢质集装箱、铝合金集装箱、玻璃钢质集装箱、薄壳式集装箱等。按照结构可以分为内柱式集装箱、折叠式集装箱和薄壳式集装箱等。这里主要以集装箱的用途进行分类。

1. 干货集装箱（Dry Cargo Container）

干货集装箱适于装载各种杂货，也称为杂货集装箱或通用集装箱。除冷冻货、活的动物、植物外，在尺寸、重量等方面适合集装箱运输的货物，几乎均可使用干货箱，包括日用百货、纺织品、服装、轻工产品、食品、机械、仪器、家用电器、医药及各种贵重物品等。这种集装箱规格较多，使用时应注意箱子内部容积和最大负荷，特别是在使用 20 英尺、40 英尺集装箱时，更应注意这一点。干货集装箱如图 3-1 所示。

图 3-1　干货集装箱

2. 冷藏集装箱（Reefer Container）

冷藏集装箱是指装载冷藏货并附设有冷冻机的集装箱。在运输过程中，冷藏集装箱启动冷冻机使货物保持在所要求的指定温度。箱内顶部装有挂肉类、水果的钩子和轨道，适用于装载冷藏食品、新鲜水果，或特种化工产品等。冷藏集装箱投资大，制造费用是普通箱的几倍；在来回程冷藏货源不平衡的航线上，常常需要回运空箱；船上用于装载冷藏集装箱的箱位有限；同普通箱比较，该种集装箱的营运费用较高，除支付修理、洗涤费用外，每次装箱前应检验冷冻装置，并定期为这些装置大修。冷藏集装箱如图 3-2 所示。

图 3-2　冷藏集装箱

在实际营运过程中，冷藏集装箱的货运事故较多，有的是箱子本身或箱子在码头堆场存放或装卸时所致；有的是发货人在进行装箱时，对箱内货物所需要的温度及冷冻装置的操作缺乏足够的谨慎。尽管如此，世界冷藏货运量中，使用冷藏集装箱方式的比重不断上升，近年来已经超过使用冷藏船运输方式的比重。

3. 敞顶集装箱（Open-top Container）

敞顶集装箱，实践中又称开顶集装箱，是集装箱种类中需求增长较少的一种，主要原因是货物装载量较少，在没有月台、叉车等设备的仓库无法进行装箱，在装载较重的货物时还需使用起重机。这种箱子的特点是吊机可从箱子上面装卸货物，然后用防水布覆盖。目前，开顶集装箱仅限于装运较高货物或用于代替尚未得到有关公约批准的集装箱种类。敞顶集装箱如图 3-3 所示。

图 3-3 敞顶集装箱

4. 框架集装箱（Plat Form Based Container）

框架集装箱是以装载超重货物为主的集装箱，其省去箱顶和两侧，特点是可从箱子侧面进行装卸。在目前使用的集装箱种类中，框架集装箱稍有独到之处，这是因为不仅干货集装箱，即使是散货集装箱、罐式集装箱等，其容积和重量均受到集装箱规格的限制；框架集装箱则可用于那些形状不一的货物，如废钢铁、卡车、叉车等。除此之外，相当部分的集装箱在集装箱船边直接装运散装货，采用框架集装箱就较方便。框架集装箱的主要特点有：自身较重；普通集装箱是采用整体结构的，箱子所受应力可通过箱板扩散，而框架集装箱仅以箱底承受货物的重量，其强度很大；出于同样的原因，这种集装箱的底部较厚，所以相对来说，可供使用的高度较小，密封程度差。由于这些原因，该种集装箱通过海上运输时，必须在装载舱内运输，在堆场存放时也应用毡布覆盖。同时，货物本身的包装也要适应这种集装箱。框架集装箱如图 3-4 所示。

5. 罐式集装箱（Tank Container）

罐式集装箱专门装运各种液体货物，如食品、酒品、药品、化工品等。货物由液罐顶部的装货孔进入，卸货时，货物由排出孔靠重力作用自行流出，或者由顶部装货孔吸出。罐式集装箱如图 3-5 所示。

图 3-4　框架集装箱

图 3-5　罐式集装箱

6. 散装集装箱（Bulk Container）

散装集装箱主要用于运输啤酒、豆类、谷物、硼砂、树脂等散物。散装集装箱的使用有严格要求，如：每次掏箱后，要进行清扫，使箱底、两侧保持光洁；为防止汗湿，箱内金属部分应尽可能少外露；有时需要熏蒸，箱子应具有气密性；在积载时，除了由箱底主要负重外，还应考虑到将货物重量向两侧分散；箱子的结构易于洗涤；主要适用装运重量较大的货物，因此，要求箱子自重应比较轻。散装集装箱如图 3-6 所示。

图 3-6　散装集装箱

7. 牲畜集装箱（Pen Container）

牲畜集装箱是一种专门为装运动物而制造的特殊集装箱，箱子的构造采用美国农业部的意见，材料选用金属网，使其通风良好，而且便于喂食。该种集装箱也能装载小汽车。牲畜集装箱如图 3-7 所示。

图 3-7 牲畜集装箱

8. 汽车集装箱（Car Container）

汽车集装箱是专门供运输汽车而制造的集装箱；结构简单，通常只设框架与箱底，根据汽车的高度，可装载一层或两层。汽车集装箱如图 3-8 所示。

图 3-8 汽车集装箱

（四）集装箱的标志

为了便于海关及其他相关方面对在国际间流通的集装箱进行监督和管理，国际标准化组织拟定了集装箱标志方案。每一个集装箱均须在规定的位置上明显地涂刷以下永久性标志。

1. 第一组标记：箱主代码、顺序号和核对数

（1）箱主代码：表示集装箱所有人的代码。用 4 位拉丁字母表示；前 3 位由箱主自己规定，并向国际集装箱局登记；第 4 位字母为 U，表示海运集装箱代号。如“COSU”，表示此集装箱为中国远洋运输公司所有。国际流通中使用的集装箱箱主代码应向国际集装箱司登记，登记时不得与登记在先的箱主重复。

（2）顺序号：为集装箱编号，用 6 位阿拉伯数字表示，如有效数字不足 6 位时，则在数字前用“0”补足 6 位。

（3）核对数：用于计算机核对箱主代码与顺序号记录的正确性。核对号一般位于顺序号之后，用 1 位阿拉伯数字表示，并加方框以醒目。

集装箱箱体上的这 11 位编号，即为箱号。

2. 第二组标记：国籍代号、尺寸代号和类型代号

（1）国籍代号：用 3 位拉丁字母表示，以说明集装箱的登记国，例如“RCX”即表示登记国为中华人民共和国。

（2）尺寸代号：用两位阿拉伯数字表示，以说明集装箱的尺寸大小。例如，“20”表示长 20ft、高 8ft 的集装箱；“30”即为冷冻集装箱。

（3）类型代号：用两位阿拉伯数字表示，用以说明集装箱的类型，其中 00 ～ 09 为通用集装箱，30 ～ 49 为冷藏集装箱，50 ～ 59 为敞顶集装箱。

3. 第三组标记：最大总重、自重和最大允许载重量

（1）最大总重：又称集装箱额定重量，常以“R”表示，是集装箱的自重和最大允许载货量之和。它是一个常数，任何类型的集装箱装载货物后，都不能超过这一重量。最大总重单位用千克（kg）和磅（lb）同时标出。

（2）自重：是集装箱的空箱重量。常以“T”表示。ISO 688 规定应以千克（kg）和磅（lb）同时表示。

（3）最大允许载重量：又称载货质量，以“P”表示。它是集装箱最大容许承载的货物重量。

例如，集装箱参数为：

COSU 001234 [2]

CN2030

MAX GROSS：2234(KG)

TARE 382(KG)

CU.CAP 33.2 CBM

依照相关标志规定，以上集装箱参数反映了如下集装箱的情况：

- COSU：箱主代号，表示是中国远洋运输公司。
- 001234：顺序号、箱号。
- [2]：核对数。
- CN：中国国籍代码。
- 20：尺寸代号，表示长 20ft、高 8ft 的集装箱。
- 30：类型代号，表示冷冻集装箱。
- MAX GROSS：2234(KG)，表示最大总重量为 2234kg。
- TARE 382(KG)，表示空箱自重 382kg。
- CU.CAP 33.2 CBM，表示容积为 33.2 立方米。

（五）集装箱的交接方式

1. 按照货运数量的交接方式划分

按照货运数量的交接方式划分为整箱货和拼箱货。

（1）整箱（Full Container Load，FCL）是指货方自行将货物装满整箱以后，以箱为单位托运的集装箱。这种情况在货主有足够货源装载一个或数个整箱时通常采用，除有些大的货主自己置备有集装箱外，一般都是向承运人或集装箱租赁公司租用一定的集装箱。空箱运到工厂或仓库后，在海关人员的监管下，货主把货装入箱内、加锁、铅封后交承运人并取得站场收据，最后凭收据换取提单或运单。

承运人对整箱货，以箱为交接单位。承运人不负责箱内的货损、货差，除非货方举证确属于承运人责任事故的损害，承运人才负责赔偿。只要集装箱外表与收箱时相似和铅封完整，承运人就完成了承运任务。整箱货运提单上，要加上“委托人装箱、计数并加铅封”的条款，如“Said to contain: S.T.C. Shipper’s load and count and seal.”。

（2）拼箱（Less than Container Load，LCL）是指承运人（或代理人）接受货主托运的数量不足整箱的小票货运后，根据货类性质和目的地进行分类整理。把去同一目的地的货，集中到一定数量拼装入箱。由于一个箱内有不同货主的货拼装在一起，所以叫拼箱。这种情况在货主托运数量不足装满整箱时采用。拼箱货的分类、整理、集中、装箱（拆箱）、交货等工作均在承运人码头集装箱货运站或内陆集装箱转运站进行。

2. 按照整箱货和拼箱货在船货双方之间的交接方式划分

集装箱运输中，整箱货和拼箱货在船货双方之间的交接方式有以下几种：

（1）门到门。由托运人负责装载的集装箱，在其货仓或厂库交承运人验收后，负责全程运输，直到收货人的货仓或工厂仓库交箱为止。

（2）门到场。由发货人货仓或工厂仓库至目的地或卸箱港的集装箱装卸区堆场。

（3）门到站。由发货人货仓或工厂仓库至目的地或卸箱港的集装箱货运站。

（4）场到门。由起运地或装箱港的集装箱装卸区堆场至收货人的货仓或工厂仓库。

（5）场到场。由起运地或装箱港的集装箱装卸区堆场至目的地或卸箱港的集装箱装卸区堆场。

（6）场到站。由起运地或装箱港的集装箱装卸区堆场至目的地或卸箱港的集装箱货运站。

（7）站到门。由起运地或装箱港的集装箱货运站至收货人的货仓或工厂仓库。

（8）站到场。由起运地或装箱港的集装箱货运站至目的地或卸箱港的集装箱装卸区堆场。

（9）站到站。由起运地或装箱港的集装箱货运站至目的地或卸箱港的集装箱货运站。

任务实施（工作页）

一、回答下列问题。

1．海上运输货物可分为哪几类？

2．集装箱有哪些种类？

3．集装箱的交接方式有几种？

二、请根据以上所学的国际货运代理知识，进行案例分析。

1．2021年6月14日，上海光华进出口公司与美国海外贸易公司订立一批家具买卖合同，合同规定：CIF洛杉矶；装运港上海港，装运期2022年6月14日至28日；开证期2021年12月15日至31日，信用证交单期21天；货物品质、数量与买卖合同相符，凭已装船提单（连同商业发票、保险单、原产地证书、商检证书、商业汇票等）结汇；家具必须装载集装箱运输。

2022年1月15日，美国公司开证。同年5月22日，上海光华公司委托上海捷运货运代理公司安排货物出口手续，捷运公司遂向船公司订舱，6月16日船公司“好运”轮抵上海，装船时，发现有2×20′GP箱损，船公司、码头、理货公司均做了确认，同日，“好运”轮开航。

“好运”轮开航后，船公司在签发给捷运公司的提单上做了如实的批注。捷运公司要求在自己签发给光华公司的提单上加同样的批注，光华公司则要求出具保函。由于双方产生争执，直到7月9日，捷运公司接受保函，签发了清洁提单。

注：船公司提单为CY/CY条款，捷运公司提单为DOOR-CY条款。

讨论：

（1）本案中买卖双方之间是否存在违约行为？

（2）上海光华公司能否得到银行议付货款？

（3）本案中箱损（以及可能存在的货损）应由谁承担？

2．A公司（以下称发货人）将装载布料的6个集装箱委托一家国际货运代理公司（以下称货代）拖运到香港装船去西雅图港，集装箱在西雅图港卸船后再通过铁路运抵交货地（底特律）。

该批出口布料由货代出具全程提单，提单记载装船港香港、卸船港西雅图、交货地底特律，运输交款CY/CY，提单同时记载“由货主装载、计数”的批注。集装箱在香港装船后，船公司又签发了以货代为托运人的海运提单，提单记载装船港香港、卸船港西雅图，运输条款 CY/CY。集装箱在西雅图港卸船时，6 个集装箱中有 3 个外表状况有较严重破损，货代在西雅图港的代理与船方代理对此破损做了记录，并由双方在破损记录上共同签署。3 个集装箱在运抵底特律后，收货人开箱时发现外表有破损的集装箱内布料已严重受损，另一集装箱尽管箱子外表状况良好，但箱内布料也不同程度受损。此后，收货人因货损与发货人、货代船公司发生了争执。

请对本案中集装箱货损，根据有关国际货运条约、惯例，以及货代船公司签发的提单所记载的运输条款，对发货人、货代以及船公司的责任进行认定。

任务评价

学完本任务后，结合自己学习情况，依指标进行评价。

考核项目	评分内容	总分值	得分值
知识掌握	1．了解海上货物种类（10 分） 2．了解集装箱的种类（10 分） 3．熟悉集装箱的交接方式（10 分）	30	
能力提升	1．能够算出海上货物的积载因数（20 分） 2．能够读懂集装箱的标准（20 分）	40	
课堂表现	1．学习态度（10 分） 2．沟通合作（10 分） 3．回答问题（10 分）	30	
签字		总分	

项目四　班轮货运代理操作实务

项目描述

如今，集装箱班轮运输已成为国际货物运输的主要方式。本项目学习内容包括传统班轮进出口货运业务流程和相关单证，集装箱班轮货运代理流程和相关单证，船期表和海运运价的应用，通过学习，学生将了解和掌握传统班轮进出口货运流程及相关单证的内容和作用、集装箱海运进出口货运代理业务的流程、集装箱运输相关单据的内容以及单据的流转，完成订舱单的填制、船期选择及海运费的报价工作。

知识目标

- 掌握传统班轮进出口货运流程及相关单证的内容和作用。
- 掌握集装箱海运进出口货运代理业务的流程。
- 掌握集装箱海运进出口货运代理业务中所涉及单证的内容和流转。
- 掌握海运运费的构成和计算方法。

能力目标

- 具备集装箱海运进出口货运代理业务的操作技能。
- 掌握集装箱海运进出口货运代理业务单证的填制。
- 能够进行无船承运人海运业务操作。
- 能够进行海运费报价。
- 能够解读船期表。

项目结构图

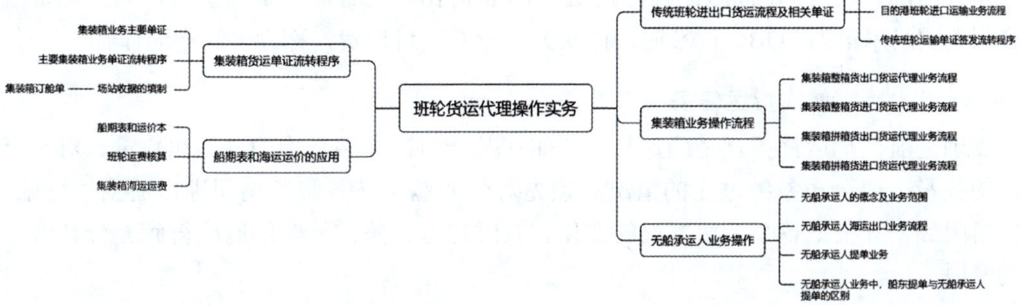

任务一　传统班轮进出口货运流程及相关单证

任务描述

通过本任务的学习，学生要了解装运港班轮出口运输业务流程和目的港班轮进口运输业务流程、熟悉传统班轮运输主要单证种类和内容，熟练掌握传统班轮运输业务中单证的流转。

知识链接

一、装运港班轮出口运输业务流程

班轮运输可分为杂货班轮运输与班轮集装箱运输，传统的班轮运输方式多为杂货班轮运输，交接地点通常在码头仓库，传统班轮货运出口业务流程如下所示。

（一）揽货

揽货是指从事班轮运输经营的船公司为使自己所经营的班轮运输船舶能在载重量和舱容上得到充分利用，以期获得最好的经营效益而从货主那里争取货源的行为。揽货要力争做到满舱满载，因此班轮公司会充分利用载重量和舱容争取货源。为了揽货，班轮公司首先要为自己所经营的班轮航线，船舶挂靠的港口及其到、发时间制定船期表并分送给已经建立起业务关系的客户，还需在有关的航运期刊上刊载，方便客户查询相关信息，使客户了解公司经营的班轮运输航线及船期情况，以便联系安排货运，争得货源。

（二）订舱与订舱确认

与船公司揽货相对应，订舱是托运人（包括其代理人）向班轮公司（即承运人，包括其代理人）申请货物运输，承运人对这种申请给予承诺的行为。因此，承运人一旦对托运人货物运输申请给予承诺，则货物运输合同订立。

当国际贸易合同的贸易术语为 CIF、CFR 时由卖方订舱并支付运费，当国际贸易合同的贸易术语为 FOB、FAS 时，由买方订舱并支付运费，称为“卸货地订舱”。

（三）确定航次货运任务

确定航次货运任务就是确定某一船舶在某一航次所装货物的种类和数量。对于货物的数量，船公司参考过去的情况，预先对船舶舱位在各装货港间进行适当的分配，定出限额，并根据各个港口情况的变化，及时进行调整，使船舶舱位得到充分和合理的利用。

（四）接货装船

1. 装船前的准备工作

（1）船舶受载。船公司接受了货主的订舱之后，要提供适载的船舶。同时根据订舱委托，船公司在指定的时间内将指名船舶运到指定港口受载。

（2）缮制货运单据。在船舶到港之前，船方或货运代理根据订舱托运单上的内容编制全套装货单证。

（3）货物出口报关。在装船之前，发货人或货运代理凭全套报关单据向海关申报，海关核实无误后放行货物准备装船。

（4）安排货物集港。货运代理在装船之前应结合货物性质协同发货人将所有货物集港，以便船舶到港后能及时装船出运。

2. 装船

船舶到港前，船公司和码头计划室对本航次需装运的货物制作装船计划，待船舶到港后，按计划装船。

为了提高装船效率，加速船舶周转，减少货损、货差现象，在杂货班轮运输中，对于普通货物的交接装船，通常采用由班轮公司在各装货港指定装船代理人，由装船代理人在各装货港的指定地点（通常为港口码头仓库）接受托运人送来的货物，办理交接手续后，将货物集中整理，并按次序进行装船的形式，即所谓的“仓库收货，集中装船”的形式。

对于特殊货物，如危险货物、鲜活货、贵重货、重大件货物等，通常采取由托运人将货物直接送至船边、交接装船的形式，即采取现装或直接装船的方式。

3. 签发提单

货物装船完毕后，托运人即可持经大副签发的收货单到船公司或他的代理人处交付运费（在预付的情况下），或提出一定的书面凭证（在到付运费的情况下）后，以收货单换取一份或一式数份已装船提单。

二、目的港班轮进口运输业务流程

在杂货班轮运输中，目的港班轮运输流程业务主要是卸船交货，卸船交货是指将船舶所承运的货物在提单上载明的卸货港从船上卸下，在船边交给收货人并办理货物的交接手续。

（一）卸船

通常做法是船公司在卸货港的代理人根据船舶发来的到港电报，一方面编制有关单证，约定装卸公司，联系安排泊位和准备办理船舶进口手续，等待船舶进港后卸货；另一方面还要把船舶预定到港的时间通知收货人，以便收货人做好接收货物的准备工作。为了使分属于众多收货人的各种不同的货物能在船舶有限的停泊时间内迅速卸完，班轮运输中通常采用集中卸货的办法，即由船公司所指定的装卸公司作为卸货代理人总揽卸货以及向收货人交付货物的工作。对于普通货物通常采取集中卸船、仓库交货的方式；对于危险货物、重大件等特殊货物，通常由收货人办妥进口手续后来船边接收货物。

（二）交付货物

交付货物指船公司凭提单将货物交付给收货人的行为。原则上，承运人只有在收回提单的时候才会放货。

交付货物的实际操作程序为：

（1）进口换单。收货人将已背书的正本提单交给船公司在卸货港的代理人，并付清运费（到付）和其他费用，经代理人审核无误后，签发提货单交给收货人。

（2）进口报关。收货人或货运代理凭提货单办理进口报关手续，支付进口关税。

（3）提取货物。收货人凭海关盖了放行章的提货单，前往码头仓库提取货物并与卸货代理人办理交接手续。

三、传统班轮运输单证签发流转程序

（一）传统班轮运输主要单证

在传统班轮运输业务中，装运港常用的单据有装货联单、海运提单、装货清单、载货清单、货物积载图、危险货物清单等，卸货港常用的单据有提货单、过驳清单、货物溢短单、货物残损单等，以下对各单据做详细介绍。

1. 装货联单

（1）装货联单的构成及内容。在传统班轮运输的情况下，托运人可以口头形式预订仓位。但国际航运界通常是由托运人向船公司提交详细记载有关货物情况及运输要求等内容的装货联单。在传统班轮运输业务中，我国各个港口使用的装货联单的组成不尽相同，但是，主要都是由以下各联所组成：托运单（Booking Note，B/N）及其留底（Counterfoil）、装货单（Shipping Order，S/O）和收货单（Mates Receipt，M/R），装货单各联的具体内容如下：

1）托运单及其留底。托运单也称订舱单、订舱申请书，是指托运人或其代理根据买卖合同和信用证的有关内容向船公司或其代理申请订舱配载的书面凭证。船公司或其代理对该单进行审核无误并接受承运后，予以编号并签发装货单，填写承运船名并加盖印章，以示订舱确认。

2）装货单。装货单亦称下货纸，是托运人（或其代理）填制交船公司（或其代理），审核并签章后，据以要求船长将货物装船承运的凭证。它是船公司或其代理签署而形成的一份出口货运的承诺书面文件。装货单是托运人办理货物出口报关手续的必备单据之一，当海关经查验并在该单上加盖海关放行章后作为船公司或其代理接收货物、安排货物装船与出运的依据，因此，装货单又称为“关单”。

3）收货单。收货单是指某一票货物装上船后，由船上大副（Chief Mate）签署给托运人的作为证明船方已经收到该票货物并已装上船的凭证。所以，收货单又称为“大副收据”或“大副收单”。托运人取得了经大副签署的收货单后，即可凭以向船公司或其代理人换取已装船提单。

收货单（大副签署）有以下作用：

- 证明货物已经装上船。
- 证明承运人已经收到货物，并开始负责。
- 托运人凭收货单换取提单。

- 收货单是记载货物交接状况最早的证明。

大副在签署收货单时，会认真检查装船货物的外表状况、货物标志、货物数量等情况。如果货物外表状况不良、标识不清，货物有水渍、油渍或污渍，数量短缺，货物损坏，大副就会将这些情况记载在收货单上。这种在收货单上记载有关货物外表状况不良或有缺陷的情况称为“批注”（Remark），习惯上称为“大副批注”。有大副批注的收货单称为“不清洁收货单”（Foul Receipt）；无大副批注的收货单则为“清洁收货单”（Clean Receipt）。凭清洁收货单换取清洁提单，不清洁收货单换取的是不清洁提单。

- 由收货单签发的提单为已装船提单。

装货联单示例如图 4-1 所示。

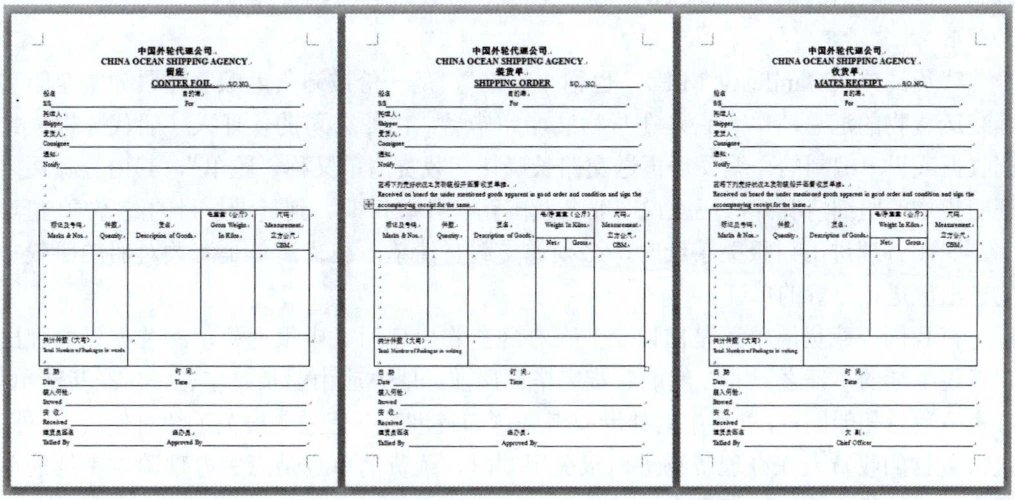

图 4-1　装货联单示例

（2）装货联单的使用流程。

1）托运人填写装货联单（共 3 联）向船公司申请订舱；船公司经审核无误后接受申请，在装货单（第 2 联）上予以编号并加盖印章进行订舱确认。

2）托运人持装货单及相关报关单证向海关申请报关，海关经查验无误、征税后在装货单上加盖海关放行章，对货物进行放行。

3）托运人凭加盖放行章的装货单要求货物装船；每一票货物全部装上船后，现场理货员即核对理货计数单的数字，在装货单上签注实装数量、船舶位置、装船日期并签名，再由理货长审查并签名，证明该票货物如数装船无误，然后随同收货单（第 3 联）一起交船上大副，大副审核属实后在收货单上签字，留下装货单，将收货单推给理货长转交托运人。

4）托运人取得收货单后，即可凭以要求船公司签发提单（B/L）。

2. 海运提单

海运提单（Ocean Bill of Lading，B/L），简称为提单（Bill of Lading，B/L），是承运人或其代理人应托运人的要求所签发的货物收据（Receipt of Goods），在将货物收归其照管后签发，证明已收到提单上所列明的货物；是一种货物所有权凭证（Document of Title），提单持有人可据以提取货物，也可凭此向银行押汇，还可在载货船舶到达目的港交货之前进行转让；是承运人与托运人之间运输合同的证明。

3. 装货清单

装货清单（Loading List，L/L）是由承运人或其代理人根据所有装货单留底将全船待装货物按目的港和货物的性质归类，依航次靠港顺序排列编制的货物总明细表。内容包括装货单编号、货名、件数、包装形式、估计尺码、特殊货物的装运要求等。

装货清单是船上大副编制配载计划的主要依据，又是供现场理货人员进行理货，港方安排驳运，进出库场以及承运人掌握情况的业务单据。当有增加或者取消货载的情况发生时，船方（通常是船舶代理人）会及时编制“加载清单（Additional Cargo List）”或“取消清单（Canceled Cargo List）”，并及时分送各有关方。

4. 载货清单

载货清单（Manifest，M/F），也称“舱单”，是一份按卸货港顺序逐票列明全船实际装运货物的汇总清单。它是在货物装船完毕后，由船公司的代理人（船代）根据大副收据或提单编制的，编妥后再送交船长确认。载货清单又称“舱单”，其内容除逐票证明货物的明细情况外，还应说明船名及国籍、开航日期、到货港、目的港等项内容。

船舶办理进出口报关手续时，必须递交载货清单，载货清单是海关对船舶所载货物进出境进行监管的单证。

在我国，载货清单还是出口企业在办理货物出口后，申报退税，海关据以办理出口退税手续的单证之一。在船舶装货完毕离岗前，船方应由船长签字若干份载货清单，并留下数份随船同行，以备中途挂港或者到达卸货港时办理进口报关手续时使用。另外，进口货物的收货人在办理货物进口报关手续时，载货清单也是海关办理验收手续的单证之一。装货清单与载货清单区别见表 4-1。

表 4-1　装货清单与载货清单区别

项目	装货清单（L/L）	载货清单（M/F）
汇总依据	托运单（B/N）留底	大副收据 / 收货单（M/R）、提单（B/L）
汇总信息	待装船货物的汇总	对已装船货物的汇总
制作时间	装货前	装船后
作用	1. 为积载计划提供依据； 2. 是理货等业务的单据	1. 是整艘船舶出口报关的必备单据（装货单是每票货物报关的必备单据）； 2. 是出口退税单据之一； 3. 是卸货港安排卸货的单据； 4. 是卸货港海关放行的凭据

5. 货物积载图

出口货物在货物装船前，必须就货物装船顺序、货物在船上的装载位置等情况作出一个详细的计划，以指导有关方面安排泊位、货物出舱、下驳、搬运等工作。这个计划是以一个图表的形式来表示的，即用图表形式表示货物在船舱内的装载情况，使每一票货物都能形象具体地表示其船舱内的位置，该图表就是通常所称的实际积载图或货物积载图（Stowage Plan）和货物配载图或计划积载图（Cargo Plan）。在货物装船以前，大副根据装货清单上记载的货物资料指定货物积载计划。但是，在实际装船过程中，往往会因为各种客观原因，使装货工作无法完全按计划进行。当每一票货物装船后，应重新标出货物在舱内的实际位置，最后绘制一份货物积载图。货物积载图如图 4-2 所示。

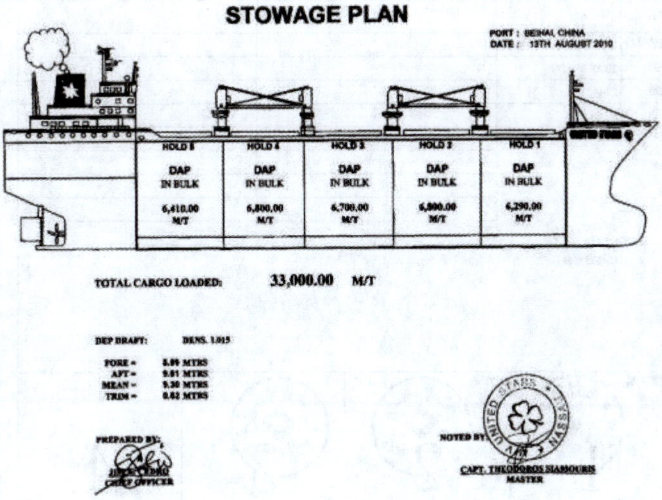

图 4-2 货物积载图

6. 危险货物清单

危险货物清单（Dangerous Cargo List）是专门列出船舶所载运全部危险货物的明细表。其记载的内容除装货清单、载货清单所应记载的内容外，特别增加了危险货物的性能和装船位置两项。凡船舶载运危险货物都必须另行单独编制危险货物清单。船舶装运危险货物时，船方应向有关部门（我国海事局）申请派员监督装卸。在装货港装船完毕后由监装部门签发给船方一份“危险货物安全装卸书”，这也是船舶载运危险货物时必备的单证之一。

7. 提货单

提货单（Delivery Order，D/O）又称小提单，是由船舶公司或代理签发给提单持有人或其他指定收货人，要求在规定时间和规定地点提取指定货物的单证。它既是收货人向仓库或场站提取货物的凭证，也是船公司或其代理对仓库或场站交货的通知。提货单的内容包括船名、货名、件数、数量、包装样式、提单号、收货人名称等。

船公司或其代理在发放提货单（小提单）时会关注以下内容：

（1）正本提单为合法持有人所持有。

（2）提单上的非清洁批注应转上小提单。

（3）当发生溢短残情况时，收货人有权向承运人或其代理获得相应的签证。

（4）运费未付的，应在收货人付清运费及有关费用后，方可放小提单。提货单示例如图 4-3 所示。

提货单
DELIVERY ORDER　　　　No. COBO0001139

收货人：　日清进出口贸易公司　　　　致：NAGOYA　　　　港区、场、站

下列货物已办妥手续，运费结清，准予交付收货人。

收货人开户银行账号	6101000019881		
船名 TBA	航次 011W	起运港 SHANGHAI	目的地 NAGOYA
提单号 COBL0001082	交付条款 CY/CY	到付海运费 到付	合同号
卸货地点 NAGOYA	抵港日期 2010-06-24	进库场日期	第一程运输

货名		集装箱号/铅封号	
集装箱数	20' CONTAINER X 1		
件数	1000CARTON		
重量	22440 KGS		
体积	22.59 CBM		
标　志			

请核对发货。

收货人章 1	海关章 2	3	4
5	6	7	8

图 4-3　提货单示例

8. 过驳清单

过驳清单（Boat Note）是采用接驳船作业时，根据卸货时的理货单编制的作为证明货物交接和表明所交货物实际情况的单证，其内容包括驳船名、货名、标识号码、包装、件数、舱单号、卸货日期等。由收货人、装卸公司、驳船经营人等收取货物的一方与船方共同签字确认。

9. 货物溢短单

货物溢短单（Over-landed & Short-landed Cargo List）是指一批货物在卸货时，所卸货物与提单记载数字不符，发生溢卸或短缺的证明单据。货物溢短单由理货员编制，经船方和有关方（收货人、仓库）共同签字确认。

10. 货物残损单

货物残损单（Broken & Damaged Cargo List）是指卸货时，理货人员根据卸货过程中发现的货物破损、水渍、渗漏、霉烂、生锈、弯曲等情况，记录编制的，表明货物

残损情况的单据，货物残损单须经船方签字确认，它与货物短卸单都是日后收货人向船方提出索赔的原始资料和依据。

过驳清单、货物溢短单、货物残损单是收货人向船公司提出损害赔偿要求的证明材料，也是船公司处理收货人索赔要求的原始资料和依据。货主在获取三种单据时，应检查船方的签字。

（二）班轮运输单证签发流转程序

（1）托运人在装货港向船公司或船舶代理人（简称船代）提出货物装运申请，递交托运单(B/N)。实务中通常托运人委托货运代理人向船公司或船舶代理人(简称船代)申请托运，办理运输；货运代理人根据托运人托运单内容，填写装货联单后提交给船公司或其代理人申请托运。

（2）船公司同意承运后，其代理人指定船名，核对装货单（S/O）与托运单（B/N）上的内容无误后，将托运单留底联留下，签发装货单（S/O）给托运人，要求托运人将货物及时送至指定的码头仓库。

（3）托运人持装货单（S/O）及有关单证向海关办理货物出口报关、验收放行手续，海关在装货单（S/O）上加盖放行图章后，货物准予装船出口。

（4）装货港的船代理人根据留底联编制装货清单（L/L）送船舶及理货公司、装卸公司。

（5）大副根据装货清单（L/L）编制货物积载计划（Stowage Plan）交代理人分送理货公司等按计划装船。

（6）托运人将经过检验、通关的货物送至指定的码头仓库准备装货。

（7）货物装船后，理货长将装货单（S/O）交大副，大副核实无误后留下装货单（S/O）并签发收货单（M/R）。

（8）理货长将大副签发的收货单（M/R）转交托运人。

（9）托运人持收货单（M/R）到装货港的船舶代理人处付清运费，换取正本已装船提单（B/L）。

（10）装货港的船舶代理人审核无误后，留下收货单（M/R），签发已装船提单（B/L）给托运人。

（11）托运人持已装船提单（B/L）及有关单证到议付银行结汇（在信用证支付方式下），取得货款，议付银行将已装船提单（B/L）及有关单证邮寄开证银行。

（12）货物装船完毕后，装货港的船舶代理人编制出口载货清单（M/F）送船长签字后向海关办理船舶出口手续，并将载货清单（M/F）交船随带，船舶起航。

（13）装货港的船舶代理人根据已装船提单（B/L）副本或收货单（M/R）编制出口载货运费清单（M/F），连同已装船提单（B/L）副本或收货单（M/R）送交船公司结算代收运费，并将卸货港所需单证寄给卸货港的船舶代理人。

（14）卸货港的船舶代理人接到船舶抵港电报后，通知收货人船舶到港日期，做好提货准备。

（15）收货人到开证银行付清货款，取回已装船提单（在信用证支付方式下）。

（16）卸货港的船舶代理人根据装货港的船舶代理人寄来的货运单证，编制进口载货清单及有关船舶进口报关和卸货所需的单证，约定卸货公司、理货公司，联系安排泊位，做好接船及卸货准备工作。

（17）船舶抵港后，卸货港的船舶代理人随即办理船舶进口手续，船舶靠泊后即开始卸货。

（18）收货人持正本已装船提单（B/L）向卸货港的船舶代理人办理提货手续，付清应付的费用后，换取代理人签发的提货单（D/O）。

（19）收货人或其代理人办理货物进口报关手续，支付进口关税，海关在提货单（D/O）上盖放行章对货物放行。

（20）收货人持提货单（D/O）到码头仓库或船边提取货物。

任务实施（工作页）

一、完成以下选择题。

1.（单选）下列单证中，常被称为“关单”，出口报关必备单据的是（　　）。

A．收货单　B．大副收据　C．装货清单　D．装货单

2.（单选）载货清单就是通常所称的（　　）。

A．装货清单　B．舱单　C．积载图　D．托运单的底联

3.（单选）杂货班轮运输中的收货单由（　　）签署。

A．托运人　B．收货人　C．船长　D．大副

4.（单选）提货单是由船舶公司或代理签发给提单持有人或其他指定收货人的，要求在规定时间和规定地点提取指定货物的单证，它的英文简称是（　　）。

A．D/O　B．S/O　C．D/R　D．B/L

5.（多选）船舶载货清单（M/F）是（　　）。

A．根据大副收据或提单编制的全船实际载运货物汇总清单

B．根据托运单留底联编制的全船待装货物汇总清单

C．船舶报关单证

D．办理进口货物手续时海关验放单证

二、在表 4-2 中填入相应的班轮运输单据名称。

表 4-2　单据及相关内容

班轮运输单据名称及英文缩写	单据内容
	是托运人根据贸易合同和信用证条款内容填制的，向承运人或其代理办理货物托运的单据
	是指船方签发给托运人的，用以证明货物已经收到并已装船的单据，又是托运人向船公司换取已装船提单的重要凭证
	是由承运人或其代理人根据所有装货单留底将全船待装货物按目的港和货物的性质归类，依航次靠港顺序排列编制的货物总明细表

续表

班轮运输单据名称及英文缩写	单据内容
	既可作为装船依据，又是货主凭以向海关办理出口申报手续的主要单据之一
	收货人凭正本提单或副本提单随同有效的担保向承运人或其代理人换取的，可向港口装卸部门提取货物的凭证
	是一份按卸货港顺序逐票列明全船实际装运货物的汇总清单。它是在货物装船完毕后，由船公司的代理人（船代）根据大副收据或提单编制的

三、请画出装运港订舱及装船单据流转图。

流转图中包括以下单据：B/N、S/O、M/R、B/L。

任务评价

学完本任务后，结合自己学习情况，依指标进行评价。

考核项目	评分内容	总分值	得分值
知识掌握	1. 掌握传统班轮出口货运业务流程（10 分） 2. 掌握传统班轮进口货运业务流程（10 分） 3. 掌握传统班轮运输业务中主要单证的内容和作用（10 分）	30	
能力提升	1. 能够解读传统班轮进出口货运单证的流转过程（20 分） 2. 能够绘制传统班轮进出口货运流程图（20 分）	40	
课堂表现	1. 学习态度（10 分） 2. 沟通合作（10 分） 3. 回答问题（10 分）	30	
签字		总分	

任务二　集装箱业务操作流程

任务描述

通过本任务的学习，学生要熟悉集装箱整箱货出口货运代理业务流程和集装箱整箱货进口货运代理业务流程，掌握集装箱拼箱货出口货运代理业务流程和集装箱拼箱货进口货运代理业务流程，能够完成集装箱整箱货进出口货运代理业务的操作。

知识链接

一、集装箱整箱货出口货运代理业务流程

集装箱货物运输的出口代理业务与传统的班轮运输的货物出口业务大体相同。由于增加了集装箱操作环节，出现了发放和接受空箱和重箱、集装箱的装箱作业等环节，改变了传统货物运输的交接方式，海运集装箱运输中根据集装箱运输的特点，制定和采用了适应集装箱作业和交接的单证。集装箱货物运输出口代理业务的主要环节包括以下内容。

（一）建立委托代理关系

1. 接受货主询价

货运代理公司业务人员要详细地了解客户的出货数量、淡旺季、货物重量、货名、需要何种级别的船公司，必须熟悉公司优势航线、运价、内陆运输、报关、商检、熏蒸的收费标准，然后根据客户的需求准确报价。客户接受报价后，委托货代办理运输。

2. 建立货运代理委托关系

由货主将根据合同或信用证制作的货物出口海运委托书连同报关相关单据交货运代理人，委托书应有委托单位签字盖章。在货运代理人核阅委托书及有关报关单据后，接受货主委托，双方建立货运代理委托关系。

（二）订舱配载

1. 填制集装箱货物订舱单

货运代理人接到客户委托后，要重点审核托运单上的托运人、起运港、目的港、船期、柜型、柜量、品名、重量、体积、运输条款以及价格、运费到 / 预付条件等内容，填制集装箱货物订舱单（场站收据），向船公司或其代理人办理订舱。集装箱货物订舱单的内容与托运单的内容基本一致，纸质的订舱单有的是班轮公司提供的，有的是货代公司自己印制的。对于集装箱货物的运输，多年前货代公司订舱时要填写一套订舱场站收据十联单，其中每一张单子都有其特殊用途，但是目前大量的订舱都是通过电脑完成的，实现了无纸化。

2. 得到船公司订舱确认

船公司或其代理人审核货代公司发送的订舱单，确认无误可以接受订舱后，在订舱单的装货单（场站收据副本）上盖章，以表明承运货物的“承诺”，并填写船名、航次、提单号，退还给货运代理人作为对该批货物订舱的确认，以备向海关办理货物出

口报关手续；而船公司或其代理人则在承诺承运货物后，根据货物订舱单留底缮制集装箱货物清单，分送集装箱装卸作业区的集装箱码头、堆场和货运站，据此准备空箱的发放和货物交运等工作。

（三）安排拖车，提取空箱

在订舱后，货运代理人应提出使用集装箱的申请，船方会给予安排并发放集装箱设备交接单。凭设备交接单，货运代理人可安排提取所需的集装箱。在整箱货运输时，通常是由货运代理人安排集装箱卡车运输公司（实践中通常称为集卡车队）到集装箱空箱堆场领取空箱，但也可以由货主自己安排提箱。无论由谁安排提箱，在领取空箱时，提箱人都应在集装箱堆场办理空箱交接手续，并填制设备交接单。

（四）报验、报关

1. 报验

如果出口货物需要商检，且发货人将货物检验委托给货代公司办理，货代公司要在规定的期限内填好报检单，向海关等口岸监管检验部门申报检验，经监督检验部门审核或查验，视不同情况分别予以免检放行或经查验、处理后出具有关证书放行。如果托运危险品，还需凭危险品清单、危险品性能说明书、危险品包装证书、危险品装箱说明书、危险品准装申报单等文件向港务监督办理申报手续。

2. 报关

发货人或其货运代理人依照国家有关法规，于规定期限内持报关单、场站收据（装货单联）、商业发票、装箱单、产地证明书等相关单证向海关办理申报手续。根据贸易性质、商品特性和海关有关规定，必要时还需提供出口许可证、核销手册等文件。经海关审核后，根据不同情况分别予以直接放行或查验后出具证书放行，并在场站收据（装货单）上加盖放行章。

（五）货物装箱

整箱货的装箱工作大多是由货运代理人安排进行，并可以在货主的工厂、仓库装箱或是由货主将货物交由货运代理人的集装箱货运站装箱。当然，也可以由货主自己安排货物的装箱工作。装箱人应根据订舱清单的资料，并核对场站收据和货物情况，填制集装箱货物装箱单。

（六）重箱集港交接和签收

由货运代理人或发货人自行负责装箱并加封志的整箱货，通过内陆运输运至承运人的集装箱码头堆场，并由码头堆场根据订舱清单，核对场站收据和装箱单接收货物。集装箱码头堆场在验收货箱后，即在场站收据上签字，并将签署的场站收据交还给货运代理人或发货人。货运代理人或发货人可以凭经签署的场站收据要求承运人签发提单。

（七）接收货主提供的提单资料缮制提单

货物在出运后船开前，货主应及时提供最后实际装载数据给货运代理公司，货运代理公司根据货主提供的提单资料制作提单，审单无误后要求货主签字确认。

（八）集装箱装船

集装箱进入港区集装箱堆场后，港务公司根据待装集装箱的流向和装船顺序编制集装箱装船计划，在船舶到港前将待装船的集装箱移至集装箱前方堆场，按顺序堆码于指定的箱位。

集装箱船舶配载应由海上承运人或其代理人负责编制预配图，港口据此编制船舶配载图，并经海上承运人确认。船舶到港后，港口按集装箱装船计划和船舶配载图，组织按顺序装船。

（九）向船公司换取海运提单

货运代理人收到签署后的场站收据正本，到船公司或其代理人处交预付运费，要求签发正本提单。船公司还要确认在场站收据上是否有批注，然后在已编制好的提单上签字。

（十）结清运费，向客户提交海运提单

货物出运后货运代理公司应及时开出对账单，并要求货主签字确认，在运费预付的情况下，要及时回收海运费及相关费用，之后向客户提交全套海运提单。

（十一）向货代公司的目的港代理发送相关装运资料

货物出运后，应该及时通知目的港代理做好准备工作，特别是货主要求在目的港代理清关、配送等服务。

二、集装箱整箱货进口货运代理业务流程

（一）接受客户委托并确认信息

货代公司与客户签订进口货运委托代理协议，客户提交全套单据，包括带正确背书的正本提单或电放副本、发票、装箱单、合同副本等，货代根据提单内容确认该进口货物由哪家船运公司承运、哪家作为船舶代理、在哪儿可以换到进口报关用的提货单。并确认以下信息：

（1）与船公司或船舶代理部门联系，确定船到港时间、地点，如需转船应确认二程船名。

（2）提前与船公司或船舶代理部门确认换单费、押箱费、换单的时间。

（3）提前联系场站，确认提箱费、掏箱费、装车费、回空费。

（二）进口换单

货代持正本提单（如是电报放货，可带电报放货的传真件和保函）去船公司或船舶代理部门换取集装箱“交货记录”联单和设备交接单。

在集装箱班轮运输中，普遍采用“交货记录”联单代替杂货班轮运输中的“提货单”。“交货记录”联单的性质实际上与“提货单”一样，仅仅是在其组成和流转过程方面有所不同。

“交货记录”联单一共有五联，是集装箱堆场或集装箱货运站在向收货人交付货

物时，用以证明双方已完成货物的交接并记明交接状态的单证。“交货记录”联单的五联分别是：第一联——到货通知书联（白色），第二联——提货单联（白色）（进口报关用），第三、第四联——费用账单联（红色和蓝色两份），第五联——交货记录联（白色）。堆场在“交货记录”联单上盖章后，可以提货。

注意事项：

（1）提单背书有两种形式：如果提单上收货人栏显示“TO ORDER”，则“SHIPPER”背书；如果收货人栏显示其真正的收货人，则需收货人背书。

（2）保函是由进口方出具给船舶代理的一份请求放货的书面证明。保函内容包括进口港、目的港、船名、航次、提单号、件重尺（件数、重量、尺寸）及进口方签章。

（3）换单时应仔细核对提单或电放副本与提货单上的集装箱箱号及封号是否一致。

（三）进口报检

若进口商品属于法检商品应办理验货手续，在报关前需办理进口货物报检手续。拿进口商检申请单（带公章）和两份报关单办理登记手续，并在报关单上盖商检登记在案章，以便通关。验货手续在最终目的地办理。如需动植检，也要在报关前拿箱单、发票、合同、报关单去代报验机构申请报验，在报关单上盖放行章以便通关，验货手续可在通关后在堆场进行。

（四）进口报关

如客户委托货代公司报关，需提交报关委托协议书，并提供相关报关单据。报关单据包括：提货单联，发票、装箱单、合同、进口报关单一式两份，正本报关委托协议书，海关监管条件涉及的各类证件。向海关申报后经海关审价、缴纳税金、海关查验后，海关放行，海关会在提货单白联上加盖放行章，发还给进口方作为提货的凭证。

注意事项：

（1）接到客户全套单据后，应确认货物的商品编码，然后查阅海关税则，确认进口税率、货物需要什么监管条件，如需做各种检验，则应在报关前向有关机构报验。报验所需单据：报验申请单、正本箱单、发票、合同、进口报关单一式两份。

（2）换单时请船舶代理部门及时向海关传舱单，如有问题应与海关舱单室取得联系，确认舱单是否转到海关。

（3）当海关要求开箱查验货物时，应提前与场站取得联系，调配机力将所查箱子调至海关指定的场站。事先应与场站确认好调箱费、掏箱费。

（五）办理提箱手续，缴纳港杂费

海关放行后，货代凭已盖章放行的提货单，到场站或港区的营业所办理申请提货作业计划，港区或场站营业所核对提货单是否有效及有关放行章后，将提货单、场站、港区的费用账单联留下，做放货、结算费用及收费收据。在交货记录联上盖章，以示确认手续完备，受理作业申请，安排提货作业计划，并同意放货。

（六）提运货物

收货人或货代凭港区或场站已盖章的交货记录联到港区仓库或场站仓库、堆场提取货物。提货完毕后，提货人应在规定的栏目内签名，以示确认提取货物无误。交货记录上所列货物数量全部提完后，场站或港区应收回交货记录联。

（七）掏箱

重箱由堆场提到场地或收货人仓库后，应在免费期内及时掏箱，以免产生场地和箱体的滞期费。

（八）空箱返场

货物提清后，空箱返还至船公司指定的集装箱堆场，从场站取出设备交接单证明箱体无残损，去船公司或船舶代理部门取回押箱费。

（九）结算费用

根据协议或书面确认，结算代理最终费用。

三、集装箱拼箱货出口货运代理业务流程

拼箱（Less than Container Load，LCL）是指承运人（或代理人）接受货主托运的数量不足整箱的小票货运后，根据货类性质和目的地进行分类整理，把去同一目的地的货，集中到一定数量拼装入箱。由于一个箱内有不同货主的货拼装，所以叫拼箱。这种情况在货主托运数量不足以装满整箱时采用。拼箱货的分类、整理、集中、装箱（拆箱）、交货等工作均在承运人码头集装箱货运站（CFS）或内陆集装箱转运站进行。

因船公司只接受整箱货物的订舱，而不直接接受拼箱货的订舱，只有通过货运代理将拼箱货拼整后才能向船公司订舱，几乎所有的拼箱货都是通过货代公司“集中办托，集中分拨”来实现运输的。

一般的货运代理由于货源的局限性，只能集中向几家船公司订舱，很少能满足指定船公司的需求。因船公司不直接接受拼箱货的订舱，船公司的海运提单是出给货代的，而由货代再签发 House B/L 给发货人，拼箱货一般不能接受指定船公司运输。

拼箱可以分为直拼或转拼，直拼是指拼箱集装箱内的货物在同一个港口装卸，在货物到达目的港前不拆箱，即货物为同一卸货港。此类拼箱服务运期短，方便快捷，一般有实力的拼箱公司会只提供此类服务。转拼是指集装箱内不是同一目的港的货物，需要在中途拆箱卸货或转船。此类货物因目的港不一、待船时间长等因素，运期较长，甚至运费偏高。

集装箱拼箱货出口业务操作流程如下所示。

（一）客户订舱

各货主将不足一个集装箱的货物委托集拼货运代理人办理出口运输，提交海运托运书及相关报关资料。

（二）货代订舱，船公司订舱确认

集拼货运代理人根据货物的流向和货物的性质，将不同货主的货物拼装成整箱货后，以集拼货运代理人作为发货人向班轮公司提交订舱单，申请订舱，获得船公司订舱确认。

（三）通知并安排货物入仓

货代获得船公司订舱确认后，根据船舶到港情况，制作“拼箱货物入仓单”，发给各发货人，发货人须在入仓单上注明的时间之前将货物送达海关监管仓库（拼箱仓库、集装箱货运站），货物入仓时必须凭“拼箱货物入仓单”。

“拼箱货物入仓单”会注明编号并写明该拼箱货物的目的港、指定仓库的地图及联系方式、收货结单时间、报关所需资料、注意事项等内容。

（四）调箱装柜

拼箱货物到齐后，货代公司安排车队到指定集装箱堆场提取空箱至拼箱仓库 / 集装箱货运站，仓库按指示配载装箱完毕后，根据实际装箱情况填制集装箱货物装箱单，并将实际装箱数据通知货运代理操作人员，以便于与订舱时的数据核对。集装箱货物装箱单随同货物交拖车司机，司机将集装箱运送至集装箱堆场。

（五）货物出口报关

货物装箱完毕，将整箱内货物的分票报关单集齐后一次性向海关接单现场递单，办理报关。

（六）集港装船

出口港海关放行后，码头根据装船计划将集装箱装船，通过海上运输将集装箱运至卸货港。

（七）签发提单

集装箱装船后，船公司签发提单给集拼货运代理人，该提单称为主提单（M 单）。提单的发货人是集拼货运代理人，收货人是集拼货运代理人在目的港的代理。

（八）根据船公司提单签发货代提单

集拼货运代理人根据各发货人的实际装箱情况分别签发相对应的货代提单（House B/L，分提单，货代或拼箱公司自己的提单）。

集拼经营人将货物装船及船舶预计抵达卸货港等信息告知其卸货港的机构（代理人），同时，还将班轮公司 B/L 及 House B/L 的复印件等单据交卸货港代理人，以便向班轮公司提货和向收货人交付货物

（九）核收费用，交付提单

结清费用，向每一个发货人交付拼箱提单（House B/L）。

四、集装箱拼箱货进口货运代理业务流程

集装箱拼箱进口货物按照交货人的不同分为两种情况：由船公司负责拆箱交货；由有拼箱分拨权的货运代理负责拆箱交货。两者的共同之处在于：货物在交付前均须处于海关监管下，即存放在海关监督仓库或监管港区内。具体流程如下所示。

（一）卸船拆箱

载运集装箱的船舶到港后，由船代根据积载舱单数据向海关进行货物申报。船公

司以拼箱货交付方式交货的集装箱则先向海关办理整箱放箱手续，同时将整箱内所装货物的明细制作成分拨舱单，向海关发送分拨舱单信息以供验收核对，货物则转入海关监管仓库拆箱仓储。

（二）理货及到货通知

船代或有分拨权的货运代理在货物入库后，根据舱单内容对货物进行清点、整理、分类、仓储，同时向提单上显示的收货人、通知人发到货通知。货主或其委托的货运代理凭背书后的提单向船代或有分拨权的货运代理缴清运杂费后换取提货单。提货单须有船代或有分拨权货运代理的放货章方为有效。

（三）报关报检

货主或其委托的货运代理，携提货单和其他海关规定的报关资料向海关申请货物验收。有检验检疫要求的货物，须在报关申报前办理检验检疫手续。

（四）提货转运

货主或其委托的货运代理在海关验放后，携盖有海关放行章及其他相关单位放行章的提货单，到港区监管仓库或船公司监管仓库或有分拨权的货运代理监管仓库中提货。若货主有委托代转运要求，则货运代理还需负责将货物转运到货主的指定地点交付货物。

（五）转关运输

进口货物及转关运输必须具备若干条件：货主所在地设有海关机构；向海关交验的进境运输单据上列明到达目的地为非首达口岸，需转关运输；运输工具和货物符合海关监管要求；转关运输的单位须经海关核准等。货运代理在接受货主委托办理转关运输时，须明确海关的相关规定，对涉及的报关注意事项、海关关封等文件的管理和移交以及转关运输工具及运输单位的选择等事务必须谨慎办理。

任务实施（工作页）

一、集装箱货物出口运输业务中，货运代理人接到客户委托后，要重点审核哪几方面内容？

二、凭海运提单办理集装箱货物进口换单业务的注意事项有哪些？

三、请绘制一份装箱地点为工厂仓库的海运整箱货出口代理流程图。

四、请对比国际海运业务中整箱货和拼箱货进出口货运代理业务的异同。

任务评价

学完本任务后，结合自己学习情况，依指标进行评价。

考核项目	评分内容	总分值	得分值
知识掌握	1. 掌握集装箱整箱货进出口货运代理流程（15 分） 2. 掌握集装箱拼箱货进出口货运代理流程（15 分）	30	
能力提升	1. 能够完成集装箱整箱货进出口货运代理业务（20 分） 2. 能够完成集装箱拼箱货进出口货运代理业务（20 分）	40	
课堂表现	1. 学习态度（10 分） 2. 沟通合作（10 分） 3. 回答问题（10 分）	30	
签字		总分	

任务三　无船承运人业务操作

任务描述

通过本任务的学习，学生要了解无船承运人的概念及业务范围、掌握货代业务中无船承运人的订舱模式和提单操作。能够区分无船承运人（NVOCC）海运进出口运输业务与普通货代进出口业务的差异。

知识链接

一、无船承运人的概念及业务范围

（一）无船承运人的概念

无船承运人（Non-Vessel Operating Common Carrier，NVOCC）是指按照海运公共

承运人的运价本或其与海运公共承运人签订的服务合同支付运费，并根据自己运价本中公布的费率向托运人收取运费，从中赚取运费差价的人。

2002年1月1日颁布实施的《中华人民共和国国际海运条例》第一次在立法中正式引入“无船承运人”概念，明确其法律地位。

现行《中华人民共和国国际海运条例》中，无船承运人是指无船承运业务经营者以承运人身份接受托运人的货载，签发自己的提单或者其他运输单证，向托运人收取运费，通过国际船舶运输经营者完成国际海上货物运输，承担承运人责任的海上运输经营活动。

（二）无船承运人（NVOCC）资格的取得

在我国，要经营无船承运业务，需要在中国境内依法设立企业法人，同时交纳规定的保证金，之后向交通主管部门办理提单登记事宜，经过交通主管部门审核登记，并在交通主管予以公布之后，才有资格经营业务。

无船承运人需要向交通主管部门办理提单登记，交纳金额为80万元人民币的保证金。

《中华人民共和国国际海运条例》对无船承运人（NVOCC）进行规范的几年来，海事纠纷和欺诈明显下降。2007年，《中华人民共和国国际海运条例》及其实施细则规定，各国际班轮公司不得与不具有经营资格的无船承运人订立协议运价，不得接受其提供的货物或者集装箱。

（三）无船承运人的业务范围

（1）作为承运人与货物托运人订立运输合同，签发货运单据（提单、运单），并对从接收货物地点到目的地交付货物地点的运输负责。

（2）作为总承运人组织货物全程运输，制订全程运输计划，并组织各项活动的实施。

（3）根据托运人的要求及货物的具体情况，与实际承运人商定运输工具（订舱）。

（4）从托运人手中接收货物，组织安排或代办到出口港的运输，订立运输合同（以本人的名义），并把货物交给已订舱的海运承运人。在上述交接过程中，代货主办理报关、检验、理货等手续。

（5）如有必要，办理货物储存和出库业务。

（6）在目的港从海运承运人手中接收货物后，向收货人交付货物。

对于货主来讲，将货物交给无船承运人运输，比交给传统意义上的承运人运输在手续上要简便得多，而且可省去委托货运代理人这一环节。

二、无船承运人海运出口业务流程

（一）某国际物流企业整箱货海运出口操作案例

港捷国际物流有限公司（AIR AND SEA WORLDWIDE LOGISTICS LTD.）是一家在货运行业中知名度较高的国际货代公司，也是首批在交通运输部注册的无船承运人（NVOCC）。公司业务遍布全球海运市场，具有丰富的海外代理资源。

2011年6月10日，其天津分公司海运部的操作员Tony收到客户东方贸易公司一票到美国迈阿密的海运委托（BOOKING NOTE），港捷国际物流有限公司后以NVOCC的身份办理此票货物的海运出口运输事宜。这票货物的出口运输由海运操作 Tony 经办，首先他要认真审核客户的海运委托书，对委托中需要进一步确认的内容与客户进行沟通确认，之后便可以填制订舱单，办理配载订舱手续，装箱直至最终向客户出具 NVOCC 提单。

1. 审核客户委托订舱资料

海运委托书如图 4-4 所示。

Dongfang International Trade Corporation

BOOKING NOTE

编号 NO.:35577
日期 Date: JUNE.9，2011
发货人 Shipper: DONGFANG INTERNATIONAL TRADE CORPORATION

收货人: Consignee: TO ORDER
提单号: B/L No.
通知人: Notify : ABC COMPANY
645S. N.W. 74 AVENUE, MIAMI, FLORIDA, U.S.A
船名 Vessel Name:
起运地 Loading Port: XINGANG TIANJIN CHINA

目的地: Port Of Destination: MIAMI U. S. A.

标记 Shipping Marks	件数 Quantity	货名 Description of Goods	净重 N/W	毛重 G/W	尺码 Measurement
RHINO MIAMI O/NO:C04-FS290 C/NO:1-798	798 CTNS	WORK BOOTS	11970KGS	13110.9KGS	72.82CMB

特殊条款 Special Conditions:
THE L/C NO. 754231-4 AND CONTRACT NO. PT145 MUST BE SHOWED ON THE B/L.
可否分批 Partial Shimment : NOT ALLOWED
提单正本 original : 3
可否转船 transhipment: NOT ALLOWED
提单副本 copy: 3
装船期限 the latest date of shipment July.30,2011
运费缴付方式: freight prepaid/freight collect freight prepaid
结汇期限 time of presentation Aug.15,2011

图 4-4 海运委托书

2. 确认船期和运价

Tony 查询了马士基船公司的船期表，有一个班轮的开航日期符合本票 B/N 的装运时间要求，海运费得到了东方公司的确认。于是计划此票货走马士基的船。

由于班轮公司的船期和运价经常有变化，所以订舱前要向班轮公司或其代理落实船期，确认最新运价，然后将最新变动情况反馈给客户，以免产生争议。

3. 以 NVOCC 身份制作订舱单（D/R 联单）

以货代公司名称作为“Shipper”制作集装箱场站收据订舱单，如图 4-5 所示。

4. 发送订舱单至船公司

订舱单一般以电子邮件的方式发送给船公司或其代理人。订舱单发出后不是一切都万事大吉了，由于情况是在不断变化的，所以还要不断与船公司或其代理人接洽。

Tony 再一次电话落实所订航线的船舶，确认本航次所停靠的港口、船期、运价、各种附加费是否有所变化。

Shipper(发 货 人)
AIR SEA WORLDWIDE LOGISTICS
LTD. TIANJIN BRANCH ROOM 1701,
TIANXING RIVERFRONT SQUARE,NO.81,
SHIYIJING ROAD,HEDONG DISTRICT TIANJIN

D/R No. (编号)

（托运人章）

Consignee (收 货 人)
AIR SEASHIPPINGINC。
1955 N.W. 72 AVENUE,MIAMI,FLORIDA 33126
TEL（1-305）5929176
FAX：（1-305）5925919

场站收据
DOCK RECEIPT

第七联

Notify Party (通 知 人)
AS CONSIGNEE

Received by the Carrier the Total number of containers or other packages or units stated below to be transported subject to the terms and conditions of the Carrier's regular form of Bill of Loading (for combined Transport or Port to Port Shipment) Which shall be deemed to be incorporated herein.
Date （日期）：

Pre-carriage by (前程运输)	Place of Receipt (收货地点)
Ocean Vessel (船名) Voy. No. (航次)	Port of Loading (装货港) XINGANG,TIANJIN,CHINA
Port of Discharge (卸货港) MIAMI,U.S.A	Place of Delivery (交货地点)

场站章

Final Destination for the Merchant's Reference

Container No. (集装箱号)	Seal No. (封志号) Marks & Nos. (标记与号码)	No of contai-ners or p'kgs. (箱数或件数)	King of Package: Description of Goods (包装种类与货名)	Gross Weight 毛重(公斤)	Measurement 尺码(立方米)
		798CTNS	WORK BOOTS	13110.9KGS	72.82CBM

图 4-5 订舱单

5. 取得船公司订舱确认书

马士基船公司订舱确认书如图 4-6 所示。

6. 书面通知客户（发货人）装运细节

BOOKING ADVICE

B/L No. 601531092

船名：CMA CGM RABELAIS

航次：BX761W

船舶劳氏编码（IMO CODE）9406635

航线：AE3

挂靠码头：五洲国际（Tianjin 5 Continents Terminal）

开始入港时间（CY OPEN）：Mon/20:00

截载时间（CY CUT OFF）：（请在此时间前完成集装箱入港及海关放行）tiu/00:01

样单截止时间：Mon/17:00

联系人：××× 电话：139××××××××

MAERSK LINE **BOOKING CONFIRMATION**

Booking No.: 601531092 **Print Date:** 2011-06-20 10:07 UTC

Booked by Party:	AIR SEA WORLDWIDE LOGISTICS LTD	**Service Mode:**	CY/CY
Contact Name:	MAERSK A MAERSK	**From:**	Xingang,Tianjin,China
Booked by Ref. No:		**To:**	Miami,Florida,United States
Service Contract:	512812	**Customer Cargo:**	WORK BOOTS
Contractual Customer:	AIR SEA WORLDWIDE LOGISTICS LTD-	**Business Unit:**	Maersk China Shipping (Qingdao)
Ref. No:	409260557HK		

We thank you for your booking and enclose your booking details as follows :-

请认真阅读以下信息，以免产生额外费用,如有问题,请联系我们的客服人员:
PAC Team(美洲组) Tel:0532-80951000 Email:TSTCSEPAC@MAERSK.COM
"周末如有紧急事件,请联系我们的值班人员,名单请见:
http://ys.ys168.com/?maersk
您如果有任何关于完善我们服务质量的意见,可以发送邮件到TSTCSEMNG@MAERSK.COM"
提箱场地(Empty Container Depot):
"Tianjin Mammon Logistics Co., Ltd(天津玛伦物流有限公司)
Contact: Ms. Zhu Li (朱丽) Tel:022-25600299"

船名:(请认真核对此处显示的船名和预期运输计划处的船名是否一致,以免因船名错误而影响船期;此处若无船名显示,请以预期运输计划处的船名为准.): CMA CGM RABELAIS
航次: BX761W
船舶劳氏编码(IMO CODE) 9406635
航线: AE3
挂靠码头: 五洲国际(Tianjin 5 Continents Cntr Terminal)
开始入港时间(CY OPEN): Mon/2000
"截载时间(CY CUTOFF): (请在此时间前完成集装箱入港及海关放行)
" Thu/0001
样单截止时间: Mon/1700
样单发送方式(为保证制单速度及准确性,建议使用电子样单方式,如您使用传真或邮件发送样单,我们将在收取单证费的基础上每票加收20 0元的手工制单费): 1)Inttra 2)EDI 3) www.maerskline.com 4)Email:cgdgscidx@maersk.com 5)Fax:022-23801073/010-65692124
提交加载申请截止时间(我司不保证一定接受加载): Wed/1530
报箱号/递交入港清单截止时间: Wed/1000
危申截止时间: Tue/1000
MGDF提交截止时间(单据提交不及时、不合格将导致货物不能上船): Tue/1700
报箱号/入港清单联系人: 刘新浩
报箱号/入港清单电子邮箱地址及联系人电话: MSKCLP@PENAVICOTJ.COM/022-83326599
发送舱单更改截止时间: Fri/1000
舱单联系人: 毕慧
舱单负责人邮箱地址及联系电话: bihui@penavicotj.com/022-83326132

图 4-6 马士基船公司订舱确认书

配载集装箱及转船信息如图 4-7 所示。

Equipment

Quantity	Size/Type/Height	(ft.in) Collapsible	Sub. Equip	Gross Weight	Pack. Qty/Kind	Cargo Volume
1	40 DRY 9 6			12000.000 KGS		

Intended Transport Plan

From	To	Vessel	Voy No.	ETD	ETA
Tianjin 5 Continents Cntr Terminal	Busan new port terminal Co.ltd	CMA CGM RABELAIS	761W	2011-07-01	2011-07-03
Busan new port terminal Co.ltd	South Florida Container Term N775	MARATHONAS	1107	2011-07-08	2011-07-30

图 4-7 配载集装箱及转船信息

7. 安排装箱、报关

（1）联系集卡车队，去指定堆场提空箱，到工厂装箱。

（2）办理出口报关，取得海关放行的装货单（S/O）。

（3）重箱返回集装箱堆场。

8. 货物装箱后，再一次确认提单信息，向船公司提供提单补料

货物装箱后，操作员应尽快查问有关场地或船公司装箱资料，如箱号（CONTAINER NO.）和铅封号（SEAL NO.）、件数及尺码 / 重量等，以备签发提单为据。本票货物装运信息包括：

CONTAINER NO.：MSKU8057939

SEAL NO.：ML-CN1171226

件数：798 CTNS

重量：13110.9 KGS

尺码：72.82 CBM

9. 集装箱装船后凭场站收据换取船公司提单

货物装船后，取得船公司提单，如图 4-8 所示。

MAERSK LINE

NON-NEGOTIABLE WAYBILL

SCAC: MAEU

B/L No.: 601531092

Shipper:
LIAONING AIR SEA WORLDWIDE LOGISTICS
LTD. TIANJIN BRANCH ROOM 1701,
TIANXING RIVERFRONT SQUARE,NO.81,
SHIYIJING ROAD,HEDONG DISTRICT TIANJIN
CHINA TEL: 86 22

Booking No.: 601531092

Svc Contract: 512812

Consignee:
AIR SEA SHIPPING INC.
1955 N.W. 72 AVENUE,MIAMI,FLORIDA
33126
TEL:(1-305)5925176
FAX:(1-305)5925919 **

This contract is subject to the terms and conditions, including the law & jurisdiction clause and limitation of liability & declared value clauses, of the current Maersk Line Bill of Lading (available from the carrier, its agents and at www.maerskline.com), which are applicable with logical amendments (mutatis mutandis). To the extent necessary to enable the Consignee to sue and to be sued under this contract, the Shipper on entering into this contract does so on his own behalf and as agent for and on behalf of the Consignee and warrants that he has the authority to do so. The shipper shall be entitled to change the Consignee at any time before delivery of the goods provided he gives the Carrier reasonable notice in writing.
Delivery will be made to the Consignee or his authorised agent on production of reasonable proof of identity (and, in the case of an agent, reasonable proof of authority) without production of this waybill. The Carrier shall be under no liability whatsoever for misdelivery unless caused by the Carrier's negligence.

Notify Party:
AIR SEA SHIPPING INC.
1955 N.W. 72 AVENUE,MIAMI,FLORIDA
33126
TEL:(1-305)5925176
FAX:(1-305)5925919 ***

Vessel	Voyage
CMA CGM RABELAIS	761W

Port of Loading	Port of Discharge
XINGANG, TIANJIN, CHINA	Miami, U.S.A.

PARTICULARS FURNISHED BY SHIPPER

Kind of Packages; Description of goods; Marks and Numbers; Container No./Seal No.	Weight	Measurement
1 Container Said to Contain 798 CTNS WORK BOOTS SAY:SEVEN HUNDRED AND NINETY-EIGHT CTNS ONLY. .*24313966 FAX:86 22 84122852 .**CTC:MARLENE MARTINEZ .***CTC:MARLENE MARTINEZ RHINO MIAMI O/NO.:C04-FS290 C/NO.:1-798 MSKU8057939 ML-CN1171226 40 DRY 9'6 798 CTNS 13110.900 KGS 72.8200 CBM SHIPPER'S LOAD, STOW, WEIGHT AND COUNT FREIGHT COLLECT	13110.900 KGS	72.8200 CBM

Above particulars as declared by Shipper, but without responsibility of or representation by Carrier.

Freight & Charges	Rate	Unit	Currency	Prepaid	Collect
Basic Ocean Freight	2410.00	Per Container	USD		2410.00
Bunker Adjustment Factor	790.00	Per Container	USD		790.00
Submission of Cargo Declarati	25.00	Per Bill of Lading	USD		25.00
Equipment Management Fee	50.00	Per Container	CNY	50.00	
Documentation Fee - Origin	200.00	Per Bill of Lading	CNY	200.00	
Handling Charge - Origin	900.00	Per Container	CNY	900.00	
Port Additionals / Port Dues -	210.00	Per Container	CNY	210.00	
Port Security Charge - Import	5.00	Per Container	USD		5.00

Carrier's Receipt. Total number of containers or packages received by Carrier.	Place of Issue of Waybill
1 container	Qingdao

Shipped on Board Date (Local Time)	Date Issue of Waybill
2011-07-01	2011-07-01

Shipped, as far as ascertained by reasonable means of checking, in apparent good order and condition unless otherwise stated herein the total number or quantity of Containers or other packages or units indicated in the box opposite entitled "Carrier's Receipt".

Signed for the Carrier A.P. Moller - Maersk trading as Maersk Line

This transport document has one or more numbered attachments

图 4-8 船公司提单示例

10. 根据船东提单制作 NVOCC 提单

货代操作员要根据上述的船公司提单（MB/L）换制出公司自己的 NVOCC 提单（HB/L），并签字盖章。

图 4-9 为给客户东方贸易公司办理结汇使用的 NVOCC 提单（货代提单）。

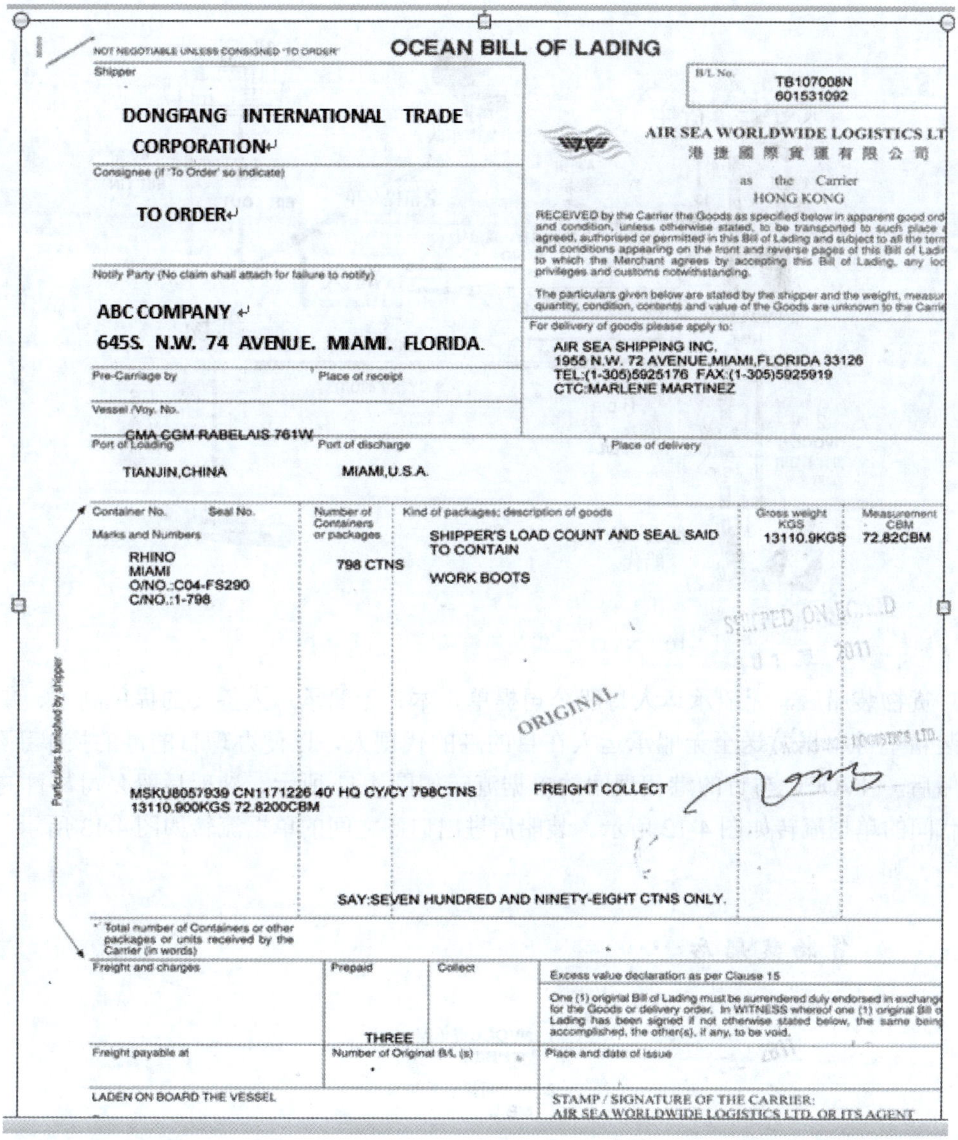
NOT NEGOTIABLE UNLESS CONSIGNED "TO ORDER"

OCEAN BILL OF LADING

Shipper

DONGFANG INTERNATIONAL TRADE CORPORATION

B/L No. TB107008N 601531092

AIR SEA WORLDWIDE LOGISTICS LT
港捷國際貨運有限公司
as the Carrier
HONG KONG

Consignee (if 'To Order' so indicate)

TO ORDER

RECEIVED by the Carrier the Goods as specified below in apparent good ord and condition, unless otherwise stated, to be transported to such place a agreed, authorised or permitted in this Bill of Lading and subject to all the term and conditions appearing on the front and reverse pages of this Bill of Ladin to which the Merchant agrees by accepting this Bill of Lading, any loc privileges and customs notwithstanding.

The particulars given below are stated by the shipper and the weight, measur quantity, condition, contents and value of the Goods are unknown to the Carrie

Notify Party (No claim shall attach for failure to notify)

ABC COMPANY
645S. N.W. 74 AVENUE. MIAMI. FLORIDA.

For delivery of goods please apply to:
AIR SEA SHIPPING INC.
1956 N.W. 72 AVENUE,MIAMI,FLORIDA 33126
TEL:(1-305)5925176 FAX:(1-305)5925919
CTC:MARLENE MARTINEZ

Pre-Carriage by | Place of receipt

Vessel /Voy. No.
CMA CGM RABELAIS 761W

Port of Loading: TIANJIN,CHINA | Port of discharge: MIAMI,U.S.A. | Place of delivery

Container No. Seal No. Marks and Numbers	Number of Containers or packages	Kind of packages; description of goods	Gross weight KGS	Measurement CBM
RHINO MIAMI O/NO.:C04-FS290 C/NO.:1-798	798 CTNS	SHIPPER'S LOAD COUNT AND SEAL SAID TO CONTAIN WORK BOOTS	13110.9KGS	72.82CBM
MSKU8057939 CN1171226 40' HQ CY/CY 798CTNS 13110.900KGS 72.8200CBM		FREIGHT COLLECT		
		SAY:SEVEN HUNDRED AND NINETY-EIGHT CTNS ONLY.		

Particulars furnished by shipper

ORIGINAL

* Total number of Containers or other packages or units received by the Carrier (in words)

Freight and charges	Prepaid	Collect	Excess value declaration as per Clause 15 One (1) original Bill of Lading must be surrendered duly endorsed in exchange for the Goods or delivery order. In WITNESS whereof one (1) original Bill o Lading has been signed if not otherwise stated below, the same bein accomplished, the other(s), if any, to be void.
Freight payable at	Number of Original B/L (s) THREE		Place and date of issue
LADEN ON BOARD THE VESSEL			STAMP / SIGNATURE OF THE CARRIER: AIR SEA WORLDWIDE LOGISTICS LTD. OR ITS AGENT

图 4-9 NVOCC 提单示例

11. 结清运费，向客户交付提单

海运操作员一定要待发货人付清运费及其他港口费用后，方可向发货人发放全套 NVOCC 提单。付款赎单是交付提单的总原则。

如果运费支付方式为“FREIGHT PREPAID”，即运费预付，则客户支付有关海运费和其他港口费用以后可以拿到全套清洁的已装船提单。

如果运费支付方式为“FREIGHT COLLECT”，即运费到付，则客户需付清有关港口费用才可拿到全套提单。

（二）无船承运人业务操作流程

根据以上企业案例，归纳出无船承运人集装箱整箱货业务操作流程，如图 4-10 所示。

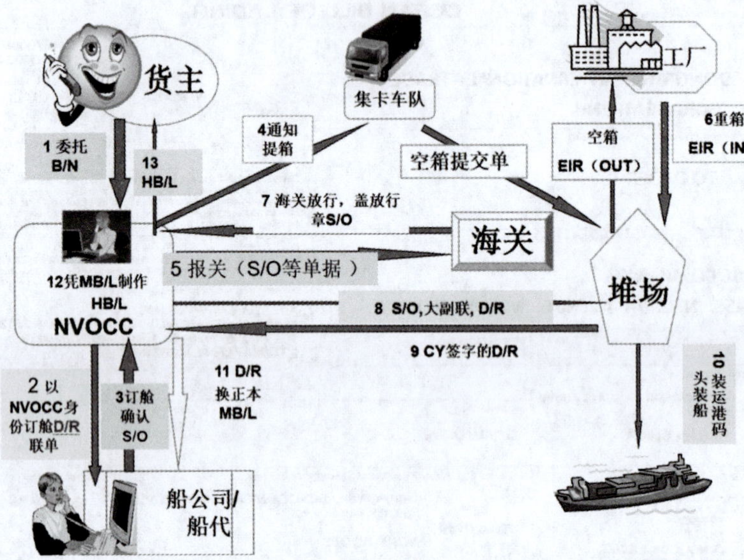

图 4-10　NVOCC 集装箱整箱货出口业务操作流程

货物装船后，无船承运人将船公司提单正本，无船承运人签发的提单副本、集装箱装箱单等单据发送至无船承运人在目的港的代理人，以便办理目的港的换单手续。装船后，NVOCC 与目的港代理间的单据流转如图 4-11 所示。装船后船公司与目的港船代间的单据流转如图 4-12 所示。装船后进出口商之间的单据流转如图 4-13 所示。

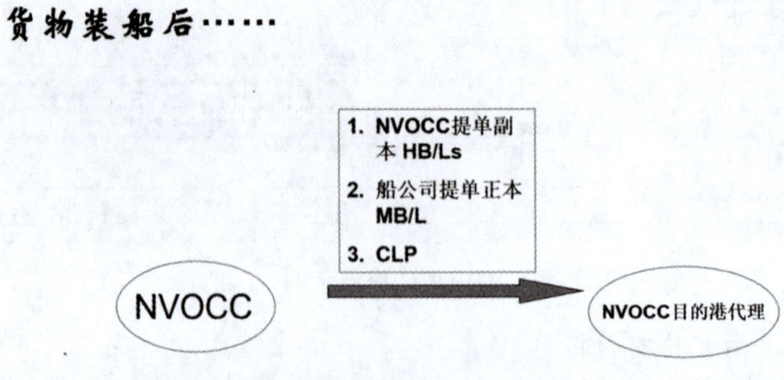

图 4-11　装船后 NVOCC 与目的港代理间的单据流转

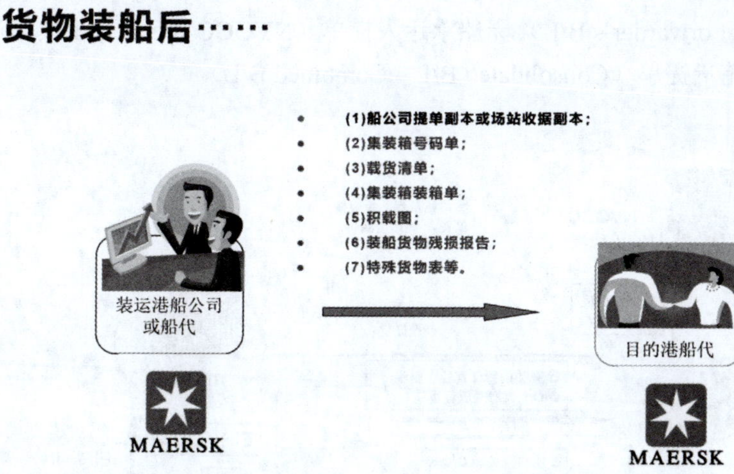

图 4-12　装船后船公司与目的港船代间的单据流转

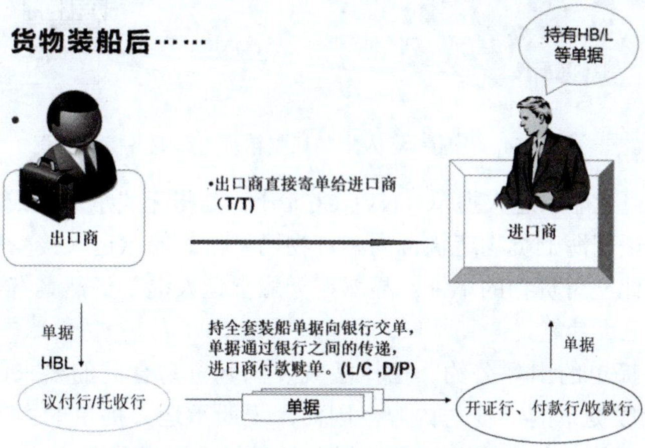

图 4-13　装船后进出口商之间的单据流转

货物装船后，在信用证和托收支付方式下，提单等出口单证在满足支付条件的情况下通过银行转交给进口商。支付方式为电汇方式时，出口商直接寄单给进口商。进口商取得全套进口单据后，即可准备办理目的港换单、报关等进口手续。

在无船承运人集装箱整箱货进口业务操作中，进口商或其代理需要凭货代提单到目的港的 NVOCC 代理处换取船公司提单，然后再凭船公司提单换取提货单，其余流程和整箱货进口手续是一致的。无船承运人集装箱整箱货进口业务操作流程如图 4-14 所示。

三、无船承运人提单业务

在无船承运业务中，实际履行运输工作的船公司向无船承运人或货运代理人签发的提单，也称为主提单、母提单或备注提单（Master B/L or Memo B/L or Ocean B/L）；

而由作为承运人的无船承运人或货运代理人向托运人签发的提单，则称为子提单（House B/L）、货代提单（Forwarder's B/L）、无船承运人提单（NVOCC B/L），在集装箱运输中，有时也可称为拼箱货提单（Consolidated B/L，Combined B/L）。

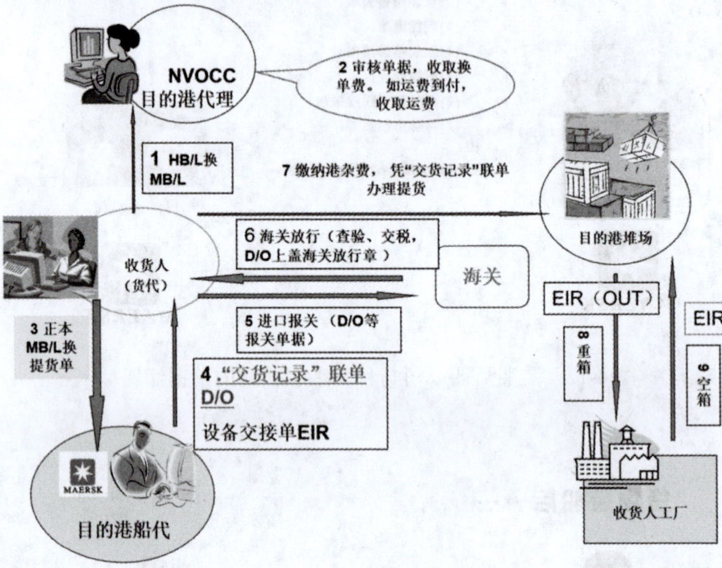

图 4-14　无船承运人集装箱整箱货进口业务操作流程

由此可见，无船承运人提单（NVOCC B/L）是指无船承运人或其代理以承运人身份签发的用以证明海上货物运输合同和货物已经由无船承运人接受货主装船以及无船承运人保证据此交付货物的单证。显然，无船承运人提单仍然具有合同证明、货物收据和物权凭证三大功能。

根据有关提单的国际公约、法律法规及国际贸易合同的要求，无船承运人提单也必须具备一般提单的特征与内容，因而，无船承运人提单的内容与一般提单的内容基本一致。目前，有些航运组织已制定了无船承运提单范本，供无船承运人选用，比如，上海航运交易所制定的适合于我国无船承运人的提单范本（Shanghai Shipping Exchange Form，SSE B/L Form）。

NVOCC 作为承运人向货物托运人签发货运单据（提单、运单），要对从接货地到目的地交付货物地点的运输负责。

四、无船承运人业务中，船东提单与无船承运人提单的区别

通过对图 4-15 同一票货物船东提单与无船承运人提单内容的对比，可以得出无船承运人业务中船东提单与无船承运人提单的区别，具体如下：

（1）提单的出单人（签字 / 盖章）不同，提单抬头（收货人）也不同。

（2）提单上"Shipper"和"Consignee"栏目填写内容不同。

（3）目的港换单手续不同。只要持有船东提单，就可以直接到目的港船代处换取进口提货单，手续简单快捷，费用相对固定便宜。

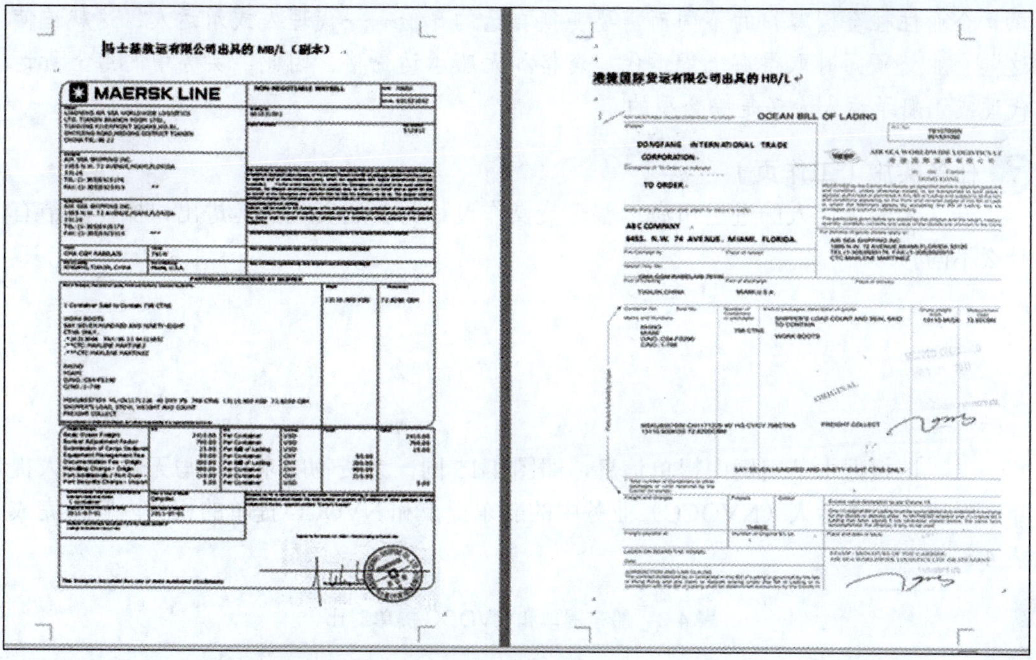

图 4-15　同一票货物船东提单与无船承运人提单

而无船承运人提单的持有者必须到目的港 NVOCC 代理换取船东提单，才可以拿到提货单并办理报关提货手续，而换单费用较贵且不固定，全由目的港货代决定。

（4）船东提单（M 单）收货更有保证（对于收货人来说）。船东提单作为海运提单，是最基本的也是真正的物权凭证，船公司会在目的港把货交给船东提单上注明的收货人。

如果出口商拿到的是货代提单，则说明出运的货物实际控制权掌握在货代手中（此时 M 单的收货人为货代在目的港的代理），如果货代公司破产，则出口商（进口商）无法凭货代提单向船公司提货。

（5）适用范围不同。对于整箱货 FCL，既可以出船东提单（M 单），又可以出货代提单（H 单）。而对于拼箱货 LCL，就只能出货代提单（H 单），因为船公司不会帮货主拼箱，到目的港也不会帮货主分货。

【拓展阅读】

无船承运人管理规定

目前，世界上只有美国和中国明确了无船承运人管理规定，其他国并没有单独的无船承运人制度，基本上仍称为国际货运代理，但往往在国际货运代理体制内将国际货运代理的业务分为代理人业务和当事人业务，其中给予后者以契约承运人的地位，并承担运输合同当事人责任。

根据我国《国际货运代理业管理规定》，如果该企业不是依法注册并在商务主管部门备案的海上货运代理企业，则不能以代理人身份从事国际海上货运代理业务；同样，取得商务主管部门备案的海上货运代理企业，如果未经交通运输部审核取得无船承运人资格，也是禁止从事无船承运业务的。而在业务实践中，海上货运代理企业或无船承运企业往往会因客户的不同而需要变换自己的身份——代理人或承运人，这就迫使这些企业必须同时取得海上货运代理资格和无船承运资格，因此，实务中的海上货运代理或无船承运人大多是综合型的。

任务实施（工作页）

一、无船承运人的进出口海运整箱货操作过程与普通货代海运进出口操作环节有什么不同？

二、请根据本节案例中提单信息，即图4-15同一票货物船东提单与无船承运人提单，对比无船承运人（NVOCC）业务中的船东提单和NVOCC提单的相关内容，完成表4-3。

表4-3 船东提单和NVOCC提单对比

对比内容	NVOCC提单（HB/L）	船公司提单（MB/L）
发货人		
收货人		
通知人		
提单签发人		
提单用途		
目的港是否可以换取交货记录联单		

三、案例分析

某国际货运代理企业经营国际集装箱拼箱业务，此时他是集拼经营人Consolidator，由于他签发自己的提单，所以他是无船承运人（以下称为"无船承运人"）。2020年9月15日，该无船承运人在KOBE港自己的CFS将分别属于六个不同发货人的拼箱货装入一个20英尺的集装箱，然后向某班轮公司托运。

该集装箱于2020年9月18日装船，班轮公司签发给无船承运人CY-CY交接的FCL条款下的Master B/L（船公司提单）一套；无船承运人然后向不同的发货人分别签发了CFS-CFS交接的LCL条款下的House B/L（货代提单）共六套，所有的提单都是清洁提单。

2020年9月23日载货船舶抵达提单上记载的卸货港。第二天，无船承运人从班轮公司的CY提取了外表状况良好和铅封完整的集装箱（货物），并在卸货港自己的

CFS 拆箱，拆箱时发现两件货物损坏。2020 年 9 月 25 日收货人前来提货，发现货物损坏。

思考：

（1）收货人向无船承运人提出货物损坏赔偿的请求时，无船承运人是否要承担责任？为什么？

（2）如果无船承运人向班轮公司提出集装箱货物损坏的赔偿请求时，班轮公司是否要承担责任？为什么？

任务评价

学完本任务后，结合自己学习情况，依指标进行评价。

考核项目	评分内容	总分值	得分值
知识掌握	1．掌握无船承运人的概念及业务范围（15 分） 2．掌握无船承运人海运出口业务流程（15 分）	30	
能力提升	1．能够进行无船承运人海运出口业务操作（20 分） 2．能够区分无船承运人（NVOCC）业务中的船东提单和 NVOCC 提单的异同（20 分）	40	
课堂表现	1．学习态度（10 分） 2．沟通合作（10 分） 3．回答问题（10 分）	30	
签字		总分	

任务四　集装箱货运单证流转程序

任务描述

通过本任务的学习，学生要熟悉集装箱运输业务中的主要单证种类和作用，掌握集装箱运输出口业务中场站收据和进口业务中集装箱交货记录联单的业务流转程序，能够完成海运集装箱场站收据订舱单的填制。

知识链接

一、集装箱业务主要单证

（一）出口货运代理委托书

出口货运代理委托书（Entrusting Order for Export Goods）又称为委托书，它是委托方（被代理人或出口企业）向被委托方（货运代理人）提出的一种“要约”。被委托方一经书面确认，就意味着双方之间的契约行为的成立。委托书详列托运各项资料、委托办理事项及工作要求，是货运代理人的工作依据。

委托书的主要内容有委托单位名称与编号、托运货物内容、装运事项、提单记载事项、货物交运日期及交运方式、货物备妥日期、集装箱运输有关事项。

出口货运代理委托书是出口企业和国际货代企业之间委托代理关系的证明文件，客户（出口企业）一般根据贸易合同或者相关信用证的运输条款填制海运委托。委托书的格式有的是货代公司提供的，有的是贸易公司自己印制的，但内容基本一致。海运出口货物委托书如图 4-16 所示。

海运出口货物委托书 BOOKING NOTE				
Shipper （发货人）			NO.	
Consigne（收货人）				
Notify （通知人）				
Place of Receipt（收货地点）		Port of Loading（装货港）		
Vessel Name（船名）		Voyage No.（航次号）		
Port of Discharge（卸货港）		Place of Delivery（交货地点）		
Marks & No.s（标记与号码）	No. of P'kgs（箱数或件数）	Kind of packages; Description of Goods（包装种类与货名）	Gross Weight 毛重（公斤）	Measurement 尺码（立方米）
TOTAL NUMBER OF CONTAINERS : OR PACKAGES (IN WORDS) 集装箱数或件数合计（大写）				
FREIGHTS & CHARGES（运费与附加费）	Revenue Tons（运费吨）	Rate（运费率）	Prepaid（运费预付）	Collect（到付）
Ex Rate:（兑换率）	Prepaid at（预付地点）	Payable at（到付地点）	Place of Issue	
	Total Prepaid（预付总额）	No. of Original B(s)/L（正本提单份数）		
Service Type on Receiving CY CFS DOOR	Service Type on Delivery CY CFS DOOR	Reefer Temperature Required（冷藏温度） F C		
TYPE OF GOODS（种类）	Ordinary（普通） Reefer（冷藏） Dangerous（危险品） Auto.（裸装车辆	危险品	Class: Property: IMDG Code Page: UN No.:	
	Liquid（液体） Live Animal（活动物） Bulk（散货）			
可否转运：	可否分批：			
装期：	信用证效期：			
金额：		制单人		
制单日期：			公司订舱章	

图 4-16 海运出口货物委托书

（二）场站收据

场站收据（Dock Receipt，D/R）又称港站收据或码头收据，是国际集装箱运输专用出口货运单证，它是由承运人委托集装箱堆场（CY）、集装箱货运站（CFS）或内陆集装箱货运站在收到整箱货（FCL）或拼箱货（LCL）后，签发给托运人的证明已收到托运货物并对货物开始负有责任的凭证。

场站收据一般是在托运人口头或书面订舱，与船公司或船代达成货物运输的协议，船代确认订舱后由船代交托运人或货代填制，在承运人委托的码头堆场、集装箱货运站（CFS）或内陆集装箱货运站收到整箱货（FCL）或拼箱货（LCL）后签发生效，托运人或其代理人可凭场站收据向船代换取已装船或待装船提单。场站收据经承运人或其代理人签发，就表明承运人已收到货物，责任随之开始，发货人即可凭已签发的场站收据换取提单。现行集装箱货物出口中使用的场站收据由发货人或其代理人填制，并根据业务需要送交相关部门，以换取货物舱位、出口放行、获准装船等。

1. 场站收据的作用

场站收据是一份综合性单证，它把货物托运单（订舱单）、装货单（关单）、大副收据、理货单、配舱回单、运费通知等单证汇成一份，这对于提高集装箱货物托运效率和流转速度有很大意义。场站收据的功能主要有：

（1）船公司或船代确认订舱并在场站收据上加盖有报关资格的单证章后将场站收据交给托运人或其代理人，意味着运输合同开始执行。

（2）场站收据是出口货物报关的凭证之一。

（3）场站收据是承运人已收到托运货物并对货物开始负有责任的证明。

（4）场站收据是换取海运提单或联运提单的凭证。

（5）场站收据是船公司、港口组织装卸、理货、配载的资料。

（6）场站收据是运费结算的依据。

2. 集装箱出口场站收据联单（十联单）

第一联：集装箱货物托运单（货主留底）（B/N）。早先托运单由货主缮制后将此联留存，故列第一联。

第二联：集装箱货物托运单（船代留底）。此联盖有货主的公章或订舱章，船代据以缮制载货清单，船公司据以编制预配图。

第三联：运费通知（1）。船代在此联上批注运价，作为船代结算部门办理运费结算的参考依据。

第四联：运费通知（2）。此联作为货代向发货人办理运费结算的参考依据。

第五联：装货单（S/O）—场站收据副本（1）。此联又称场站收据副本或关单，船代在此联上盖订舱章，表示确认接受发货人的订舱申请；海关凭此联接收出口报关申报，经查验合格后在此联盖海关放行章。

第五联附页：缴纳出口货物港务申请书。此联是港区核算应收港务费用的单据。

第六联：（浅红色）大副联 — 场站收据副本（2）。此联为理货单据，表示大副已代表船方接收了单据上的货物，一般由理货公司签署后将此联留存。

第七联：（黄色）场站收据（D/R）。此联又称收货单或大副收据，在货物装船后由大副签字和批注，表示所列货物已经装上船；装船结束后，船代凭此联签发已装船提单。

第八联：货代留底。此联由货运代理公司留存，以备查询、编制货物流向单。

第九联：配舱回单（1）。配舱后交还发货人，发货人凭此联缮制提单；如果货运代理统一缮制提单，则由货代缮制提单。

第十联：配舱回单（2）。根据此联回单批注修改提单。

如果货运代理统一缮制提单，第九联、第十联就不用退还发货人了。

场站收据如图 4-17 所示。

▽

Shipper （发货人）	D/R No.（编号）
Consignee （收货人）	场站收据 DOCK RECEIPT　　第六联
Notify Party （通知人）	Received by the Carrier the Total number of containers or other packeges or units stated below to be transported subject to the temrs and conditions of the Carrier's regular form of Bill of Lading (for Combined Transport or port to Port Shipment) which shall be deemed to be incorporated herein. Date （日期）：
Pre carriage by （前程运输）　Place of Receipt （收货地点）	
Ocean vessel （船名） Voy. No.（航次） Port of Loading （装货港）	场站章

Port of Discharge （卸货港）	Place of Delivery （交货地点）	Final Destination for Merchant's Reference （目的地）

Particulars Furnished by Merchants

Container No. （集装箱号）	Seal No. （封志号） Marks & Nos. （标记与号码）	No. of containers or P'kgs.（箱数或件数）	Kind op Packages; Description of Goods （包装种类与货名）	Gross Weight 毛重（公斤）	Measurement 尺码（立方米）
TOTAL NUMBER OF CONTAINERS OR PACKAGES(IN WORDS) 集装箱数或件数合计（大写）					

Container No. （箱号） Seal No. （封志号） Pkgs. （件数） Container No. （箱号） Seal No. （封志号） Pkgs. （件数）

Received （实收）　By Terminal clerk （场站员签字）

FREIGHT & CHARGES	Prepaid at （预付地点）	Payable at （到付地点）	Place of Issue（签发地点）
	Total Prepaid （预付总额）	No. of Original B(s)/L （正本提单份数）	BOOKING （订舱确认） APPROVED BY

Service Type on Receiving □-CY，□-CFS，□-DOOR	Service Type on Delivery □-CY，□-CFS，□-DOOR	Reeter Temperature Required.（冷藏温度） °F °C
TYPE OF GOODS （种类）	□Ordinary，（普通） □Reefer，（冷藏） □Dangerous，（危险品） □Auto.（裸装车辆） □Liquid，（液体） □Live Animal，（活动物） □Bulk （散货） □_____	危险品　Glass： Property： IMDG Code Page： UN NO.

图 4-17　场站收据

（三）危险品清单

危险品清单是集装箱货物内装危险货物的汇总清单。危险货物的托运人在托运危险货物时，必须根据有关危险货物运输和报关的法规事先向船公司或其代理人提交危险品清单。托运人在将危险品货物运至CY或CFS时，必须提交危险品清单，由堆场管理人员汇总交船方。此外，所有危险品货物都必须粘贴规定的危险品标志，内装危险货物的集装箱也必须按规定张贴特制的危险品标志。

（四）冷藏集装箱清单

冷藏集装箱清单是装载冷冻货物或冷藏货物的冷藏集装箱的汇总清单。托运人在托运冷冻或冷藏货物时，都应要求承运人在运输和保管过程中，将冷藏集装箱的箱内温度控制在一定的范围内，并且要求承运人在运输和保管货物方面承担高于普通货物的责任。托运人向承运人和集装箱堆场提供的冷藏集装箱清单上，必须逐箱填明货物的名称和指定温度范围等各项内容，交集装箱堆场由堆场业务人员汇总交船方。

（五）集装箱预配清单

集装箱预配清单是船公司为集装箱管理需要而设计的一种单据，该清单格式及内容，各船公司大致相同，一般有提单号、船名、航次、货名、件数、毛重、尺码、目的港、集装箱类型、尺寸和数量、装箱地点等。货运代理人在订舱时或一批一单，或数批分行列载于一单，按订舱单内容缮制后随同订舱单据送船公司或其代理人；船公司配载后将该清单发给空箱堆存点，据此核发设备交接单及空箱之用。该单据并非各个港口使用。

（六）集装箱发放通知单

集装箱发放通知单又称空箱提交单，是船公司或其代理指示集装箱堆场将空箱集装箱及其他设备提交给本单证持有人的书面凭证。船公司或其代理根据订舱清单向发货人（FCL）或集装箱货运站（LCL）签发发放通知单，并通知集装箱堆场。在货主或集装箱货运站向集装箱堆场领取集装箱时需出示该单证，而集装箱堆场只向持有本单证的人发放空箱。该单证一式三联，由船公司或其代理签发，除自留一联备查外，发货人或集装箱堆场各持一联。

（七）集装箱设备交接单

集装箱设备交接单简称设备交接单，是集装箱所有人或其代理人签发的用以进行集装箱及其他设备的发放、收受等移交手续并证明移交时箱体状况的书面凭据。在集装箱出口过程中，用箱人、运箱人先到集装箱所有人指示的堆场提取空箱，装箱后又将装有货物的重箱交到装货港码头堆场；在集装箱进口过程中，用箱人、运箱人先到卸货港码头堆场提取装有货物的重箱，卸箱、拆箱后又将空箱交还到指定的堆场。该单证兼有发放集装箱的凭证功能，所以它既是一种交接凭证，又是一种发放凭证。

在集装箱货物运输情况下，货运代理人在向船公司或其代理人订妥舱位取得装货单后可凭其向船方领取设备交接单。设备交接单一式六联，上面三联用于出场，印有“出场OUT”字样，第一联盖有船公司或其集装箱代理人的图章，集装箱空箱堆场凭以发箱，第一、第二联由堆场发箱后留存，第三联由提箱人（货运代理人）

留存；设备交接单的下面三联是进场之用，第一、第二联由送货人交付港区道口，其中第二联留港区，第一联转给船方据以掌握集装箱的去向，送货人（货运代理人）自留第三联作为存根。

1. 集装箱设备交接单的内容

（1）交接单号码：按船公司（船代）编制的号码填列。

（2）经办日期。

（3）经办人：要箱单位的经办人员。

（4）用箱人：一般为订舱的货运代理单位名称。

（5）提箱点：空箱存放地点。

（6）船名、航次、提单号、货物发放地点须与关单相关项目一致。

（7）经营人：指集装箱经营人，如属船公司营运箱，则填船公司名称。

（8）尺寸、类型：可简写，如 20/DC，意即 20 尺干货箱。

（9）箱号：指提取空箱的箱号。

（10）用箱点：货运代理人或货主的装箱地点。

（11）收箱点：出口装船的港口作业区。

（12）运箱工具：集卡车号。

（13）出场目的 / 状态：如提取空箱，目的是“装箱”，状态是“空箱”。

（14）进场目的 / 状态：如重箱进区，目的是“装船”，状态是“重箱”。

（15）出场日期：空箱提离堆场日期。

（16）进场日期：重箱进入港口作业区日期。

2. 设备交接单的作用

（1）设备交接单可作为管箱人发放 / 回收集装箱或用箱人提取 / 还回集装箱的凭证。

（2）设备交接单可作为证明双方交接时集装箱状态的凭证及划分双方责任、义务和权利的依据。

（3）设备交接单有助于集装箱所有者掌握集装箱分布动态，加强箱务管理。

集装箱设备交接单如图 4-18 所示。

（八）集装箱装箱单

集装箱装箱单（Container Load Plan，CLP）是详细记载集装箱内货物名称、数量等内容的单据。每个载货集装箱都要制作这样的单据，它是根据已装进集装箱内的货物制作的。装箱单是详细记载每一个集装箱内所装载货物详细情况的唯一单据，所以在以集装箱为单位进行运输时，集装箱装箱单是极其重要的单据。

1. 集装箱装箱单的作用

（1）集装箱装箱单是向承运人、收货人提供箱内货物明细的清单。

（2）集装箱装箱单是集装箱货物向海关申报的主要单证之一。

（3）集装箱装箱单是货方、港方、船方之间货、箱交接的凭证。

（4）集装箱装箱单是船方编制船舶积载计划的依据，单证上所记载的货箱重量是计算船舶积载性能数据的基本数据。

（5）集装箱装箱单是办理集装箱货物保税运输、安排拆箱作业的资料。
（6）集装箱装箱单是集装箱运输货物商务索赔的依据。

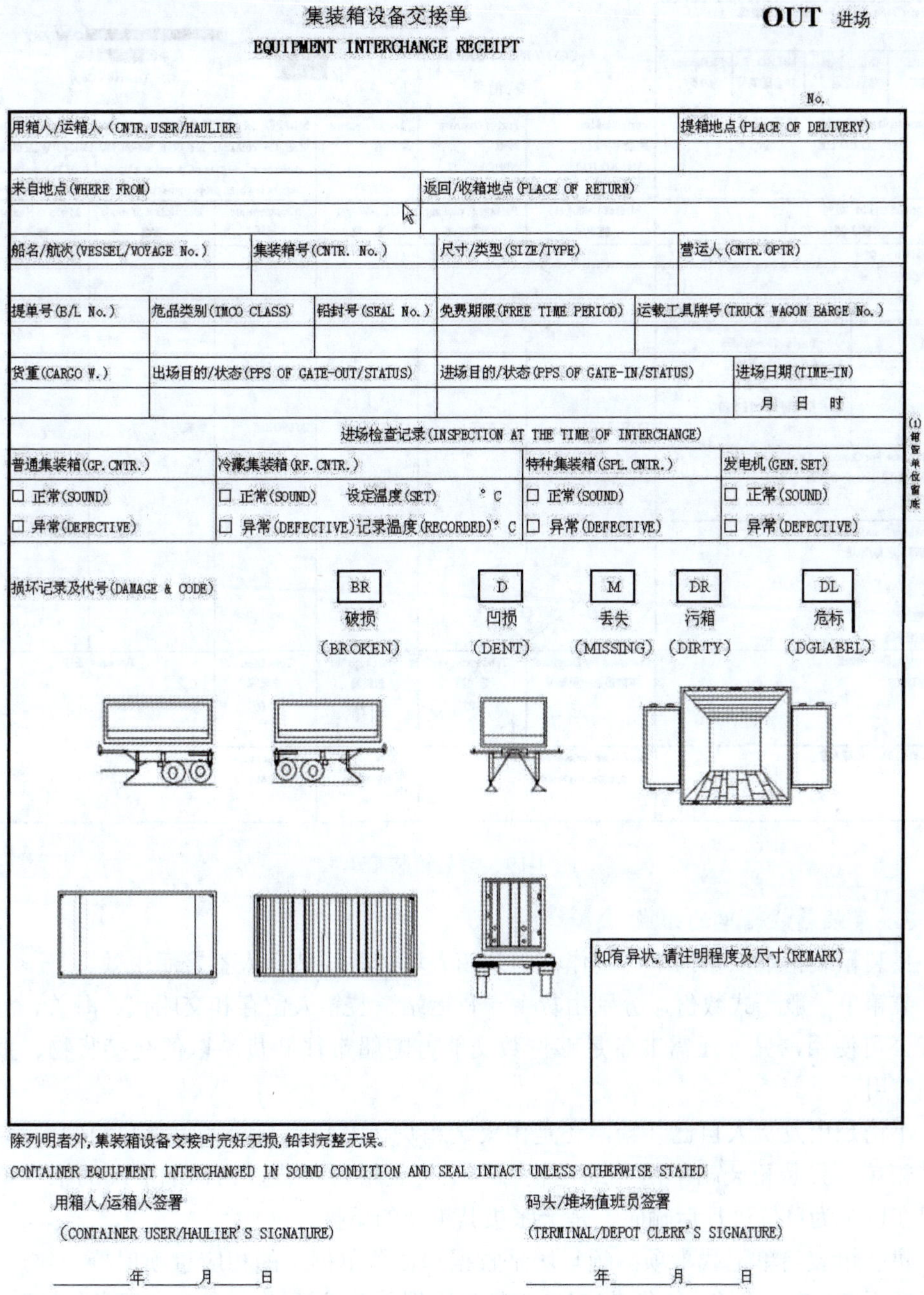
集装箱设备交接单
EQUIPMENT INTERCHANGE RECEIPT

OUT 进场

No.

用箱人/运箱人（CNTR. USER/HAULIER				提箱地点(PLACE OF DELIVERY)
来自地点(WHERE FROM)		返回/收箱地点(PLACE OF RETURN)		
船名/航次(VESSEL/VOYAGE No.)	集装箱号(CNTR. No.)	尺寸/类型(SIZE/TYPE)		营运人(CNTR. OPTR)
提单号(B/L No.)	危品类别(IMCO CLASS)	铅封号(SEAL No.)	免费期限(FREE TIME PERIOD)	运载工具牌号(TRUCK WAGON BARGE No.)
货重(CARGO W.)	出场目的/状态(PPS OF GATE-OUT/STATUS)	进场目的/状态(PPS OF GATE-IN/STATUS)		进场日期(TIME-IN) 月 日 时

进场检查记录(INSPECTION AT THE TIME OF INTERCHANGE)

普通集装箱(GP. CNTR.)	冷藏集装箱(RF. CNTR.)	特种集装箱(SPL. CNTR.)	发电机(GEN. SET)
□ 正常(SOUND) □ 异常(DEFECTIVE)	□ 正常(SOUND) 设定温度(SET) °C □ 异常(DEFECTIVE) 记录温度(RECORDED) °C	□ 正常(SOUND) □ 异常(DEFECTIVE)	□ 正常(SOUND) □ 异常(DEFECTIVE)

(1) 箱管单位留底

损坏记录及代号(DAMAGE & CODE)

BR 破损 (BROKEN)　D 凹损 (DENT)　M 丢失 (MISSING)　DR 污箱 (DIRTY)　DL 危标 (DGLABEL)

如有异状，请注明程度及尺寸(REMARK)

除列明者外，集装箱设备交接时完好无损，铅封完整无误。

CONTAINER EQUIPMENT INTERCHANGED IN SOUND CONDITION AND SEAL INTACT UNLESS OTHERWISE STATED

用箱人/运箱人签署 (CONTAINER USER/HAULIER'S SIGNATURE)　　码头/堆场值班员签署 (TERMINAL/DEPOT CLERK'S SIGNATURE)

____年____月____日　　____年____月____日

图 4-18　集装箱设备交接单

2. 集装箱装箱单的主要内容

集装箱装箱单包括以下内容：船名、航次、装卸港、发货地、交货地、集装箱箱号、集装箱规格、铅封号、场站收据或提单号、发货人、收货人、通知人、货物名称、件数、包装、标志、重量、尺码等。对特殊货物还需说明闪点（对危险品）、箱内温度要求（对保温或冷藏货）、是否检疫（需检疫货物及器材）等内容。集装箱装箱单如图 4-19 所示。

Reefer Temperature Required 冷藏温度 ℃ ℉			
Class 等级	IMDG Page 危规页码	UN NO 联合国编号	Flashpoint 闪点

CONTAINER LOAD PLAN

装箱单

[redacted]

[redacted]COMPANY
中国[redacted]公司
(1) Terminal's Copy
码头联

Ship's Name/Voy No 船名/航次 XI BO HE V.0005W	Port of loading 装港 SHANG HAI	Port of Discharge 卸港 GENOVA	Place of Delivery 交货地	SHIPPER'S/PACKER'S DECLARATIONS We hereby declare that the container has been thoroughly cleaned without any evidence of cargoes of previous shipment poor to vanning and cargoes has been properly has been properly stuffed and secured		
Container No 箱号 CBHU 0510773	Bill of Lading No 提单号	Package & packing 件数和包装	GrossWeight 毛 重	Measurements 尺码	Description of goods 货名	Marks & Numbers 唛头
Seal No 封号 2018200	Front 前					
Cont Size 箱型 20' 40' 45' / Cont Type 箱类 GP=普通箱 TK=油罐箱 RF=冷藏箱 PF=平板箱 OT=开顶箱 HC=高箱 FR= 框架箱 HT=挂衣箱	COSU 352079732	105CTNS	1264KGS	20.09CBM	服装	
ISO Code For Container Size/Type 箱型/箱类 ISO 标准代码 20'GP						
Packer's Nam/Address 装箱人名称/地址 TEL NO 电话号码	Door 门					
Packing Date 装箱 98-06-03	Received By Drayman 驾驶员签收及车号	Total Packages 总件数 105	Total Cargo Wt 总货量 1246	Total Meas 总尺码 20.09	Remarks 备注	
Packed BY 装箱人签名	Received By Terminals/Date Of Receipt 码头收箱签收和收箱日期		Cont Tare Wt 集装箱皮重 2300	Cgo/Cont Total Wt 3564		

图 4-19 集装箱装箱单

3. 集装箱装箱单的组成

集装箱装箱单以箱为单位制作，由装箱人填制并经装箱人签署后生效。

装箱单一般一式数份，分别由货主、货运站、装箱人留存和交船代、海关、港方、理货公司使用，另外还需准备足够份数交船方随船带往卸货港以便交接货物、报关、拆箱等用。

不论是由发货人自己装箱，还是由集装箱货运站负责装箱，负责装箱的人都要制作装箱单。集装箱装箱单是详细记载每一个集装箱内所装资物详细情况的唯一单据，所以在以箱为单位进行运输时，是一张极其重要的单据。

集装箱装箱单记载事项必须与场站收据和报关单据上的相应事项保持一致，否则会引发不良后果。例如：装货港错打，与场站收据不符，港区有可能不予配装，造成退关；也有可能配舱错位，以至到达卸货港时无法从错置的仓架上把集装箱卸下。又如，装箱单重量或尺码与报关单或发票不符，船公司按集装箱单重量或尺码缮制提单、舱单，出口单位结汇时发生单、单不一致，不能结汇。以上情况，屡见不鲜，发货人应加多注意。所装货物如品种不同必须按箱子前部（Front）到箱门（Door）的先后顺序填写。

（九）“交货记录”联单

在集装箱班轮运输中普遍采用“交货记录”联单代替杂货班轮运输中的提货单。“交货记录”联单的性质实际上与提货单一样，仅仅是在其组成和流转过程方面有所不同。

“交货记录”联单一共有五联，是集装箱堆场（CY）或集装箱货运站（CFS）在向收货人交付货物时，用以证明双方已完成货物交接并记明交接状态的单证。“交货记录”联单一共有五联，分别是到货通知书联（白色）、提货单联（白色）（进口报关用）、费用账单联（红色和蓝色两份）、交货记录联（白色）。CY 在交货记录联上盖章后，可以提货。

作用：交货记录的签发即表明向码头下达同意交货的指令；对收货人来说，得到交货记录即表明已具备向码头提货的条件。交货记录的签发是承运人责任终止、收货人责任开始的标志。

“交货记录”联单——提货单联如图 4-20 所示。

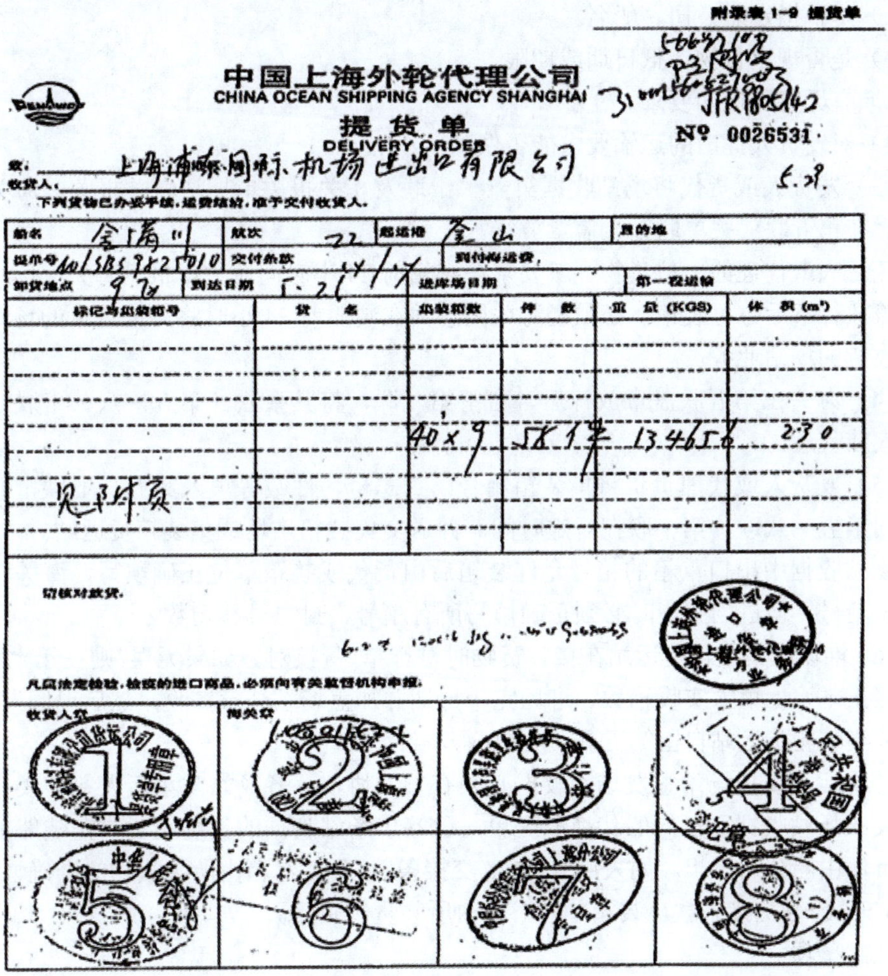
附录表 1-9 提货单

中国上海外轮代理公司
CHINA OCEAN SHIPPING AGENCY SHANGHAI
提货单
DELIVERY ORDER
Nº 0026531

致：
收货人：上海浦东国际机场进出口有限公司
下列货物已办妥手续，运费结清，准予交付收货人。

船名	航次 22	起运港 釜山		目的地	
提单号	交付条款	到付海运费			
卸货地点	到达日期 5.21	进库场日期		第一程运输	
标记与集装箱号	货名	集装箱数	件数	重量（KGS）	体积（m³）
		40×9		13.4658	230
见附页					

请核对放货。

凡属法定检验、检疫的进口商品，必须向有关监督机构申报。

收货人章	海关章	3	4
5	6	7	8

图 4-20 “交货记录”联单——提货单联

二、主要集装箱业务单证流转程序

（一）场站收据的流转程序（以十联单为例）

在集装箱货物出口托运过程中，场站收据要在多个机构和部门之间流转。在流转过程中涉及的有托运人、货代、船代、海关、堆场、理货公司、船长或大副等。现以十联单为例说明场站收据的流转过程及程序。

（1）发货人或代理填制场站收据一式十联，留下第一联（发货人留底联），将其余九联送船代订舱。

（2）船代接受场站收据第二～十联，经编号后自留第二联（船代留底联）、第三联［运费计收联（1）］、第四联［运费计收联（2）］，并在第五联（关单联）上盖章确认订舱，然后退回发货人或代理第五～十联。

船代接受订舱时，给出订舱编号（即场站收据编号），在第五联上盖章签单时应仔细核对托运人所填项目是否完整，如有问题应及时联系托运人或其货运代理。应注意的栏目主要有：

1）是否指定船公司、船名。

2）是否规定货物运抵日期或期限。

3）有无特殊运输要求。

4）对发货人提出的运输要求能否做到。

（3）发货人或货代将场站收据第五～十联及相关报关单据送海关报关，海关核对无误后在第五联（关单联）上盖章放行。

托运人或代理的出口货物一般要求在装箱前 24 小时向海关申报，海关在场站收据上加盖放行章后方可装箱，必须经海关同意并在装船前 24 小时将海关盖章的场站收据送交收货的场站业务员。

（4）海关在第五联盖章放行后，自留第九联，将其余联（第五～八、十联）退回发货人或代理。

（5）发货人或代理负责将集装箱箱号、封志号、件数等填入第五～七联，并将货物连同第五～八联、第十联在规定时间一并送交集装箱堆场或集装箱货运站。

场站收据中出口重箱的箱号允许装箱后由货代或装箱单位正确填写，海关验放时允许无箱号，但进场完毕时必须正确填写所有箱号、封志号和箱数。

（6）堆场或集装箱货运站在接收货物时进行单、货核对。如果无误，则在第七联（场站收据正本）上填入实收箱数、进场完毕日期并加盖场站公章签收，然后退回发货人。堆场或集装箱货运站自留第五联（关单联）。

各承运人委托场站签发场站收据必须有书面协议，各场站与承运人签订委托协议后签发的场站收据可以向船代换取提单，已签出场站收据的集装箱货物在装船前的风险和责任由船公司承担。如采用 CY/CY 交接条款，货主对箱内所装货物的准确性负责；采用 CFS-CFS 交接条款，装箱单位对箱内所装货物负责。

注意事项：

1）第五联（关单联）上是否有海关放行章。没有海关放行，不得签发场站收据，并不安排集装箱装船。

2）进堆场或集装箱货运站 CFS 的货物与单证记载内容是否相符。

3）进堆场的箱号、关封号是否与单证记载相符。

4）一起送交的单证，其内容是否单单相符。

5）货箱未进堆场或 CFS 不能签收。

6）船公司是否已给舱位。

7）堆场内一旦发生倒箱，新箱号是否报海关。

8）一批货分批进堆场，最后一批进场完毕后签发场站收据。

9）LCL 货物以箱为单位一票一单签发场站收据。

（7）发货人凭签收的第七联去船代处换取待装船提单，或在装船后换取已装船提单。

注意事项：

1）货物是否已经实际装上船舶。

2）货物是否在装运期内装船出运场。

3）如货物是预付运费，该运费是否已经支付。

4）提单记载内容是否与装箱单、商检证、发票、信用证一致。

5）场站收据上运输条款与提单记载内容是否一致。

6）场站收据上对货物有无批注。

7）货运代理人是否已经先签发 HB/L。

8）签发几份正本提单。

船代在货箱装船后，应核对单据与集装箱装船的情况是否一致。如不一致，应迅速与港方和理货联系，避免出现差错。凭场站收据正本船代应立即签发待装船提单。在船舶开航后 24 小时内，船代应核对并签发已装船提单。

（8）货物装船时，堆场将第六、八、十联送外轮代理，外轮代理于货物实际装船后在第 8 联（外轮代理联）上签收并自留。

（9）等货箱全部装上船舶，外轮代理将第六联（大副联）和第十联（空白联）交船方留存。第十联也可供有关方使用。

堆场业务员必须在装船前 24 小时内将场站收据第六联（大副联）分批送外轮理货人员，最后一批不得迟于开装前 4 小时。外轮理货在港区的理货员收齐港区场站业务员送来的场站收据（大副联）后，在装船时将装船集装箱与单据核对无误后交大副。

外轮理货人员因根据交接条款在承运人指定的场站和船边理箱，并在有关单证上加批注，提供理货报告和理箱单。如有变更应及时更正场站收据，并在船舶开航后 24 小时内通知船代。船舶开航后 24 小时内，外轮理货人员将装船集装箱理箱单交给船代。

在场站收据的流转过程中注意事项：

1）场站收据中出口重箱的箱号，允许装箱后由货代或装箱单位正确填写，海关验放时允许无箱号，但进场完毕时必须填写所有箱号、封志号和箱数。

2）托运人和货代对场站收据内容的变更，必须及时通知有关各方，并在 24 小时内出具书面通知，办理变更手续。

3）各承运人委托场站签发场站收据必须有书面协议。

4）场站业务员签发的场站收据必须验看是否有海关放行章。没有海关放行章不得安排所载明的集装箱装船。

5）采用 CY/CY 交接条款，货主对箱内货物的准确性负责；拼箱货物以箱为单位签发场站收据。

6）外轮理货人员应根据交接条款，在承运人指定的场站和船边理箱，并在有关单证上加批注，提供理货报告和理箱单。

7）货代、船代应正确完整地填写和核对场站收据的各个项目。

（二）设备交接单的流转程序

（1）设备交接单的流转过程如下：

1）用箱人向箱主或其代理人提出用（还）箱申请。

2）箱主填制签发设备交接单（三联，每箱一份），并交用箱人。

3）由用箱人或运箱人据此单证（三联）到码头或内陆堆场办理提（还）箱手续。

4）在堆场经办人（作为箱主的代理人）核单、双方查验箱体签字后，用箱人或运箱人提走（或还回）集装箱及设备，堆场经办人同时将第三联（用箱人联）退还运箱人。

5）堆场经办人自留第二联（码头堆场联），并将第一联（箱主联）退还箱主单位。

（2）交接双方一旦发现下述情况，则应在设备交接单 EIR 上加批注。

1）集装箱箱号、关封号与单证记载不符，或有关封异常、脱落、无法辨认等情况。

2）集装箱有漏水、漏光、擦伤、破洞。

3）集装箱箱门无法关闭。

4）集装箱四柱、六面、八角部位不完整。

5）凹损超内偏 3 厘米，凸损超角件外面。

6）集装箱箱内有污、有异味。

7）装载有毒物未经清洗、消毒。

8）装箱四周仍有前航次留存的启运品。

9）集装箱附属部件损坏或灭失或异常。

10）集装箱安全铭牌丢失等。

（三）集装箱装箱单的流转程序

（1）装箱人将货物装箱，缮制实际装箱单一式五联，并在装箱单上签字。

（2）五联装箱单随同货物一起交付给拖车司机，指示司机将集装箱送至集装箱堆场。

（3）集装箱送至堆场后，司机应要求堆扬收箱人员签字并写明收箱日期，以作为集装箱已进港的凭证。

（4）堆场收箱人在五联单上签章后，留下码头联、船代联和承运人联，并将发货人/装箱人联退还给发货人或货运站。发货人或货运站除留一份发货人/装箱人联备查外，将另一份送交发货人，以便发货人通知收货人或卸港的集装箱货运站，供拆箱时使用。

（四）交货记录联单的流转过程

（1）船舶代理人在收到进口货物单证资料后，通常会向提单上通知方（通常是收货人或其代理人）发出到货通知书。

（2）收货人或其代理人在收到到货通知后，凭正本提单（背书）向船舶代理人换取“交货记录”联单。

（3）收货人或其代理人持“交货记录”联单在海关规定的期限内备妥报关资料，向海关申报，海关在提货单规定栏目内盖放行章。收货人或其代理人还要办理其他有关手续的，也应办妥手续，取得有关单位盖章放行。

（4）收货人及其代理人凭已盖章放行的提货单及场站、港区的费用账单联和交货记录联向场站或港区的营业所办理申请提货作业计划；港区或场站营业所核对提货单是否有效及有关放行章后，将提货单、场站、港区的费用账单联留下，做放货、结算费用及收费收据。在第五联交货记录联上盖章，以示确认手续完备，受理作业申请，安排提货作业计划，并同意放货。

（5）收货人及其代理人凭港区或场站已盖章的交货记录联到港区仓库或场站仓库、堆场提取货物，提货完毕后，提货人应在规定的栏目内签名，以示确认提取货物无误。交货记录上所列货物数量全部提完后，场站或港区应收回交货记录联。

（6）场站或港区凭收回的交货记录联核算有关费用，填制场站、港区的费用账单一式两联，结算费用。将第三联（蓝色）费用账单联留存场站、港区制单部门，将第四联（红色）费用账单联作为向收货人收取费用的凭证。

（7）港区或场站将第二联提货单联及第四联费用账单联、第五联交货记录联留存归档备查。

三、集装箱订舱单——场站收据的填制

（一）场站收据的填制要求

集装箱场站收据样本如图 4-21 所示。

场站收据填制规范如下：

（1）发货人（Shipper）：托运人或货主或信用证上的卖方或无船承运人等。

（2）收货人（Consignee）：货主或信用证上的买方或无船承运人或某某指示人等。

（3）通知人（Notify Party）：详列通知方的名称、地址、电话、传真等；当没有通知人时，用“SAME AS CONSINGEE”显示。

（4）场站收据号（D/R No.）：或称为关单号，为船代接受订舱时提供的号码或作为提单号码。

（5）委托方（Forwarder）：货运代理人的业务编号、托运人的名称、托运人的编号等。

（6）前程运输（Pre-carriage by）：联程运输时相对收货地之前一段的货物运输承运方式或承运人填列在此栏中。一般海运托运单中此栏不填。

（7）收货地点（Place of Receipt）：货物实际收货地点，一般为港口所在城市。

（8）船名 / 航次（Ocean Vessel/Voy.No.）：船代在接受订舱时按照配船要求确定。订舱时可不填。

（9）装货港（Port of Loading）：货物实际装运海港名称。

（10）卸货港（Port of Discharge）：将货物卸下的港口，一般是船舶班轮航线上的

港口，但其未必是货物的交货地。

Shipper（发 货 人）	D/R No.（编号） （托运人章）
Consignee（收 货 人）	场站收据 DOCK RECEIPT 第七联
Notify Party（通 知 人）	SHIPPING ORDER Received by the Carrier the Total number of containers or other packages or units stated below to be transported subject to the terms and conditions of the Carrier's regular form of Bill of Loading (for combined Transport or Port to Port Shipment) Which shall be deemed to be incorporated herein. Date（日期）：

Pre-carriage by（前程运输）	Place of Receipt（收货地点）	
Ocean Vessel（船名）Voy. No.（航次）	Port of Loading（装货港）	场站章
Port of Discharge（卸货港）	Place of Delivery（交货地点）	Final Destination for the Merchant's Reference（目的地）

Container No.（集装箱号）	Seal No.（封志号）Marks & Nos.（标记与号码）	No. of containers or packages.（箱数或件数）	Kind of Package: Description of Goods（包装种类与货名）	Gross Weight 毛重（公斤）	Measurement 尺码（立方米）

TOTAL NUMBER OF CONTAINERS OR PACKAGES (IN WORDS)
集装箱数或件数合计（大写）

Container No.（箱号）	Seal No.（封志号）	packages.（件数）	Container No.（箱号）	Seal No.（封志号）	pgs.（件数）
	Received（实收）		By Terminal clerk（场站员签字）		

FREIGHT CHARGES	Prepaid at（预付地点）	Payable at（到付地点）	Place of Issue（签发地点）
	Total Prepaid（预付总额）	No. of Original B(s) /L（正本提单份数）	BOOKING（订舱确认） APPROVED BY

Service Type on Receiving □—CY □—CFS □—DOOR	Service Type on Delivery □—CY □—CFS □—DOOR	Reefer Temperature Required（冷藏温度） ℉ ℃

TYPE OF GOODS（种类）	□Ordinary.（普通） □Liquid.（液体）	□Reefer.（冷藏） □Live Animal.（活动物）	□Dangerous.（危险） □Bulk.（散货）	□Auto.（裸装车辆） □	危险品	Class: Property: IMDG Code Page: UN No.

图 4-21 集装箱场站收据样本

（11）交货地点（Place of Delivery）：承运人将货物实际交付的地点。可以是船舶班轮航线上的港口，也可以是通过其他船舶转运过去的交货港口或通过铁路、公路运输方式转运过去的内陆交货地点。

（12）目的地（Final Destination for the Merchant's Reference）：客户或应贸易文件要求需要在提单上显示的货物交付的最终目的地。因为承运人是以交货地作为联运的交货点，所以承运人一般在出具的提单上并不显示此项内容。

（13）集装箱号（Container No.）：此栏对应正本提单的相应栏提单上显示的集装箱号，显示在此栏的靠下空白部分。在场站收据联单中若有集装箱号的显示需要，则填制在下列第（21）栏中。订舱时不填。

（14）标记与号码（Marks & Nos.）：同贸易合同、发票、装箱单上标明的，信用证等文件规定的货物标记与号码。

（15）箱数或件数（No. of containers or packages）：贸易合同、发票、装箱单上标明的，信用证等文件规定的货物件数或集装箱的数量。

（16）包装种类与货名（Kind of Package:Description of Goods）：贸易合同、发票、装箱单上标明的，信用证等文件规定的货物的包装种类、商品名称、商品规格等。

（17）毛重（Gross Weight）：每一类货物的包装毛重单位是 KGS（千克）；两类以上要有合计数。

（18）尺码（Measurement）：每一类货物的包装尺码（体积）单位是 CBM（立方米）；两类以上要有合计数。

（19）交接方式、箱量、箱型、运费条款：

1）货物的交接方式：如整箱货 FCL 填 CY/CY。

2）箱量：填写需要的集装箱数量（如 1 个 20 普通箱 1*20′GP）。

3）箱型：需预订集装箱类型，如 GP、RF、HQ、TK 等。

4）运费条款：运费预付（“FREIGHT PREPAID”）或者运费到付（“FREIGHT COLLECT”），按照客户委托内容填写。

（20）集装箱数或件数大写：若是多票托单自拼整箱则相应托单上根据货物的件数、包装用英文大写字母予以表示托单上的件数，如 3 票托单拼 1×20′GP，其中货物包装是 10 CTNS，则大写为 SAY TEN CARTONS ONLY；若是 1 票托单中多个集装箱，则用英文大写字母予以表示集装箱数量或包装件数，如 100 CTNS 装 2×20′ FCL 普箱，CY/CY 交接，可以表示为“SAY TWO CONTAINERS ONLY”或“SAY ONE HUNDRED CARTONS ONLY”。

（21）集装箱号（Container No.）/ 运费与附加费（Freight Charges）：此位置在第七联中是“集装箱号”栏，由理货公司人员在此栏中填写集装箱号码和封志号等；此位置在第八联中是“运费与附加费”栏，一般在此栏填写与集装箱海运有关的海运运费和海运附加费的结算金额，或由货代填写，或由船代确认后填列货主与船公司约定。

货运代理人在填制场站收据时，对于集装箱整箱货海运出口订舱，在客户要求出具船公司提单的情况下，场站收据的内容是根据客户提交的海运委托来填写的。对于拼箱货和出具 NVOCC 提单的整箱货而言，场站收据前三项内容即发货人（Shipper）、收货人（Consignee）和通知人（Notify Party）栏目的填写与客户的海运委托书不同，发货人（Shipper）填写货代公司的名称地址，收货人（Consignee）和通知人（Notify Party）栏目填写货代公司在目的港代理人的名称和地址。

（二）填制场站收据注意事项

（1）“场站收据”各栏目应正确完整地填写，尤其是下列栏目的内容：

1）货物装卸港、交接地。

2）运输条款、运输方式、运输要求。

3）货物详细情况，如种类、唛头、性质、包装、标志等。

4）装船期，能否分批出运。

5）所需箱子、规格、种类、数量等。

（2）场站收据的收货方式和交货方式应根据运输条款如实填写，同一单内不得出现两种收货方式或交货方式。

（3）冷藏货出运需正确填写冷藏温度。

（4）危险品出运需正确填报类别、性能、《国际海运危险货物》页数和联合国编号。如《国际海运危险货物》规定主标以外还有副标，在性能项目栏用“主标 / 副标”方式填报。

（5）第二至第四联和第八至第十联右下角空白栏供托运人备注用。

（6）托运人对场站收据内容变更必须及时通知变更时已办好手续的有关各方，并在 24 小时内出具书面通知，办理变更手续。

任务实施（工作页）

一、完成下列单项选择题。

1. 在国际海上集装箱货物运输中，当货运代理人取得集装箱设备交接单，在提取空箱前，设备交接单中通常不会记载（　　）。

A．用箱人的名称　　B．提取空箱的地点

C．集装箱箱号　　D．集装箱尺寸、类型

2. 表明承运人已将集装箱货物交给收货人的单据是（　　）。

A．正本提单　　B．场站收据

C．交货记录　　D．大副收据

3. 集装箱进入堆场时，如发现箱子外表有些破损，码头堆场应在单据（　　）上作批注。

A．D/R　　B．MB/L　　C．EIR　　D．S/O

4. 集装箱码头堆场在验收货箱后，即在单证（　　）上签字，并将签署的该单证交还给货运代理人或发货人。

A．提单　　B．场站收据　　C．提货单　　D．装货单

5. 在集装箱海运进口业务中，收货人或其代理人在收到到货通知后，凭正本提单（背书）向船舶代理人换取的单据是（　　）。

A．海运提单　　　　B．场站收据
C．“交货记录”联单　　　　D．装货单

6．证明海上货物运输合同和货物已经由承运人接收或装船，承运人保证据以交付货物的单证是（　　）。

A．海运提单　　　　B．大副收据
C．场站收据　　　　D．海运单

二、请说明集装箱场站收据的作用。

三、请说明集装箱设备交接单的流转过程。

四、技能训练。

1．以货代公司业务员的身份，根据客户提交的海运出口货物委托书（图 4-22），制作场站收据，将图 4-23 所示的场站收据填写完整，办理向船公司订舱业务。货代公司：华宇国际货运代理有限公司。

海运出口货物委托书（BOOKING NOTE）

Shipper (发货人) TIANLILAI MACHINERY IMPORT & EXPORT CORP. (GROUP), NO.785 JINGLE ROAD ,QINGDAO, CHINA	NO. 2022325118
Consignee (收货人) TO ORDER OF SHIPPER	
Notify (通知人) PETERBIEGI INTERNATIONAL TRADE COMPANY, LEIGONROAD 29 , FRANKFURT GERMANY	

Place of Receipt（收货地点）	Port of Loading（装货港） QINGDAO CHINA
Vessel Name（船名）	Voyage No.（航次号）
Port of Discharge（卸货港） HAMBURG GERMANY	Place of Delivery（交货地点） HAMBURG GERMANY

Marks & No.s (标记与号码)	No. of P'kgs (箱数或件数)	Kind of packages; Description of Goods (包装种类与货名)	Gross Weight 毛重（公斤）	Measurement 尺码（立方米）
HAMBURG PB3502	450CARTONS	OFFICE FURNITURE WHEEL STORAGE CABINET FREIGHT PREPAID DOC. CREDIT NUMBER: DC-11-1520	36650 KGS	28.35CBM

TOTAL NUMBER OF CONTAINERS OR PACKAGES (IN WORDS) 集装箱数或件数合计（大写）	PACKED IN FOUR HUNDRED AND FIFTY CARTONS ONLY.

FREIGHTS & CHARGES (运费与附加费)	Revenue Tons (运费吨)	Rate(运费率)	Prepaid(运费预付)	Collect(到付)

Ex Rate:（兑换率）	Prepaid at（预付地点） QINGDAO CHINA	Payable at（到付地点）	Place of Issue QINGDAO CHINA
	Total Prepaid（预付总额）	No. of Original B(s)/L（正本提单份数） THREE (3)	

Service Type on Receiving CY CFS DOOR	Service Type on Delivery CY -CFS -DOOR	Reefer Temperature Required (冷藏温度) F C

TYPE OF GOODS (种类)	Ordinary (普通)	Reefer (冷藏)	Dangerous (危险品)	Auto. (裸装车辆)	危险品	Class: Property: IMDG Code Page: UN No.:
	Liquid (液体)	Live Animal (活动物)	Bulk (散货)			

可否转运：不允许	可否分批：允许	天利来机械进出口有限公司 订舱章
装期：2022/05/25	效期：2022/06/10	
金额：EUR15750.00		
制单日期：2022/5/18		制单人 王路

图 4-22 海运出口货物委托书

Shipper（发 货 人）	D/R No.（编号）	（托运人章）
Consignee（收 货 人）	**场站收据** DOCK RECEIPT	第七联
Notify Party（通 知 人）	SHIPPING ORDER Received by the Carrier the Total number of containers or other packages or units stated below to be transported subject to the terms and conditions of the Carrier's regular form of Bill of Loading (for combined Transport or Port to Port Shipment) Which shall be deemed to be incorporated herein. Date（日期）:	
Pre-carriage by（前程运输）	Place of Receipt（收货地点）	
Ocean Vessel（船名）coy. No.（航次）	Port of Loading（装货港）	场站章
Port of Discharge（卸货港）	Place of Delivery（交货地点）	Final Destination for the Merchant's Reference（目的地）

Container No.（集装箱号）	Seal No.（封志号）Marks & Nos.（标记与号码）	No of containers or packages.（箱数或件数）	King of Package: Description of Goods（包装种类与货名）	Gross Weight 毛重（公斤）	Measurement 尺码（立方米）

TOTAL NUMBER OF CONTAINERS OR PACKAGES (IN WORDS) 集装箱数或件数合计（大写）

Container No.（箱号）	Seal No.（封志号）	packages.（件数）	Container No.（编号）	Seal No.（封志号）	pgs.（件数）

Received（实收） By Terminal clerk（场站员签字）

FREIGHT CHARGES	Prepaid at（预付地点）	Payable at（到付地点）	Place of Issue（签发地点）
	Total Prepaid（预付总额）	No. of Original B(s)/L（正本提单份数）	BOOKING（订舱确认） APPROVED BY

Service Type on Receiving □—CY □—CFS □—DOOR	Service Type on Delivery □—CY □—CFS □—DOOR	Reefer Temperature Required（冷藏温度） ℉ ℃
TYPE OF GOODS（种类）	□Ordinary.（普通） □Reefer.（冷藏） □Dangerous.（危险） □Auto.（裸装车辆） □Liquid.（液体） □Live Animal.（活动物） □Bulk.（散货） □______	危险品 Class: Property: IMDG Code Page: UN No.

图 4-23 场站收据

2．绘制本次海运集装箱出口货运代理业务流程图，并标注各环节对应的集装箱货运单证的名称。

任务评价

学完本任务后，结合自己学习情况，依指标进行评价。

考核项目	评分内容	总分值	得分值
知识掌握	1．掌握集装箱单证种类（10 分） 2．掌握集装箱场站收据的流转程序（10 分） 3．掌握集装箱交货记录联单的流转程序（10 分）	30	
能力提升	1．能够明确海运集装箱货物进出口货运代理业务流程各环节所需要的单证（20 分） 2．能够完成海运货物场站收据的填制（20 分）	40	
课堂表现	1．学习态度（10 分） 2．沟通合作（10 分） 3．回答问题（10 分）	30	
签字		总分	

任务五　船期表和海运运价的应用

任务描述

通过本任务的学习，学生要熟悉船期表的内容，能够根据客户的海运委托要求和船期表信息，为客户选择合适的船期；掌握班轮运输海运费计算方法、集装箱运输海运费的构成，能够完成集装箱海运费报价。

知识链接

一、船期表和运价本

（一）船期表

班轮船期表（Liner Schedule）的主要内容有航线、船名、航次编号、始发港、中途港、目的港的港名，到港时间、离港时间，及其他有关注意事项。船期表如图 4-24 所示。

OCEAN ALLIANCE

WEEKLY SAILING SCHEDULE

* 普柜请于Cargo Receiving Date（开舱期） 当日或之后提取空箱，以避免产生逾期柜租. 冻柜及特种柜咨询客户服务代表.

TO MEDITERRANEAN

MEX1:

VESSEL (OCEAN ALLIANCE)	VOYAGE	NANSHA					YANTIAN(YICT)					ETA						
		OPENING DATE	SI CUT 12:00	CY CLOSING 17:00	ETA	ETD	OPENING DATE	SI CUT 12:00	CY CLOSING 17:00	ETA	ETD	Singapore	BEIRUT	MALTA	VALENCIA	BARCELONA	FOS	GENOA
CMA CGM CENTAURUS	0ME7FW1MA	19-Sep	SI CUT 12:01	25-Sep	27-Sep	27-Sep	20-Sep	25-Sep	26-Sep	28-Sep	28-Sep	1-Oct	-	17-Oct	20-Oct	21-Oct	23-Oct	26-Oct
CMA CGM GEMINI	0ME7HW1MA	26-Sep	SI CUT 12:02	2-Oct	4-Oct	4-Oct	27-Sep	2-Oct	3-Oct	5-Oct	5-Oct	8-Oct	21-Oct	24-Oct	27-Oct	28-Oct	30-Oct	2-Nov
CMA CGM TITAN	0ME7JW1MA	3-Oct	SI CUT 12:03	9-Oct	11-Oct	11-Oct	4-Oct	9-Oct	10-Oct	12-Oct	12-Oct	15-Oct	28-Oct	31-Oct	3-Nov	4-Nov	6-Nov	9-Nov
CMA CGM ARKANSAS	0ME7LW1MA	10-Oct	SI CUT 12:04	16-Oct	18-Oct	18-Oct	11-Oct	16-Oct	17-Oct	19-Oct	19-Oct	22-Oct	-	7-Nov	10-Nov	11-Nov	13-Nov	16-Nov

MEX2:

VESSEL (OCEAN ALLIANCE)	VOYAGE	NANSHA					ETA					
		OPENING DATE	SI CUT 12:00	CY CLOSING 9:00	ETA	ETD	Singapore	PIRAEUS	LA SPEZIA	GENOA	FOS	VALENCIA
CMA CGM COLUMBIA	02M7DW1MA	17-Sep	22-Sep	23-Sep	24-Sep	24-Sep	28-Sep	13-Oct	16-Oct	18-Oct	21-Oct	23-Oct
THALASSA PISTIS	02M7FW1MA	24-Sep	29-Sep	30-Sep	1-Oct	1-Oct	5-Oct	20-Oct	23-Oct	25-Oct	28-Oct	30-Oct
CMA CGM PRIDE	02M7HW1MA	1-Oct	6-Oct	7-Oct	8-Oct	8-Oct	12-Oct	27-Oct	30-Oct	1-Nov	4-Nov	6-Nov
CMA CGM GLORY	02M7JW1MA	8-Oct	13-Oct	14-Oct	15-Oct	15-Oct	19-Oct	3-Nov	6-Nov	8-Nov	11-Nov	13-Nov
RIO BARROW	02M7LW1MA	15-Oct	20-Oct	21-Oct	22-Oct	22-Oct	26-Oct	10-Nov	13-Nov	15-Nov	18-Nov	20-Nov

PHOEX:

VESSEL (OCEAN ALLIANCE)	VOYAGE	SHEKOU					ETA				
		OPENING DATE	SI CUT 10:00	CY CLOSING 12:00	ETA	ETD	SINGAPORE	MALTA	KOPER	TRIESTE	RIJEKA
OOCL AUSTRIA	0BE7HW1MA	16-Sep	22-Sep	22-Sep	23-Sep	24-Sep	27-Sep	13-Oct	16-Oct	19-Oct	21-Oct
OOCL CONNECTICUT	0BE7JW1MA	23-Sep	29-Sep	29-Sep	30-Sep	1-Oct	4-Oct	20-Oct	23-Oct	26-Oct	28-Oct
OOCL CALIFORNIA	0BE7LW1MA	30-Sep	6-Oct	6-Oct	7-Oct	8-Oct	11-Oct	27-Oct	30-Oct	2-Nov	4-Nov
OOCL NEW HAMPSHIRE	0BE7NW1MA	7-Oct	13-Oct	13-Oct	14-Oct	15-Oct	18-Oct	3-Nov	6-Nov	9-Nov	11-Nov

REX 1

VESSEL	VOYAGE	NANSHA						SHEKOU						ETA				
		CY OPEN DATE	SI CUT OFF 17:00	CY CUT OFF 12:00	CV CUT OFF 17:00	ETA	ETD	CY OPEN DATE	SI CUT OFF 17:00	CY CUT OFF 12:00	CV CUT OFF 17:00	ETA	ETD	Tanjung Pelepas	SINGAPORE	JEDDAH	SOKHNA (AIN SUKHNA)	GENOA
COSCO FAITH	0RE75W1MA	18-Sep	24-Sep	24-Sep	24-Sep	25-Sep	26-Sep	20-Sep	26-Sep	26-Sep	26-Sep	27-Sep	28-Sep	1-Oct	2-Oct	13-Oct	17-Oct	26-Oct
COSCO KILIMANJARO	0RE77W1MA	25-Sep	1-Oct	1-Oct	1-Oct	2-Oct	3-Oct	27-Sep	3-Oct	3-Oct	3-Oct	4-Oct	5-Oct	8-Oct	9-Oct	20-Oct	24-Oct	2-Nov
COSCO GUANGZHOU	0RE79W1MA	2-Oct	8-Oct	8-Oct	8-Oct	9-Oct	10-Oct	4-Oct	10-Oct	10-Oct	10-Oct	11-Oct	12-Oct	15-Oct	16-Oct	27-Oct	31-Oct	9-Nov
CSCL ZEEBRUGGE	0RE7BW1MA	9-Oct	15-Oct	15-Oct	15-Oct	16-Oct	17-Oct	11-Oct	17-Oct	17-Oct	17-Oct	18-Oct	19-Oct	22-Oct	23-Oct	3-Nov	7-Nov	16-Nov

图 4-24　船期表

船期表中常见的英文及缩写的含义如下：

（1）ETA（Estimated Time of Arrival）：预计到达时间，到港日。

（2）ETD（Estimated Time of Delivery）：开船日。

（3）ETC（Estimated Time of Closing）：截关日。

（4）CY CLOSING DATE：截柜日期，截关日。

（5）SI CUT OFF date/time：截提单补料日期 / 时间。

（6）VESSEL：船名。

（7）VOYAGE：航次。

（8）Closing Date/Time：截柜日期。

（9）Expiry date：有效期限，到期日期。

（10）Sailing date：航行日期 / 船离开港口的日期。

（11）Port of loading（POL）：装货港。

（12）Loading port：装货港。

（13）Port of discharge：卸货港。

（14）Discharge port：卸货港。

（二）运价本

运价本也称费率本或运价表，是船公司承运货物向托运人收取运费的费率表汇总。运价本主要由条款规定、商品分类和费率三部分组成。运价可上网查询，很多网站均有信息提供，如锦程网。

1. 运价本的内容

（1）说明及有关规定。这部分内容主要是该运价表的适用范围、计价货币、计价单位及其他的有关规定。

（2）港口规定及条款。主要是将一些国家或地区的港口的规定列入运价表内。

（3）货物分级表。列明各种货物所属的运价等级和计费标准。

（4）航线费率表。列明不同的航线及不同等级货物的基本运费率。

（5）附加费率表。列明各种附加费及其计收的标准。

（6）冷藏货费率表及活牲畜费率表。列明各种冷藏货物和活牲畜的计费标准及费率。

2. 运价本的种类

从运价表的制订方来划分，运价表有班轮公会运价表、班轮公司运价表、货方运价表 3 种。

（1）班轮公会运价表是指参加班轮公会的班轮公司所使用的运价表，这类运价表中规定的运价一般较高。

（2）班轮公司运价表是指由班轮公司自己制订的运价表。

（3）货方运价表是指由贷方制订、船方接受使用的运价表。制订这种运价的货主一般都是常年有稳定货源的较大的货主。

从运价表的费率结构来划分，运价表可分为等级费率运价表和单项费率运价表。

（1）等级费率运价表由“货物等级表”和“航线费率表”两部分组成，先按航线将货物分为若干等级，每一个等级代表一个费率并有相应的计算标准，然后再参照航线等级表，查出基本费率。大多数运价表将货物划分为20级，同样航程下，1级商品的运价最低；商品级数越高，运价越高。

（2）单项费率运价表是指将每项商品及其基本费率逐个列出，每个商品都有各自的费率。这种运价表计费较合理，也便于查找。

二、班轮运费核算

（一）海运运费结构与计费标准

1. 班轮运费结构

班轮运费是班轮公司运输货物而向货主收取的费用，它包括货物的装卸费和货物从装运港至目的港的运输费用及附加费用，即由基本运费和附加费两部分组成。

（1）基本运费。基本运费（Basic Freight）指对运输每批货物所应收取的最基本运费，是整个运费的主要构成部分，它是根据基本运价（Basic Freight Rate）和计费吨计算得出的。

基本运价有多种形式，如普通货物运价、个别商品运价、等级运价、协议运价、集装箱运价等。而根据货物特性等所确定的特别运价有军工物资运价、高级货运价、冷藏运价、危险品运价、夹板货运价、小包裹运价。

（2）附加费。附加费是根据货物种类或不同的服务内容，视不同情况而加收的费用，可以说是在特殊情况下或者临时发生某些事情的情况下而加收的费用。附加费可以按每一计费吨（或计费单位）加收，也可按照基本运费（或其他规定）的一定比例计收。常见的附加费有燃油附加费、货币贬值附加费、港口附加费、港口拥挤附加费、轮船附加费、超长附加费、超重附加费与直航附加费。其中，对于超长附加费，一般长度超过9米的件杂货可能有这项费用。至于超重附加费，承运人则通常规定货物重量超过5吨时要增收这项费用。如果单件货物既超重又超长，则两者应分别计算附加费，然后按其中较高者收取附加费。

在班轮运费的计收中，还涉及了运费吨和最低运费。

运费吨是计算运费的一种计费单位。通常取重量和体积相对值较大的为计费标准，以便对船舶载重量和舱容的利用给予合理的费用支付。其中，重量为货物的毛重，体积为该货物外形最大处长、宽、高的乘积，而不是理论实际计算出来的体积（如圆柱体不能以圆柱体的公式来计算，而是根据该圆柱体对应的长方体计算体积）。一般来说，重货以重量为计费标准，轻泡货以体积为计费标准，运费吨一般表示为FT（Freight Ton）或W/M（Weight/Measurement）。

最低运费（Minimum Rate/Minimum Freight）也称起码运费，指以一份提单为单位最少收取的运费。起码运费是承运人在承运小批量货物时，为了维护自身利益而用以补偿最基本的装卸、整理、运输等操作过程的成本支出。不同承运人使用不同的起码运费标准，件杂货和拼箱货一般以1运费吨为起码运费标准，最高不超过5运费吨；有的以提单为单位收取起码运费，此后不再加收其他附加费。

2. 班轮运费计费标准

承运人制定的运价表中都具体规定了各种不同商品的计算运费标准，航运界通用的运费标准有：

（1）“W（Weight）”表示该种货物应按其毛重计算运费。

（2）“M（Measurement）”表示该种货物应按其尺码或体积计算运费。

（3）“W/M”表示该货物应分别按其毛重和体积计算运费，并选择其中运费较高者。

（4）“Ad.Val.”表示该种货物应按其 FOB 价格的某一百分比计算运费。由于运价是根据货物的价格确定的，所以又称从价运费。

（5）“Ad.Val.Or W/M”表示该种货物应分别按其 FOB 价格的某一百分比和毛重、体积计算运费，并选择其中费用较高者。

（6）“W/M plus Ad.Val.”表示该种货物应分别按其毛重和体积计算运费，并选其中运费较高者外，还要加收按货物 FOB 价格的某一百分比计算的运费。

此外，某些特定的商品按实体个数或件数计算运费，如活牲畜按“每头（Per Head）”、车辆按“每辆（Per Unit）”计收；低价商品的运输有时也按承运人与托运人双方临时议定的费率（Operate）计收运费；集装箱运输中整箱货一般按每一个集装箱计算运费，即包箱费率。

（二）杂货班轮运费计算

计算班轮运费通常应先根据货物的英文名称，按英文字母顺序在货物分级表中查出该货物应属的等级和计费标准。据此，在航线费率表中查出基本费率以及所经航线和港口的有关附加费费率。某一货物的基本费率和附加费费率之和即为该货物每一运费吨的单位运价，再乘以该批货物的计费重量或体积尺码即为运费总额。

1. 杂货班轮运费的计算公式

杂货班轮运费由基本运费和各项附加费组成，公式为

$$F = F_b + \sum S$$

式中：F 表示运费总额；F_b 表示基本运费；S 表示某一项附加费。

基本运费是货运量（重量或体积）与基本费率的乘积，即

$$F_b = f \times Q$$

式中：f 表示基本费率；Q 表示货运量（运费吨）。

2. 杂货班轮运费计算步骤

杂货班轮运费计算步骤为：

（1）选择相关运价本。

（2）在货物分级表中查到相应货物名称，确定其运费计算标准和等级。

（3）在费率表中找到相应航线、起运港、目的港，按等级查到基本运价。

（4）从表中附加费部分查出所有应收（付）的附加费项目和数额（或百分比）及货币种类。

（5）根据基本运价和附加费算出实际运价。

（6）计算运费，其计算公式为：运费 = 运价 × 运费吨。

例如，上海某公司向日本出口冷冻食品，共需装 1500 箱，每箱毛重 20kg，每箱体积为 20cm×20cm×25cm。该货物对应的上海到东京航线的运价为 100 美元 / 运费吨，

计费标准为 W/M，另加收燃油附加费 10 美元 / 运费吨、港口附加费 12 美元 / 运费吨，问应如何计算该批货物的运费？

解析：从该题中可知该货物从上海到东京的运价、计费标准，且有燃油附加费与港口附加费，而附加费均按绝对数收取。W/M 为取重量与体积较大者。因此我们需要对两者进行比较。

该批货物的毛重为 $20\times1500\times10^{-3}=30$（t）

该批货物的体积为 $20\times20\times25\times10^{-6}\times1500=15$（$m^3$）

货物的毛重大于体积，因此运费吨为 30t。

该批货物的运费为 $[(100+10+12)\times30]=3660$（美元）

三、集装箱海运运费

（一）海运集装箱运费构成

（1）海运运费。包括基本运费和各种附加费，是集装箱运费的主要部分。

（2）内陆集疏运费。集疏运费也称转运费，指由发货地运往集装箱码头堆场或由集装箱码头堆场运往交货地的费用。经由水路和陆路的转运运费分为：

1）集散运输费：指将集装箱货物由收货地经水路（内河、沿海）运往集装箱码头堆场间的运费。

2）内陆运输费：指经陆路（公路或铁路）将集装箱物资在港口与交货地之间的运费。

采用陆路运输时，通常可由承运人或货主自行负责运输。如果由承运人运输，费用包括区域运费（空、重箱运费）、无效拖运费、变更装箱地点费、装箱时刻延迟费及清扫费；由货主自行运输时，承运人通常按照协议将空箱出借给货主或将重箱交由货方自行负责拖运，费用仅包括集装箱装卸车费、超期使用费等。

（3）港区服务费。

1）堆场服务费，或称码头服务费（THC），即装船港堆场接收出口的整箱货以及堆存和搬运至装卸桥下的费用，卸货港包括装卸桥下接收进口箱及搬运至堆场和堆存的费用，还包括装卸港单证等费用。

堆场服务费可以在装卸港分别向收货人和发货人收取，也可在 CY/CY 条款下并入海运费，在某些国家以附加费形式计收。

2）货运站服务费，指拼箱货（LCL）经由货运站作业时的各种操作费用，包括提还空箱、装箱、拆箱、封箱、做标记，在货运站内货物的正常搬运与堆存，签发集装箱装箱单，必要的分票、理货与积载等费用。拼箱货的总费用，船公司可分海运费及拼箱服务费两部分分别收取，也可合并计收。

（4）集装箱及设备使用费。

（5）港口中转费。

（二）集装箱海运运费计算

目前集装箱货物运价基本上分两大类：一类以运费吨（W/M）为计算单位，加上相应的附加费，适用于拼箱货运费计算；另一类以箱为计算单位，按航线包箱费率计算，适用于整箱货的运费。

（1）拼箱货运费的计算。

依据件杂货运费的计算标准，按 W/M 计费，即尺码大的按尺码吨计费，重量大的按重量吨计费。

在拼箱货海运运费中还要加收与集装箱货运站作业有关的费用，如拼箱服务费、作业费、超重或超大件作业费等。

由于拼箱货涉及不同的收货人，因而拼箱货不能接受货主提出的有关选港或变更目的港的要求，所以，在拼箱货海运运费中没有选港附加费和变更目的港附加费。

例如，某公司出口中药材，共 250 箱，每箱毛重 15kg，体积为 20cm×30cm×30cm。货物的等级为 10 级，计费标准为 W/M，到目的港运费每公吨为 210 美元，拼箱服务费 100 美元 / 公吨，燃油附加费 10%，请计算该批货物的运费。

该批货物的毛重为 250×15/1000=3.75（t）

该批货物的体积为 0.2×0.3×0.3×250=4.5（m^3）

货物的体积大于毛重，因此运费吨为 4.5t。

该批货物的运费为 (210+210×10%+100)×4.5=1489.5（美元）

拼箱货运费计收要点：

1）承运人在运费中加收拼箱服务费等常规附加费后，不再加收件杂货码头收货费用。承运人运价本中规定 W/M 费率后，基本运费与拼箱服务费均按物资的重量和尺码运算，并按其中高者收费。

2）拼箱货运费计算与船公司或其他类型的承运人承担的责任和成本费用是一致的。由于拼箱货是由货运站负责装、拆箱，承运人的责任从装箱的货运站开始到拆箱的货运站为止，接收货物前和交付货物后的责任不应包括在运费之内。装拆箱的货运站应为承运人所拥有或同意承运人托付来办理有关业务。

3）由于拼箱货涉及不同的收货人，因而拼箱货不能同意货主提出的有关选港或变更目的港的要求，因此，在拼箱货海运运费中没有选港附加费和变更目的港附加费。

（2）整箱货运费计算。

1）采用与计算普通杂货班轮运输基本运费相同的方法，对具体的航线按货物的等级和不同的计费标准来计算基本运费。

2）对具体航线按货物等级及箱型、尺寸的包箱费率（Box Rate）来计算基本运费。包箱费率指对单位集装箱计收的运费率。采用包箱费率计算集装箱基本运费时，只需用包箱费率乘以箱数即可。常见的包箱费率有以下三种表现形式：

a．FAK 包箱费率（Freight for All Kinds）。FAK 包箱费率，即对每一集装箱不细分箱内货类，不计货量（在重要限额之内）统一收取的运价。

基本原则：集装箱内装运货物与应收的运费无关。所有相同航程的货物征收相同的费率，而不管其价值如何。

FAK 包箱费率是承运人将预计的总成本分摊到每个所要运送的集装箱上所得出的基本的平均费率。这种包箱费率是对每一集装箱不细分箱内货物的货类级别，不计货量（当然是在重量限额以内），只按箱型统一规定的费率计费，也称为均一包箱费率。

采用这种费率时货物仅分普通货物、半危险货物、危险货物和冷藏货物4类。不同类型的货物，不同尺度（20ft/40ft）的集装箱费率不同。

这种费率在激烈竞争形势下，受运输市场供求关系变化影响较大，变动也较为频繁。

b．FCS包箱费率（Freight for Class）。FCS包箱费率，即按不同货物等级制定的包箱费率，集装箱普通货物的等级划分与杂货运输分法一样，仍是1～20级，但是集装箱货物的费率级差大大小于杂货费率级差，一般低级的集装箱收费高于传统运输，高价货集装箱低于传统运输，同一等级的货物，重货集装箱运价高于体积货运价。可见，船公司鼓励人们把高价货和体积货装箱运输。在这种费率下，拼箱货运费计算与传统运输一样，根据货物名称查得等级，计算标准，然后去套相应的费率，乘以运费吨，即得运费。

c．FCB包箱费率（Freight for Class 或 Basis）。FCB包箱费率是按不同货物等级或货类以及计算标准制定的费率。在这种费率下，即使是装有同种货物的整箱货，当用重量吨或体积吨为计算单位（或标准）时，其包箱费率也是不同的。

例如，某轮从上海港起运一批货物，体积为19.5m^3、毛重17公吨，运往美国某港口。如用集装箱运输，海运费的基本费率为USD 1100.0/TEU，货币附加费10%，燃油附加费10%。改用集装箱运输时，该托运人应支付多少运费？（根据远东水脚公会规定：20英尺干货集装箱的最低运费吨为17.5重量吨/21.5体积吨。）

解析：根据货物重量和体积，可选用1个20英尺集装箱，所以运费F=(1+10%+10%)×1100=1320（美元）。

集装箱班轮运费为1320美元。

又如，某托运人通过中远集装箱公司承运一票货物（2×20ft FCL），采用包箱费率，从黄埔港出口到法国勒哈佛（Le Havre）港。另有货币贬值附加费10%，燃油附加费5%。另，查中国一集装箱费率表知，从黄埔港到勒哈佛港，须经香港转船，运费为直达基础上加USD 150/20ft。从黄埔港出口直达费率为1550 USD/20ft，请计算这票货物的海运费。

解析：

海运运费计算公式为$F=F_b+\sum S$，即海运运费＝基本运费＋货币贬值附加费＋燃油附加费。

基本运费=(1550+150)×2=3400（美元）

货币贬值附加费CAF=3400×10%=340（美元）

燃油附加费BAF=3400×5%=170（美元）

所以，海运运费为3400+340+170=3910（美元）

（三）集装箱海运附加费的种类

海运中的航运附加费五花八门、种类繁多。目前较常用的海运附加费如下：

（1）码头操作费（Terminal Handling Charge，THC）。可进一步分为起运港码头操作费（Origin Terminal Handling Charge，OTHC）和目的港码头操作费（Destination Terminal Handling Charge，DTHC）。

（2）原产地收货费（Original Receiving Charge，ORC）。这个费用比较复杂，和码头操作费既有区别又有联系。

ORC 只在华南地区（主要是广东）的港口有，THC 则在所有港口都有，ORC 和 THC 只收取其中一个。ORC 专门针对从华南地区各港口起运，目的港为北美、中南美、欧洲和北非等远洋航线。华南地区各港口到其他目的港的比如东南亚则跟其他地区的港口一样，只征收 THC。

（3）综合费率上涨附加费（General Rate Increase，GRI）。一般是南美航线、美国航线使用。由于港口、船舶、燃油、货物或者其他方面的种种原因，船公司的运输成本明显增加，船东为补偿这些增加的开支，于是加收综合费率上涨附加费。

（4）集装箱不平衡附加费（Container Imbalance Charge，CIC），有时也称为 Container Imbalance Surcharge。这个费用是由于贸易量的不平衡或季节性变化导致货流量和集装箱的不平衡，船公司为了弥补调运空集装箱的成本而加收的一种附加费。

（5）紧急燃油附加费（Emergency Bunker Surcharge，EBS）。EBS 属于海运费的一个附加费，和海运费一样一般用美金结算。如果是 FOB 条款，这个费用应该由收货方承担，而不是发货方承担，因为 EBS 不属于 FOB 当地费用。这个费用可以到付，也可以预付。

EBS 一般是在国际原油价格快速攀升，船公司觉得超过了自己的承受能力，由于行情不旺又不方便及时上涨海运费的情况下，为了弥补快速上涨的成本，而临时加收的一种附加费。

（6）燃油附加费（Fuel Adjustment Factor，FAF）。一般用于日本航线。这个附加费与上面的紧急燃油附加费有点类似，本质上一样，不同的叫法而已。

（7）货币贬值附加费（Currency Adjustment Factor，CAF；也叫作 CAS，Currency Adjustment Surcharge）。当运费的计收货币发生明显贬值时，船公司就会因为货币贬值而受到较大损失，船东为了弥补损失，就会通过加收货币贬值附加费的方式把损失转嫁给托运人 / 货主。

（8）文件费（DOC）。DOC= Document，在货代行业中，DOC 有两个费用，一个是船公司收取的 DOC，固定收费，按人民币收取；另一个是目的港收取的 DOC，也算是目的港的基本费用之一，目的港代理按美金收取，每个代理收费不一样。

（9）目的地交货费（Destination Delivery Charge，DDC）。在 DDU、DDP 等条款中，这个费用才由卖方 / 发货方（Shipper）负担，否则都是由买方 / 收货方（Consignee）支付。比如 CIF 条款，买方 / 收货方负担货物在装运港越过船舷后的一切费用和风险，所以目的港一切费用包括 DDC 均由买方 / 收货方承担。

（10）旺季附加费（Peak Season Surcharge，PSS）。一般在旺季货运比较繁忙的时候，很多船公司会借故收取这个费用。每年的 4—11 月一般为世界货运的旺季。

（11）苏伊士运河附加费（Suez Canal Surcharge，SCS）。亚洲、大洋洲、东非等地区到欧洲的航线基本都要经过苏伊士运河，船舶通过苏伊士运河时船公司需要向运河当局支付一定的通航费用，这个成本船东通过苏伊士运河附加费的形式向客户收取。

（12）巴拿马运河附加费（Panama Canal Transit Fee，PTF）。和苏伊士运河附加费

同理，远东地区和美国西边（简称美西）到美国东边（简称美东）的航线一般都要经过巴拿马运河，船舶通过巴拿马运河时船公司需要向运河当局支付一定的通航费用，这个成本船东通过巴拿马运河附加费的形式向客户收取。

（13）临时风险附加费（Temporary Additional Risks，TAR）。这个费用可以简单理解为战争附加费，或者认为是战争附加费的另一种说法。

（14）超重附加费（Heavy-Lift Additional/Surcharge For Over Weight，HLA）。超重附加费是单件货物的重量超过了一定的标准（不同货代或船东所规定的标准可能不一样），需要特殊设备（如重型吊机）或者特殊操作（如需要垫料、加固材料和人工进行捆绑或加固），装卸作业比较困难，或在船舶积载上需要特殊处理，为了弥补增加的操作成本而收取的一种附加费。一般超过 2 吨或 3 吨或 5 吨就算超重。超重附加费按照重量计收，重量越大，附加费越高，如果要转船，则每转船一次，加收一次。

（15）超长附加费（Long Length Additional，LLA/Over Length Additional/Surcharge For Over Length）。指单件货物的长度超过了一定的标准（不同货代或船东所规定的标准可能不一样），需要特殊设备或者特殊操作，装卸作业比较困难，或在船舶积载上需要特殊处理，为了弥补增加的操作成本而收取的一种附加费。一般超过 9 米就算超长；如果是集装箱货物，一般规定大于 6 米就算超长。费率根据长度分级递增。

（16）紧急成本附加费（Emergency Cost Recovery Surcharge，ECRS），也可以叫作“恶劣天气操作附加费”，比如不好的天气状况造成船舶运输和操作成本的显著增加等情况，就要加收这个费用。

（17）集装箱服务费（Container Service Charge，CSC），指集装箱或货柜服务费。

（18）自动舱单系统录入费（Automatic Manifest System，AMS），用于美加航线，美国特有。所有到美国的货物或经美国中转至其他国家或地区的货物都要进行 AMS 申报（装船前 24 小时）。AMS 也叫 24 小时舱单系统 / 美国反恐舱单系统。

（19）自动舱单系统录入费（Advance Commercial Information，ACI）。加拿大海关规定，所有到加拿大的货物或经加拿大中转到其他国家的货物都必须在装船前 24 小时向加拿大海关申报，跟美国的 AMS 十分相似。

（20）入境摘要报关单（Entry Summary Declaration，ENS）。这是欧盟各国海关的提前舱单规则。自 2011 年 1 月 1 日起，欧盟对前往（所有进口到欧盟的货物）或途经（所有中转的货物、所有过境的货物、所有船上未卸货物等）欧盟港口的所有货物强制执行“舱单提前申报”的规则，该规则适用于全部欧盟成员国，以及挪威、瑞士、土耳其等。

（21）港口拥挤附加费（Port Congestion Surcharge，PCS）。港口拥挤或特别繁忙时，船舶的等待时间和船期就会延长，拖轮费等靠港费用也可能增加，就会造成运输成本大幅增加，船公司为了弥补这个成本损失，就会向托运人收取港口拥挤附加费。

任务实施（工作页）

一、根据客户委托书要求及所给船期表（图 4-25）的信息，为客户选择合适的船期，并填写船期信息表。

1. A 客户委托书显示：

（1）价格术语：Incoterms®2010: CIF FOS，FRANCE。

（2）装运港：深圳。

（3）目的港：法国，福斯。

（4）最后装期 The latest date of shipment: not late than 22. OCT. 2020。

根据客户要求选择合适船期，并填写表 4-4。

表 4-4　A 客户相关船期信息

船名 / 航次	
装运港	
目的港	
截柜日期	
预计开船日期	
预计到达日期	
总航行时间	

2. B 客户委托书显示：

（1）价格术语：Incoterms®2010: DAP GENOA，ITALY。

（2）装运港：深圳。

（3）目的港：意大利，热那亚。

（4）时间要求：ETA POD not later than 7th/Nov.2020 due to customer demand。

根据客户要求选择合适船期（图 4-25），并填写表 4-5。

表 4-5　B 客户相关船期信息

船名 / 航次	
装运港	
目的港	
截柜日期	
预计开船日期	
预计到达日期	
总航行时间	

OCEAN ALLIANCE

WEEKLY SAILING SCHEDULE

COSCO SHIPPING　CMA CGM　EVERGREEN　OOCL We take it personally

* 普柜请于Cargo Receiving Date（开舱期）当日或之后提取空箱，以避免产生逾期柜租．冻柜及特种柜咨询客户服务代表．

TO MEDITERRANEAN

MEX1:

VESSEL (OCEAN ALLIANCE)	VOYAGE	NANSHA					YANTIAN(YICT)					ETA						
		OPENING DATE	SI CUT 12:00	CY CLOSING 17:00	ETA	ETD	OPENING DATE	SI CUT 12:00	CY CLOSING 17:00	ETA	ETD	Singapore	BEIRUT	MALTA	VALENCIA	BARCELONA	FOS	GENOA
CMA CGM CENTAURUS	0ME7FW1MA	19-Sep	SI CUT 12:01	25-Sep	27-Sep	27-Sep	20-Sep	25-Sep	26-Sep	28-Sep	28-Sep	1-Oct	-	17-Oct	20-Oct	21-Oct	23-Oct	26-Oct
CMA CGM GEMINI	0ME7HW1MA	26-Sep	SI CUT 12:02	2-Oct	4-Oct	4-Oct	27-Sep	2-Oct	3-Oct	5-Oct	5-Oct	8-Oct	21-Oct	24-Oct	27-Oct	28-Oct	30-Oct	2-Nov
CMA CGM TITAN	0ME7JW1MA	3-Oct	SI CUT 12:03	9-Oct	11-Oct	11-Oct	4-Oct	9-Oct	10-Oct	12-Oct	12-Oct	15-Oct	28-Oct	31-Oct	3-Nov	4-Nov	6-Nov	9-Nov
CMA CGM ARKANSAS	0ME7LW1MA	10-Oct	SI CUT 12:04	16-Oct	18-Oct	18-Oct	11-Oct	16-Oct	17-Oct	19-Oct	19-Oct	22-Oct	-	7-Nov	10-Nov	11-Nov	13-Nov	16-Nov

MEX2:

VESSEL (OCEAN ALLIANCE)	VOYAGE	NANSHA					ETA					
		OPENING DATE	SI CUT 12:00	CY CLOSING 9:00	ETA	ETD	Singapore	PIRAEUS	LA SPEZIA	GENOA	FOS	VALENCIA
CMA CGM COLUMBIA	02M7DW1MA	17-Sep	22-Sep	23-Sep	24-Sep	24-Sep	28-Sep	13-Oct	16-Oct	18-Oct	21-Oct	23-Oct
THALASSA PISTIS	02M7FW1MA	24-Sep	29-Sep	30-Sep	1-Oct	1-Oct	5-Oct	20-Oct	23-Oct	25-Oct	28-Oct	30-Oct
CMA CGM PRIDE	02M7HW1MA	1-Oct	6-Oct	7-Oct	8-Oct	8-Oct	12-Oct	27-Oct	30-Oct	1-Nov	4-Nov	6-Nov
CMA CGM GLORY	02M7JW1MA	8-Oct	13-Oct	14-Oct	15-Oct	15-Oct	19-Oct	3-Nov	6-Nov	8-Nov	11-Nov	13-Nov
RIO BARROW	02M7LW1MA	15-Oct	20-Oct	21-Oct	22-Oct	22-Oct	26-Oct	10-Nov	13-Nov	15-Nov	18-Nov	20-Nov

PHOEX:

VESSEL (OCEAN ALLIANCE)	VOYAGE	SHEKOU					ETA				
		OPENING DATE	SI CUT 10:00	CY CLOSING 12:00	ETA	ETD	SINGAPORE	MALTA	KOPER	TRIESTE	RIJEKA
OOCL AUSTRIA	0BE7HW1MA	16-Sep	22-Sep	22-Sep	23-Sep	24-Sep	27-Sep	13-Oct	16-Oct	19-Oct	21-Oct
OOCL CONNECTICUT	0BE7JW1MA	23-Sep	29-Sep	29-Sep	30-Sep	1-Oct	4-Oct	20-Oct	23-Oct	26-Oct	28-Oct
OOCL CALIFORNIA	0BE7LW1MA	30-Sep	6-Oct	6-Oct	7-Oct	8-Oct	11-Oct	27-Oct	30-Oct	2-Nov	4-Nov
OOCL NEW HAMPSHIRE	0BE7NW1MA	7-Oct	13-Oct	13-Oct	14-Oct	15-Oct	18-Oct	3-Nov	6-Nov	9-Nov	11-Nov

REX 1

VESSEL	VOYAGE	NANSHA						SHEKOU						ETA				
		CY OPEN DATE	SI CUT OFF 17:00	CY CUT OFF 12:00	CV CUT OFF 17:00	ETA	ETD	CY OPEN DATE	SI CUT OFF 17:00	CY CUT OFF 12:00	CV CUT OFF 17:00	ETA	ETD	Tanjung Pelepas	SINGAPORE	JEDDAH	SOKHNA (AIN SUKHNA)	GENOA
COSCO FAITH	ORE75W1MA	18-Sep	24-Sep	24-Sep	24-Sep	25-Sep	26-Sep	20-Sep	26-Sep	26-Sep	26-Sep	27-Sep	28-Sep	1-Oct	2-Oct	13-Oct	17-Oct	26-Oct
COSCO KILIMANJARO	ORE77W1MA	25-Sep	1-Oct	1-Oct	1-Oct	2-Oct	3-Oct	27-Sep	3-Oct	3-Oct	3-Oct	4-Oct	5-Oct	8-Oct	9-Oct	20-Oct	24-Oct	2-Nov
COSCO GUANGZHOU	ORE79W1MA	2-Oct	8-Oct	8-Oct	8-Oct	9-Oct	10-Oct	4-Oct	10-Oct	10-Oct	10-Oct	11-Oct	12-Oct	15-Oct	16-Oct	27-Oct	31-Oct	9-Nov
CSCL ZEEBRUGGE	ORE7BW1MA	9-Oct	15-Oct	15-Oct	15-Oct	16-Oct	17-Oct	11-Oct	17-Oct	17-Oct	17-Oct	18-Oct	19-Oct	22-Oct	23-Oct	3-Nov	7-Nov	16-Nov

图 4-25　船期表

二、集装箱海运费中除了基本运费外还要收取一些附加费，请说明以下附加费的含义。

1．THC________________

2．BAF________________

3．CAF________________

4．DOC________________

5．ORC________________

6．DDC________________

7．AMS________________

8．VGM________________

9．ENS________________

10．PCS________________

三、某船公司天津新港至北欧航线的海运运费表如图 4-26 所示，今有客户咨询去北欧口岸的海运费，请根据下面的运价表说明海运费的构成，并向客户报出天津到德国汉堡和英国南安普顿 20'/40'/40'HQ 的海运费（ALL IN）。

DESTINATION	T/S	20'	40'	40'HQ	BAF per teu
NORTH EUROPE					
ANTWERP, BELGIUM		950	1700	1900	621/teu
ZEEBRUGGE, BELGIUM		950	1700	1900	621/teu
HAMBURG, GERMANY		950	1700	1900	621/teu
LE HAVRE, FRANCE		950	1700	1900	621/teu
ROTTERDAM, NETHERLANDS		950	1700	1900	621/teu
SOUTHAMPTON, UK		1050	1900	2100	621/teu
DUNKIRK, FRANCE	**LE HAVRE**	**950**	**1700**	**1900**	**621/teu**
BREMENHAVEN	**LE HAVRE**	**950**	**1700**	**1900**	**621/teu**
NCBP REEFER		CBC			621/teu
SUEZ TRANSIT SURCHARGE USD9/TEU AS FROM 1ST/APR/08					
SUBJECT TO CAF 17.4%					

ENS（USD/BL）30.00

图 4-26　海运运费表

任务评价

学完本任务后，结合自己学习情况，依指标进行评价。

考核项目	评分内容	总分值	得分值
知识掌握	1. 掌握班轮运输海运运费的构成与计算规则（10 分） 2. 掌握集装箱海运费的构成，整箱货和拼箱货的运费计算（10 分） 3. 了解常见的海运附加费（10 分）	30	
能力提升	1. 会看船期表，能够根据客户的海运委托要求和船期表信息，为客户选择合适的船期（20 分） 2. 掌握集装箱海运运费计算方法，完成海运费报价（20 分）	40	
课堂表现	1. 学习态度（10 分） 2. 沟通合作（10 分） 3. 回答问题（10 分）	30	
签字		总分	

项目五　提单业务与法规

项目描述

本项目将学习国际货运业务中提单业务和相关法规的主要知识和操作技能。通过学习，学生应熟悉海运提单的性质和作用、海运提单的种类，掌握海运提单的填制方法，及进出口货运中提单跟单业务操作的要点。

知识目标

- 熟悉海运提单的性质和作用。
- 了解海运提单的种类。
- 熟悉海运提单的内容。
- 熟悉电放提单的适用范围和风险。
- 熟悉有关提单的主要国际运输法规。
- 了解提单运输法规中对承运人和托运人权力义务的规定。

能力目标

- 掌握海运提单的选择方法。
- 能够根据相关信用证及相关贸易单证缮制海运提单。
- 掌握电放提单业务的操作流程。
- 能够依据国际法规，为提单运输业务提前做好风险防范预案。

项目结构图

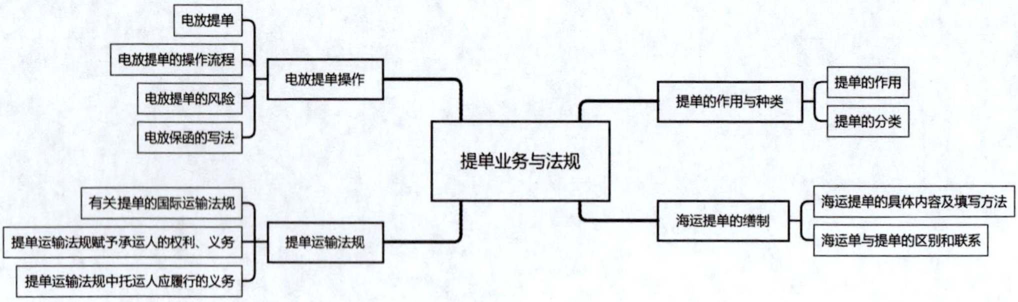

任务一　提单的作用与种类

任务描述

通过本任务的学习，学生应熟悉海运提单的性质和作用、海运提单的种类，掌握海运提单选择方法，能够分析不同类型提单的特点，合理制定风险防控预案。

知识链接

一、提单的作用

（一）海运提单（Bill of Lading，B/L）

海运提单简称提单，是国际班轮运输中一份非常重要的单证，同时也是一份重要的法律文件。根据《汉堡规则》和《中华人民共和国海商法》的规定，提单是海上货物运输合同的证明，是证明货物已经由承运人接管或已装船的货物收据，是承运人保证凭以交付货物的物权凭证。

（二）提单的主要作用

1. 货物收据

海运提单是承运人签发给托运人的收据，确认承运人已收到提单所列货物并已装船，或者承运人已接管了货物，已代装船。

2. 运输契约证明

海运提单是托运人与承运人的运输契约证明。承运人之所以为托运人承运有关货物，是因为承运人和托运人之间存在一定的权利义务关系，双方权利义务关系以提单作为运输契约的凭证。

3. 物权凭证

海运提单是货物所有权的凭证。提单可以通过背书转让，谁持有提单，谁就有权要求承运人交付货物，并且享有占有和处理货物的权利。

二、提单的分类

（一）按货物是否已装船划分

1. 已装船提单（Shipped B/L，or On Board B/L）

已装船提单是指货物装船后由承运人或其授权代理人根据大副收据签发给托运人的提单。如果承运人签发了已装船提单，就是确认他已将货物装在船上。这种提单除载明一般事项外，通常还必须注明装载货物的船舶名称和装船日期，即提单项下货物的装船日期。

由于已装船提单对于收货人及时收到货物有保障，所以在国际货物买卖合同中一般都要求卖方提供已装船提单。根据 UCP600 的规定，凡以 CIF 或 CFR 条件成立的货物买卖合同，卖方应提供已装船提单。如信用证要求海运提单作为运输单证时，银行将接受注明货物已装船或已装指定船只的提单。

2. 收货待运提单（Received for Shipment B/L）

收货待运提单又称备运提单、待装提单，或简称待运提单。它是承运人在收到托运人交来的货物但还没有装船时，应托运人的要求而签发的提单。签发这种提单时，说明承运人确认货物已交由承运人保管并存在其所控制的仓库或场地，但还未装船。所以，这种提单未载明所装船名和装船时间。在跟单信用证支付方式下，银行一般都不肯接受这种提单。但当货物装船，承运人在这种提单上加注装运船名和装船日期并签字盖章后，待运提单即成为已装船提单。同样，托运人也可以用待运提单向承运人换取已装船提单。

（二）按提单收货人的抬头划分

1. 记名提单（Straight B/L）

记名提单又称收货人抬头提单，是指提单上的收货人栏中已具体填写收货人名称的提单。提单所记载的货物只能由提单上特定的收货人提取，或者说承运人在卸货港只能把货物交给提单上所指定的收货人。如果承运人将货物交给提单指定以外的人，即使该人占有提单，承运人也应负责。

使用记名提单，如果货物的交付不涉及贸易合同下的义务，可不通过银行而由托运人将其邮寄至收货人，或由船长随船带交。这样，提单就可以及时送达收货人而不致延误。因此，记名提单一般只适用于运输展览品或贵重物品，特别是在短途运输中使用较有优势，而在国际贸易中较少使用。

2. 不记名提单（Bearer B/L，or Open B/L，or Blank B/L）

不记名提单是指提单上收货人一栏空白或注明“提单持有人”（Bearer）字样的提单。这种提单不需要任何背书手续即可转让，极为简便。承运人应将货物交给提单持有人，谁持有提单，谁就可以提货，承运人交付货物只凭单，不凭人。这种提单丢失或被窃后的风险极大，也极易引起纠纷，故国际上较少使用这种提单。另外，根据有些班轮公会的规定，凡使用不记名提单，在给大副的提单副本中必须注明卸货港通知人的名称和地址。

3. 指示提单（Order B/L）

指示提单是指提单上收货人栏内载明“凭指示”（to Order）或“凭某人指示”（to the Order of）字样的提单。前者称为不记名指示（空白指示）提单，承运人应按托运人的指示交付货物；后者叫记名指示提单，承运人按记名的指示人的指示交付货物。

我国《海商法》第七十九条规定，记名提单，不得转让；指示提单，经过记名背书或者空白背书转让；不记名提单，无须背书，即可转让。记名提单虽然安全，却不能转让，对贸易各方的交易不便，用得不多。一般认为，由于记名提单不能通过背书转让，因此从国际贸易的角度看，记名提单不具有物权凭证的性质。不记名提单无须背书即可转让，任何人持有提单便可要求承运人放货，对贸易各方的风险较大，很少采用。指示提单可以通过背书转让，适应了正常贸易需要，所以在实践中被广泛应用。

（三）按提单上有无批注划分

1. 清洁提单（Clean B/L）

在装船时，货物外表状况良好，承运人在签发提单时，未在提单上加注任何有关货物残损、包装不良，件数、重量和体积不符合要求，或其他妨碍结汇的批注的提单，称为清洁提单。

在实践业务中，买方都希望在目的港收到完好无损的货物，因此都要求卖方提供清洁提单。根据 UCP600 第三十四条的规定，清洁运输单证，是指货运单证上并无明显地声明货物及 / 或包装有缺陷的附加条文或批注者；银行对有该类附加条文或批注的运输单证，除信用证明确规定接受外，应当拒绝接受。可见，在以跟单信用证为付款方式的贸易中，通常卖方只有向银行提交清洁提单才能取得货款。清洁提单是收货人转让提单时必须具备的条件，同时也是履行货物买卖合同规定的交货义务的必要条件。由此可见，承运人一旦签发了清洁提单，货物在卸货港卸下后，如发现有残损，除非是由于承运人可以免责的原因所致，承运人必须负责赔偿。

2. 不清洁提单（Unclean B/L，or Foul B/L）

在货物装船时，承运人若发现货物存在包装不牢、破残、渗漏、玷污、标志不清等现象时，大副将在收货单上对此加以批注，并将此批注转移到提单上，这种提单称为不清洁提单，我国《海商法》第七十五条规定："承运人或者代其签发提单的人，知道或者有合理的根据怀疑提单记载的货物品名、标志、包数或者件数、重量或者体积与实际接收的货物不符，在签发已装船提单的情况下怀疑与已装船的货物不符，或者没有适当的方法核对提单记载的，可以在提单上批注，说明不符之处、怀疑的根据或者说明无法核对的内容。"

（四）根据运输方式划分

1. 直达提单（Direct B/L）

直达提单又称直运提单，是指货物从装货港装船后，中途不经转船，直接运至目的港卸船交与收货人所使用的提单。直达提单上不得有"转船"或"在某港转船"的批注。凡信用证规定不准转船者，必须使用直达提单。如果提单背面条款印有承运人有权转船的"自由转船"条款者，则不影响该提单成为直达提单的性质。

使用直达提单，货物由同一船直运目的港，对买方来说比中途转船有利得多，它既可以节省费用、减少风险，又可以节省时间、及早到货。因此，通常买方只有在无直达船时才同意转船。在贸易实务中，如信用证规定不准转船，则卖方必须取得直达提单才能结汇。

2. 转船提单（Transhipment B/L）

转船提单是指货物从起运港装载的船舶不直接驶往目的港，需要在中途港口换装其他船舶转运至目的港卸货所使用的提单。提单上注明了"转船"或"在 ×× 港转船"字样。转船提单往往由第一程用船的承运人签发。由于货物中途转船，增加了转船的费用和风险，并影响到货时间，故一般信用证内均规定不允许转船，但直达船少或没有直达船的港口，买方也只好同意转船。

3. 联运提单（Through B/L）

联运提单是指货物须经过海运和其他运输方式联合运输时，由第一位承运人所签发的，包括全程运输，并能在目的区域目的地据以提货的提单。联运的范围超过了海上运输界限，货物由船舶经水域运到一个港口，再经其他运输工具将货物送至目的港，先海运后陆运或空运，或者先空运、陆运后海运。当船舶承运由陆路或飞机运来的货物继续运至目的港时，货方一般选择使用船方所签发的联运提单。

4. 多式联运提单（Multimodal Transport B/L or Intermodal Transport B/L）

多式联运提单主要用于集装箱运输，是指一批货物需要经过两种以上不同运输方式，其中一种是海上运输方式，由一个承运人负责全程运输，负责将货物从接收地运至目的地交付收货人，并收取全程运费所签发的提单。提单内的项目不仅包括起运港和目的港，而且列明一程、二程等运输路线，以及收货地和交货地。

（五）按签发提单时间划分

1. 倒签提单（Anti-dated B/L）

倒签提单是指承运人或其代理人应托运人的要求，在货物装船完毕后，以早于货物实际装船日期为签发日期的提单。当货物实际装船日期晚于信用证规定的装船日期，若仍按实际装船日期签发提单，托运人就无法结汇。为了使签发提单的日期与信用证规定的装运日期相符，以利结汇，承运人应托运人的要求，在提单上仍以信用证的装运日期填写签发日期，以免违约。

签发这种提单，尤其是当倒签时间过长时，有可能承担货物运输延误的责任。特别是当市场上货价下跌时，收货人可以以“伪造提单”为借口拒绝收货，并向法院起诉要求赔偿。但是为了贸易需要，在一定条件下，如在该票货物已装船完毕后，承运人以早于该票货物实际装船完毕的日期作为提单签发的日期；或签单的货物是零星货物而不是数量很大的大宗货；或倒签的时间与实际装船完毕时间的间隔不长等情况下，取得托运人保证承担一切责任的保函后，才可以考虑签发此提单。

2. 顺签提单（Post-date B/L）

顺签提单指在货物装船完毕后，应托运人的要求，由承运人或其代理人签发的一种特殊提单。该提单上记载的签发日期晚于货物实际装船完毕的日期，即托运人从承运人处得到的以晚于货物实际装船完毕的日期作为提单签发日期的提单。

3. 预借提单（Advanced B/L）

预借提单是指在货物尚未装船或尚未装船完毕的情况下，信用证规定的结汇期（即信用证的有效期）即将届满，托运人为了能及时结汇，而要求承运人或其代理人提前签发的已装船清洁提单，即托运人为了能及时结汇而从承运人那里借用的已装船清洁提单。

当托运人未能及时备妥货物或船期延误，船舶不能按时到港接受货载，估计货物装船完毕的时间可能超过信用证规定的结汇期时，托运人往往先从承运人那里借出提单用以结汇，当然必须出具保函。签发这种提单，承运人要承担更大的风险，可能构成承、托的双方合谋对善意的第三者收货人进行欺诈。

签发倒签或预借提单，对承运人的风险很大，责任承运人必须承担由此引发的风险。尽管托运人往往向承运人出具保函，但这种保函同样不能约束收货人。比较而言，签发预借提单比签发倒签提单对承运人的风险更大，因为预借提单是承运人在货物尚未装船或者装船还未完毕时签发的。

4. 过期提单（Stale B/L）

过期提单有两种含义，一是指出口商在装船后延滞过久才交到银行议付的提单。按 UCP600 的规定："如信用证无特殊规定，银行将拒收在运输单证签发日期后超过 21 天才提交的单证。在任何情况下，交单不得晚于信用证到期日。"二是指提单晚于货物到达目的港。近洋国家的贸易合同一般都规定有"过期提单也可接受"的条款（Stale B/L is acceptance）。

任务实施（工作页）

一、回答下列问题。

1. 请简要介绍海运提单的作用。

______

______

2. 什么是清洁提单？清洁提单的作用是什么？

______

______

二、请分别根据提单类型，分析整理提单特点，完成表 5-1 ～表 5-4 的填写。

1. 根据货物装船与否，选用的不同形式的提单。

表 5-1　已装船提单和收货代运

提单类型	必须注明的内容	付款支付环节的要求
已装船提单		
收货代运提单		

2. 不同运输方式的提单。

表 5-2　根据运输方式不同分类的提单比较

提单类型	相同内容	需要特别注明的内容
直达提单		
转船提单		
联运提单		
多式联运提单		

3．不同收货人抬头的提单。

表 5-3　根据收货人抬头不同分类的提单比较

提单类型	相同内容	需要特别注明的内容
记名提单		
不记名提单		
指示提单		

4．不同签发时间的提单。

表 5-4　根据签发时间不同分类的提单比较

提单类型	提单签发时间	风险或应付责任
倒签提单		
顺签提单		
预借提单		
过期提单		

任务评价

学完本任务后，结合自己学习情况，依指标进行评价。

考核项目	评分内容	总分值	得分值
知识掌握	1．了解海运提单的定义（10 分） 2．熟悉提单的作用（10 分） 3．熟悉不同类型提单的特点（10 分）	30	
能力提升	1．能够根据不同海运业务特点选择不同类型的海运提单（20 分） 2．能够分析不同类型海运提单的特点，并规避可能产生的纠纷和风险（20 分）	40	
课堂表现	1．学习态度（10 分） 2．沟通合作（10 分） 3．回答问题（10 分）	30	
签字		总分	

任务二　海运提单的缮制

任务描述

通过本任务的学习，学生能熟悉海运提单的内容及填写方法，能够对照信用证及相关贸易单据填写海运提单，能够区分海运提单和海运单，并结合业务需要合理选择适合单证。

知识链接

一、海运提单的具体内容及填写方法

参考图 5-1 海运提单样本，详细介绍海运提单每个栏目的内容及填写要点。

<table>
<tr><th colspan="6">样本海运提单</th></tr>
<tr><td colspan="2">1. SHIPPER（托运人）ELION</td><td colspan="4" rowspan="5">B/L NO. 20231023
COSCO
中国远洋运输(集团)总公司
CHINAOCEANSHIPPING(GROUP)CO.

ORIGINAL.
Combined Transport Billof Lading</td></tr>
<tr><td colspan="2">2. CONSIGNEE(收货人)To orderof shipper</td></tr>
<tr><td colspan="2">3. NOTIFYPARTY(通知人)FUYUAS</td></tr>
<tr><td>4. PR-CARRIAGEBY
(鹏程运输)</td><td>5. PLACE OF RECEIPT
(收货地)
TOKYO</td></tr>
<tr><td>6. OCEAN VESSELVOY.
NO.（船名及航次）
ATI. ANTIC. 100</td><td>7. PORTOF LOADING
(装货港)
QingDao</td></tr>
<tr><td>8. PORT OF DISCHARGE
(卸货港)LAX</td><td>9. PLACEOF DELIVERY
(交货地)TOKYO</td><td colspan="4">10. FINAL DESTINATION FOR THE MERCHANT' S
REFERENCE（目的地）
仅当该 B/L 被用作全程转运时才填此栏(填 NYC)</td></tr>
<tr><td>11. MARKS
(唛头)
FUYUAN
20231023
TOKYO
1/200</td><td>12, NOS. &KINDS OF
PKGS(包装种类和数量)
200. Carton.</td><td colspan="2">13. DESCRIPTION OF
GOODS(货物名称)
Lotus seed</td><td>14. G. W(KG)
(毛重)
20. 05ton</td><td>15. MEAS(M^3)
(体积)
$200*20M^3*m$</td></tr>
<tr><td colspan="6"></td></tr>
<tr><td>17. FREIGHT&
CIARGES(运费)

PREPAID
(运费预付)或
COLLECT(运费到付)</td><td>REVENUE TONS
(运费吨)</td><td>RATE(运费率)</td><td>PER(记费单位)</td><td>PREPAID（运费到付）</td><td>COLLECT
(运费到付)</td></tr>
<tr><td>PREPAIIAT
(预付地点)</td><td>PAYAI, E AT
TOKYO</td><td colspan="4">18. PLACE AND DATEOF ISSUE
(出单地点和时间)NOV. 11th2023</td></tr>
<tr><td>TOTALPREPAID
(预付总金额)</td><td>19. NUMBER
OFORIGINAL
B(S)L.(正本提单的份数)
3</td><td colspan="4">22. SIGNED FOR THE CARRIER
（承运人签章）

中国远洋运输(集团)总公司</td></tr>
</table>

图 5-1　海运提单样本

（一）提单号码（B/L NO.）

必须注明承运人及其代理人规定的提单编号，以便核查，否则提单无效。

（二）托运人（SHIPPER）

此部分填写出口人的名称和地址。UCP600 规定，如信用证无其他规定，提单可以第三方作为托运人。此时，受益人可能是中间商，而第三方才是实际出口人。

（三）收货人（CONSIGNEE）与背书

提单收货人又称抬头人，与托运单收货人栏目的填写完全一致。

1. 指示抬头

指示抬头也称空白抬头，即在提单收货人栏内填写“To Order”或“Order”（凭指示）。这种提单须经托运人背书后转让。

2. 凭 ×× 指示抬头

凭 ×× 指示抬头也称空白抬头，即在提单收货人栏内填写“To Order of ×××”（凭 ××× 指示），这种提单须由收货人栏规定的指定人背书后方可转让。

（四）通知人（NOTIFY PARTY/NOTIFY/ADDRESSED TO）

通知人是指货物到达目的地后，承运人将要通知其前来办理接货事宜的有关当事人。该当事人并不一定是收货人，而往往只是收货人的代理人，货到目的港时由承运人通知其办理报关提货等手续。本栏目的填写与托运单相同栏目的内容一致。

（1）在信用证方式下，应按信用证规定填制。

（2）在托收方式下，本栏目可填写合同的买方。

（五）船名及航次（OCEAN VESSEL VOY NO.）

此部分填写实际载货船舶的名称和本次航行的航次。例如：FengQing V.102。没有航次的可以不填航次。

（六）装货港（PORT OF LOADING）

（1）按信用证规定填写。如果信用证同时列明几个装货港，提单只能填写其中一个实际装运港口名称。

（2）在托收方式下，应按合同规定填写。

（七）卸货港（PORT OF DISCHARGE）

卸货港是指海运承运人终止承运责任的港口，即目的港。

（1）除 FOB 价格条件下，卸货港不能填笼统的名称，必须列出具体的港口名称。在国际上港口有重名的，还应加注国别名称。

（2）如果经中转港转船，应在卸货港名称之后加注上转船港名称，或在货名栏下方的空白处加注上转船的说明。

（3）如货物在卸货港后须经内陆转运或陆运至邻国，应在填写卸货港名称后，另在货名栏下方的空白处或在唛头中加注“In Transit to×××”，切不能在卸货港名称后加填，以说明卖方只负责装货运至该卸货港，以后的转运由买方负担。

（4）对美国、加拿大 O. C. P 地区出口，卸货港名称的后面可注明“O. C. P”字样。如来证要求注明转运的内陆城市名称，可在货名栏下的空白处或唛头中加注“O. C.

P×××（内陆城市名称）"，以便中转公司办理转运至该内陆城市。

（5）如来证规定卸货港为"London/Hamburg/Rotterdam"，表示由卖方选港，提单只能填写其中一个港口名称。

（八）目的地（FINAL DESTINATION FOR THE MERCHANT'S REFERENCE）

目的地指联合运输终点站。本栏目应当是运输的最终目的地。如属港至港提单，则本栏目可留空不填或仍填卸货港名称。

（九）唛头（MARKS）

本栏须同商业发票上的一致。如果信用证没有规定唛头，此栏可填"N/M"。

（十）包装种类和数量（NOS.& KIND OF PKG）

（1）对包装货，本栏目应填写包装数量和计量单位。在栏目下面的空白处或大写栏内加注大写件数。

（2）如是散装货，本栏目可加注"In bulk"，无须加注大写件数。

（十一）运费（FREIGHT & CHARGES）

除非有特别规定，本栏只填列运费的支付情况，不填具体金额。

（1）按 CIF 或 CFR 等价格条件成交时，运费在签发提单之前支付，本栏目应注明"Freight Paid"或"Freight Prepaid"。

（2）按 FOB 或 FAS 等价格条件成交时，运费在目的港支付，本栏目应注明"Freight to Collect"或"Freight Payable at Destination"。

（3）全程租船运输时，本栏目注明"As Arranged"。

（十二）运费支付地（FREIGHT PAYABLE AT）

本栏目需要填写实际支付运费的地点。

（十三）正本提单的份数（NUMBER OF ORIGINAL B(S)/L）

收货人凭正本提单提货。正本提单的份数应按信用证的要求，在本栏目内用大写注明，例如 THREE(3)。每份正本提单的效力相同，凭其中一份提货后，其余各份失效。

（十四）出单地点和时间（PLACE AND DATE OF ISSUE）

提单的出单地点应为装运地点。提单签发时间即为装运日期，应不迟于信用或合同规定的最迟装运日期。

（十五）签署（SIGNATURE）

根据 UCP600 规定，提单必须由下列四类人员签署证实：承运人，或承运人的具名代理人，或船长，或船长的具名代理人。承运人或船长的任何签字或证实，必须表明"承运人"或"船长"的身份。代理人代表承运人或船长签字或证实时，也必须表明代表的委托人的名称或身份，即注明代理人是代表承运人或船长签字或证实的。

1. 承运人签字

提单上部：COSCO。

提单签字处：COSCO。

（签字）

AS CARRIER 或者 THE CARRIER。

2. 代理人签字

提单上部：COSCO。

提单签字处：ABC SHIPPING CO.。

（签字）

AS AGENT FOR AND/OR ON BEHALF OF THE CARRIER COSCO。

3. 船长签字

提单上部：COSCO。

提单签字处：COSCO（或不加注或加注船名）。

（签字）

AS MASTER 或 THE MASTER。

4. 代理人签字

提单上部：COSCO。

提单签字处：ABC SHIPPING CO.。

（签字）

AS AGENT FOR AND/OR ON BEHALF OF THE MASTER×××OF THE CARRIER COSCO。

（十六）前段运输（PRE-CARRIAGE BY）

这是指联合运输过程中在装货港装船前的运输。

（十七）收货地点和交货地点

收货地点，指前段运输的收货处。交货地点是联合运输的终点站，应填写最终目的地名称。

（十八）集装箱号、铅封号（CONTAINER NO. AND SEAL NO.）

装载集装箱货物，如果一张提单之下的货物要装载两个以上集装箱，应分别列出每个集装箱的规格、箱号、签封号、件数、毛重、尺码以及集装箱交接方式。如果提单上没有设置专门的栏目，应在提单的空白处打上集装箱号。铅封号是海关查验货物后作为封箱的铅制关封号，应如实注明。

（十九）证明内容

证明内容是指信用证要求在提单上对某项内容加以证实的条款，如货船不能停泊某港口，或船只不得悬挂某国国旗，或某些其他特别条款。这些条款千万不能忽略，应在提单上如实显示出来。

二、海运单与提单的区别和联系

海运单，是证明海上货物运输合同和承运人接收货物或者已将货物装船的不可转让的单证。海运单的正面内容与提单的基本一致，但是印有“不可转让”的字样。有的海运单在背面订有货方定义条款，承运人责任、义务与免责条款，装货、卸货与交货条款，运费及其他费用条款，留置权条款，共同海损条款，双方有责碰撞条款，首要条款，法律适用条款等内容。有的海运单没有背面条款，仅在海运单的正面或者背面载明参照何运输条件或者某种提单或其他文件中的规定。

提单是货物收据、运输合同，也是物权凭证。海运单只具有货物收据和运输合同这两种性质，它不是物权凭证。

提单可以是指示抬头形式，通过背书流通转让：海运单是一种非流通性单据，海运单上标明了确定的收货人，不能转让流通。

海运单和提单都可以做成“已装船”(Shipped on Board）的形式，也可以是“收妥备运”(Received for Shipment）形式。海运单的正面各栏目格式和缮制方法与海运提单基本相同，只是海运单收货人栏目不能做成指示性抬头，而应缮制确定的具体收货人。

提单的合法持有人和承运人凭提单提货和交货，海运单上的收货人并不出示海运单，仅凭提货通知或其身份证明提货，承运人凭收货人出示适当身份证明交付货物。

提单有全式和简式提单之分；而海运单是简式单证，背面不列详细货运条款，但载有一条可援用海运提单背面内容的条款。

海运单和记名提单（Straight B/L），虽然都具名收货人，不作背书转让，但它们有着本质的不同。记名提单属于提单的一种，是物权凭证，持记名提单，收货人可以提货；却不能凭海运单提货。

任务实施（工作页）

一、根据以下信用证条款，回答下列问题。

Applicant: Nissho 1wai Corporation
No.4-5 Akaasaka 2-Chome Mi—Natou Tokyo, Japan
Bneficiary: China National Mine Import and Export Corp.Tianjin, P.R.China
Pre-advice: Bank of China, Tianjin Branch
Documents required:
Full set of clean on board marine bills of lading made out to order and blank endorsed, marked “freight prepaid”.

1．该提单的发货人、收货人、通知人如何填制？

2．提单上运费的支付方式如何填报？

3．该提单属于哪一种类？

____

____

二、海运提单填写训练。

请详细阅读图 5-2 所示资料，完成提单填写。

MT S700	ISSUE OF A DOCUMENTARY CREDIT
SEQUENCE OF TOTAL	27:1/1
FROM OF DOC. CREDIT	40A:IRREVOCABLE
DOC. CREDIT NUMBER	20:LC82H0010/04
DATE OF ISSUE	31C:040115
EXPIRY	31D:DATE 040330 PLACE CHINA
APPLICANT BANK	51 A:* CITIBANK NEW YORK U.S.A
APPLICANT	* 50:PACIFIC MILLENNIUM(MACAUCOMMERCIALOFF SHORE)COMPANY LIMITED UNIT 1106-7 SUN PLAZA 28.FIRST AVENUE NEW YORK U.S.A. TEL:001-111-2324
BENEFICIARY	*59:DAIJAN SHIJI TRADING CO.,LTD. ROAD, NO.222 WUHUI ZHONGSHAN DISTRICT,DALIAN P.R.CHINA TEL:0086-411-87891212

1

AMOUNT	32B:CURRENCY USD AMOL.NT 14 000.00
POS./NEGTOL.(%)	39A:10/10
AVAILABLE WTTH/BY	41A:* CITIBANK * NEW YORK U.S.A BY ACCEPTANCE
DRAFTS AT	42C:90 DAYS SIGHT FOR 100 PCT INVOICE VALUE
DRAWEE	42A:* CITIBANK * NFW YORK U.S.A
PARTIAI.SHIPMENTS	43P:NOT ALLOWED
TRANSSHIPMENT	43T:ALLOWED
LOADING IN CIIARCE	44A:DALIAN PORT CHINA
FOR TRANSPORT TO	44B:NEW YORK USA
LATEST DATE OF SHIP	44C:040228
DESCRIPT OF GOODS	45A:
TERMS OF DELIVERY:CIF NEW YORK	
WINCH 2000 PCS AS PER CONTRACT	
NO:SIIP 3325 AT USD 7.00/PCS	
TOTAI.:USD 14 000.00	

2

图 5-2（一） 提单资料

DOCUMENTS REQUIRED 46 A:	SICNED ORICINAI. COMMERCIAI. INVOICE IN 3 COPIES INDICATING I/C NO. AND CONTRACT NO. SHIP3325 3/3 SET OF ORIGINAL CLEAN ON BOARD OCEAN BILLS OF LADING MADE OUT TO ORDER WITH 3 NON-NEGOTIABLE COPIES AND BLANK ENDORSED MARKED FREIGHT PREPAID NOTI-FYING APPLICANT SIGNED ORIGINAL PACKING LIST/WEIGHT MEM-O IN 3 COPIES ISSUED BY BENEFICIARY SHOWING QUANTITY/GROSS AND NET WEICHT FOR EACH PACKAGE AND PACKING CONDITIONS AS CALLED FOR BY TIE L/C SIGNED ORIGINAL CERTIFICATE OF QUALITY IN 3 COPIES ISSUED BY BENEFICIARY 1/1 SET OF ORICINAL INSURANCE POLICY OR CFRTIFICATF, ENDORSED IN BI. ANK WITH 1 COPY COVERING OCEAN MARINE TRANSPORTA-TION AT. T. RISKS AND WAY RISKS FOR 110 PCT INVOICE VALUE SHOWING CLAIMS PAYABLE IN USA IN CURRENCY OF THE DRAFT BEXEFICIARY'S CERTIFIED COPY OF FAX DISPATCHED TO APPLICANT WTTHIN 96 HOLRS AFTER SHIPMENT INDICATING CONTRACT NO., L/C NO., NAME OF VESSEL, AND DETAILS OF SHIPMENT. SIGNED ORIGINAL CERTIFICATE OF QUANTITY/ WEICHT IN 3 COPIFS ISSUED BY BENEFICIARY INDICATING THE ACTUAL SURVEYEDQUANTITY/WEIGHT OF SHIPPED COODS AS WELL AS THE PACKING CONDITION. BENEFICIARY'S CERTIFICATE CERTIFYING THAT ONE EXTRA COPY OF EACH DOCUMENT CALLED FOR HEREIN HAS BEEN DISPATCHED TO APPLICANT AFTER SHIPMENT. ONE SET OF EXTRA PHOTO COPY OF ORIGINALB/L AND ORIGINAL INVOICE. 3

图 5-2（二） 提单资料

ADDITIONAL COND.	47A:	FOR EACH DOCUMENTARY DISCREPANCY(IES)UNDER THIS CREDIT.A FEE OF USD 60.00 WILL BF DEDUCTED FROM THE WHOLF PROCFFDS. BOTH QLANTTY AND AMOLNT 10 PCT MORE OR LESS ARE ALLOWED. BENEFICIARY'S TEL:0086-411-82375008
DETAIIS OF CHARCES	71B:	ALL.BANKING CHARCES OUTSIDE THE ISSUINGBANK INCLUDING THOSE OF REIMBURSEMENT BANK ARE FOR ACCOUNT OF BENEFICIARY
PRESENTATION PERIOD	48:	DOCUMENTS TO BE PRESENTED WTTHIN 21 DAYS AFTER THE ISSUANCE OF THE SHIPPING DOCUMENTS BUT WITHIN THE VALIDITY OF THE CREDIT.
CONFIRMATION	49:	WITHOUT
INSTRUCTIONCS	78:	ALLDOCUMENTS TO BE FORWARDED TO CITIBANK NEW YORK U.S.A IN ONE COVER BY COURIER SERVICE UNLESS OTHERWISE STATED ABOVE. WE HEREBY UNDERTAKE TIIAT UPON RECEIPT OF THE ORIGINAI DOCUMENTS IN COMPLIANCE WITII TIIE TERMS OF TIIS CREDIT,THE DRAITIS DRAWN UNDER WILLBE DULY HONORED. THIS CREDIT IS SUBJECT TO U.C.P FOR DOCUMENTARY CREDIT,1993 REVISION ICCP NO. 500.
		4

图 5-2（三） 提单资料

卖方 2 月 28 日装船完成，获得提单。具体货物明细见表 5-5。

表 5-5 具体货物明细

Art NO.	Commodity	Unit	Quantity	Unit Price (USD)	Amount (USD)
	WINCH ASPER CONTRACTNO: SHIP3325	PCS	2000	7.00/PCS	USD 14000.00
Total Amount: USD 14000.00					

请完成图 5-3 所示海运提单的填写。

中国远洋运输海运提单正面

<table>
<tr><td colspan="2">1. SHIPPER (托运人)</td><td rowspan="5">B/LNO.
COSCO
中国远洋运输(集团)总公司
CHINA OCEAN SHIPPING(GROUP)CO.

ORIGINAL
Combined Transport Bill of Lading</td></tr>
<tr><td colspan="2">2. CONSIGNEE(收货人)</td></tr>
<tr><td colspan="2">3. NOTIFY PARTY(通知人)</td></tr>
<tr><td>4. PR-CARRIAGE BY
(前程运输)</td><td>5. PLACE OF RECEIPT
(收货地)</td></tr>
<tr><td>6. OCEAN VESSEL VOY. NO. (船名及航次)</td><td>7. PORT OFLOADING
(装货港)</td></tr>
<tr><td>8. PORT OF DISCHARGE
(卸货港)</td><td>9. PLACE OF DELIVERY
(交货地)</td><td>10. FINALDESTINATION FOR THEMERCHANT'S REFERENCE(目的地)</td></tr>
</table>

<table>
<tr><td>11. MARKS
(唛头)</td><td>12. NOS. & KINDS OF PKGS
(包装种类和数量)</td><td>13. DESCRIPTIONOF GOODS(货物名称)</td><td>14. G. W. (KG)
(毛重)</td><td>15. MEAS(M')
(体积)</td></tr>
<tr><td colspan="5">16. TOTALNUMBER OF CONTAINERS OR PACKAGES(IN WORDS)(总件数)</td></tr>
</table>

<table>
<tr><td>17. FREIGHT&CHARGES
(运费)</td><td>REVENUE TONS
(运费吨)</td><td>RATE(运费率)</td><td>PER (计费单位)</td><td>PREPAID(运费预付)</td><td>COLLECT
(运费到付)</td></tr>
<tr><td>PREPAID AT
(预付地点)</td><td>PAYABLEAT
(到付地点)</td><td colspan="4">18. PLACEAND DATE OFISSUE
(出单地点和时间)</td></tr>
<tr><td>TOTAL PREPAID
(预付总金额)</td><td>19. NUMBER OF ORIGINAL B(S)L(正本提单的份数)</td><td colspan="4" rowspan="2">22. SIGNED FORTHE CARRIER
(承运人签章)</td></tr>
<tr><td>20. DATE
(装船日期)</td><td>21. LOADING ON BOARD THE VESSELBY(船名)</td></tr>
</table>

图 5-3 海运提单

任务评价

学完本任务后，结合自己学习情况，依指标进行评价。

考核项目	评分内容	总分值	得分值
知识掌握	1．熟悉海运提单的内容（10 分） 2．掌握海运提单中各项内容的填写要求（15 分） 3．了解按照国际贸易惯例和海运业务要求，海运提单体填写中容易产生的一些问题和纠纷（5 分）	30	
能力提升	能够根据信用证及相关贸易信函填制海运提单（40 分）	40	
课堂表现	1．学习态度（10 分） 2．沟通合作（10 分） 3．回答问题（10 分）	30	
签字		总分	

任务三　电放提单操作

任务描述

通过本任务的学习，学生应了解电放提单的性质和作用，掌握电放提单的操作流程，熟悉电放提单存在的风险，合理制定风险防范预案，掌握电放保函的书写方法。

知识链接

一、电放提单

电放提单指船公司或其代理人签发的注有“电放”（Surrendered, Telex Release）字样的提单。电放提单与海运单都是为了便利海上运输而创设的，而且在目前的国际集装箱班轮运输实践中经常使用。

电放是电报放货的简称，电放是由托运人（卖方）向船公司提出申请并提供保函后，由船公司申请并提供保函、电传通知目的港代理，某票货物无须凭正本提单放货，收货人可凭收货人公司盖章的电放提单传真件或凭身份证明提取货物。

国际集装箱班轮近洋航线上，于 1993 年年初出现了电放提单，据统计，目前中日航线集装箱班轮所使用的单证，传统提单仍高达 90% 左右，但电放提单也占了 8% 左右。电放提单是以传统提单为基础的一种变通做法。在船、货双方使用提单情况下，提单是承运人在目的港据以交付货物的凭证，承运人在目的港交付货物时“认单不认人”，无单放货须承担相应的法律责任。

电放提单的基本应用模式是：在船公司收取货物后，托运人（卖方）向船公司提出电放申请并提供保函，船公司接受申请后向托运人签发电放提单（在已经签发传统提单情况下，则在收回以后再签发电放提单）；船公司之后马上以电讯方式（包括电报、电传等）通知目的港船代，允许该票货物由托运人指定的收货人凭身份或者自己盖章后的电放提单传真件提货；等货物到达目的港时，收货人就可以凭身份证明或者盖章后的电放提单传真件向船公司提取货物。

电放提单是为了满足近洋运输和贸易需要的商业创造物，但其在法律上的性质却是尴尬的。按中国《海商法》规定，提单应当具有三项功能：海上货物运输合同的证明、承运人收货凭证和目的港交货凭证。

有 Surrendered 字样的电放提单，在目的港由托运人指定的收货人凭身份提货，而有 Telex Release 字样的电放提单，则是由收货人凭电放提单传真件提货。凭收货人身份提货显然否认了该单据的提货凭证功能，即使是凭已盖章的该单据传真件提货，也同样否认了其提货凭证功能，因为收货人据以提货的不是电放提单本身，电放提单本身并不是承运人交付货物的依据。

电放提单不具有物权凭证功能，但仍具有海上货物运输合同证明的功能。由于电放提单是在承运人收货或装船后签发的，因此其具备收货收据的功能，将是承运人收到货物的初步证据，除非承运人有确凿的反证，否则托运人手中的电放提单即表示承运人已经收到其上所记载的货物。

二、电放提单的操作流程

（一）船东签发正本提单，货代提单用电放的情况

由承运人签正本提单给货代，提单上的托运人为货代，收货人为货代在目的港的代理，货代目的港的代理凭正本提单提货。货代与托运人之间用电放，收货人凭电放信或者电放号，在目的港从货代代理人处提走货物。

（二）船东提单用电放，货代签发正本货代提单的情况

此种情况下，船公司将提单副本传给货代填写信息，提单上的托运人填货代名，收货人填货代在目的港的代理；货代在确认后，提出电放申请，承运人同意的，将电放信或者电放号传给货代；最后，由货代在目的港的代理人向承运人目的港代理办理提货。货代公司签发正本的货代提单给托运人，提单上的托运人填托运人的名称，收货人填目的港收货人的名称，目的港的收货人凭该提单的正本在目的港，从货代公司代理手中提货。

（三）不签发任何正本提单的情况

（1）由承运人将主提单的副本传给货代。

（2）货代将该提单副本传真给托运人予以填写、确认。

（3）托运人确认后，填写电放申请书传给货代。

（4）货代将电放申请书传给承运人。

（5）承运人同意电放的，在货物装船后，将电放邮件或者电放号由货代传给托运人。

（6）托运人将电放信或者电放号传给收货人，收货人凭该电放信或者电放号及提单的副本在目的港承运人代理处提货。

三、电放提单的风险

从表面上看，电放提单解决了“货等单”问题，但事实上，这一解决方法是以相关当事人的充分配合、善意行事为前提的。由于目前尚无相关的国际公约和国内立法对电放提单加以规范，有关当事人之间的权利义务关系并不明确，一旦电放提单过程没有顺利完成，就非常容易导致纠纷的产生。

根据我国《海商法》的规定，提单应当具有海上货物运输合同的证明、承运人收货凭证、目的港交货凭证三项功能。但对于电放提单而言，却只具有海上货物运输合同的证明、承运人收货凭证功能，而不具备目的港交货凭证功能。

由于电放提单并不是提货凭证，不是物权凭证，也就不是真正意义上的提单，托运人手中持有电放提单并不能成为其收取货款的保障。在国际贸易货款结算采用汇付或托收时，托运人在已经收取货款情况下使用电放方式比较安全，在没有收取货款情况下使用电放则是给予买方（收货人）充分信任。如果采取信用证方式结算，除非信用证另有规定，电放提单必定不符合信用证的单据条款从而构成“不符点”，开证行的拒付将使卖方无法通过信用证获得货款。因此，电放提单对于托运人（卖方）而言，风险是很大的。

四、电放保函的写法

电放保函撰写需要注明委托公司名称，运输时间，提单号，接收电放提点的公司名称，具体撰写模板如下：

××海运公司：

我司委托贵司于×年×月×日运至仁川港的货物，提单号为：×××××××。现请求将提单电放，电放给××公司。请予以同意，由此引起的责任和后果由我司承担。

特此保函！

××公司（章）

×年×月×日

任务实施（工作页）

一、根据电放提单的相关知识，回答下列问题。

1. 请说明电放运提单的用途及法律效力。

____

____

2. 请写分析电放提单与海运提单的相同点与不同点。

____

____

3. 请说明在不签发任何正本提单的情况下，电放提单业务的操作流程。

____

____

4. 请描述电放提单的风险有哪些？

____

____

二、电放保函撰写训练。

A 公司委托 B 公司进行货运业务，要求 2022 年 5 月 15 日将货物运到荷兰阿姆斯特丹港，提单号是 567890123。现 A 需要将提单电放给 C 公司，便于 C 公司取货。请帮助 A 公司拟定一份电放保函。

B 海运公司：   A 公司（章） × 年 × 月 × 日

任务评价

学完本任务后，结合自己学习情况，依指标进行评价。

考核项目	评分内容	总分值	得分值
知识掌握	1. 了解电放提单的作用（10 分） 2. 熟悉电放提单的法律效力（10 分） 3. 掌握电放提单的业务流程（10 分）	30	
能力提升	1. 能够根据货运业务需要选择电放提单，并熟悉应承担的责任和义务（10 分） 2. 能够按照规范流程办理电放提单业务（20 分） 3. 能够根据业务需要编写电放保函（10 分）	40	
课堂表现	1. 学习态度（10 分） 2. 沟通合作（10 分） 3. 回答问题（10 分）	30	
签字		总分	

任务四　提单运输法规

任务描述

通过本任务的学习，学生应了解有关海运提单的主要运输法规，熟悉提单法规赋予承运人的权利、义务，熟悉提单运输法规中托运人的义务。

知识链接

一、有关提单的国际运输法规

（一）《海牙规则》

《海牙规则》(Hague Rules，H.R.)，全称为《统一提单的若干法律规定的国际公约》(International Convention for the Unification of Certain Rules of Law Relating to Bills of Lading，1924)，是 1924 年 8 月 25 日在比利时首都布鲁塞尔签订，1931 年 6 月 2 日起生效。它是为统一世界各国关于提单的不同法律规定，并确定承运人与托运人在海上货物运输中的权利和义务而制定的国际协议，是关于提单法律规定的第一部国际公约。中国虽然没有加入该公约，但却把它作为制定中国《海商法》的重要参考依据；中国不少船公司的提单条款也采纳了这一公约的精神。

《海牙规则》共十六条，其中第一至第十条是实质性条款，第十一条至第十六条是程序性条款，主要是有关公约的批准、加入和修改程序性条款。海牙规则作为一个国际货运公约，仅适用于参加该规则的国家，但没有加入该规则的一些国家在制定提单和开展实际航运业务中执行的内容与海牙规则并无区别，该规则的主要内容有：

（1）承运人的责任和义务。

（2）承运人的免责事项。

（3）货物托运人的责任和义务。

（4）承运人的赔偿责任限制。

（5）索赔与诉讼时效。

（6）运输合同无效条款。

（7）公约的适用范围。

（二）《海牙—维斯比规则》

自 1931 年《海牙规则》生效以来，国际贸易和航运业发展很快，《海牙规则》的某些内容早已不适应需要。1963 年，国际海事委员会在斯德哥尔摩会议上订立了一个对《海牙规则》的修改议定书。会议期间，代表们访问了附近的哥德特兰岛的海运古城维斯比，并在那里由会议主席正式签署了该规则的修改建议，因此，习惯上将该规则称为《海牙—维斯比规则》。该规则于 1968 年 2 月在布鲁塞尔的会议上正式通过，并定名《布鲁塞尔 1968 年议定书修改的海牙规则》，该规则在 1977 年生效。

《海牙—维斯比规则》共十七条，但只有前六条才是实质性的规定，对《海牙规则》

的第三、四、九、十条进行了修改。《海牙—维斯比规则》对《海牙规则》修改的主要内容有：

（1）扩大了公约的适用范围。

（2）提高了承运人的赔偿责任限制。

（3）对侵权行为的请求。

（4）提单的最终证据。

（三）《汉堡规则》

自《海牙规则》《海牙—维斯比规则》实施以来，国际贸易、运输又有新的发展，特别是第三世界。第三世界作为货主国家，为发展自己的经济强烈要求修改海牙规则，于是，联合国和发展会议在 1968 年 3 月设立了国际航运立法工作组，该工作组的任务是讨论国际海商法给发展中国家的经济带来的障碍，并对需要修改的意见，向联合国国际贸易法委员会提出建议。

1969 年 11 月，国际航运立法工作组召开第一次会议，决定优先审议提单的法律。1971 年 2 月，国际航运立法工作组召开第二次会议，决定重点修改《海牙规则》，并进行新公约的准备工作。1978 年 3 月由联合国主持在汉堡召开了海上货物运输会议，通过了“1978 年联合国海上货物运输公约”，简称《汉堡规则》，该规则于 1992 年生效。

《汉堡规则》对《海牙规则》作了带根本性的修改，除保留《海牙—维斯比规则》修改《海牙规则》的一些内容外，主要修改的内容如下：

（1）承运人的责任期间从承运人接管货物起到交付货物止。

（2）实行承运人推定过失责任制。

（3）明确规定了货物延迟交付的赔偿责任。

（4）实行与《海牙—维斯比规则》相同的计算赔偿限额的双重办法。

（5）托运人出具的保证向赔偿承运人的保函或协议，对收货人或受让提单的第三方，均属无效。

（6）承运人如将运输或部分运输委托给实际承运人完成，承运人仍应对全部运输负责。

（7）公约适用于活动物和舱面货，承运人只有按照与托运人订立的协议或符合特定的贸易航运惯例或法规，才能在舱面上载运货物。

（8）将货损赔偿诉讼时效延长为两年。

（9）规定了管辖权和仲裁条款，原告有权按这些条款的规定，选择诉讼法院和仲裁地点。

（10）公约的适用范围扩大为：规定的装货港或卸货港位于缔约国内的运输合同；规定的备选卸货港之一为实际卸货港，位于缔约国内的海运合同；在一个缔约国内签发的提单或证明运输合同的其他单证；提单或证明运输合同的其他单证规定本提单或证明运输合同的其他单证适用公约或使其生效的国内法的运输合同。

二、提单运输法规赋予承运人的权利、义务

承运人的权利义务是由提单条款加以规定的。由于目前大多数国家已采用《海牙

规则》，关于这方面的法律已基本上趋于统一。

现以《海牙规则》为主并对照《海牙—维斯比规则》和《汉堡规则》的有关规定，对承运人的权利义务分别介绍如下。

（一）承运人的基本义务

根据《海牙规则》的规定，承运人的基本义务有以下两项。

（1）承运人应提供适航的船舶。承运人在开航前与开航时必须谨慎处理，以使船舶具有适航性，适当配备船员、设备和船舶供应品，使货舱、冷藏舱和该船其他运载货物的部位适宜并能完全地收受、运送和保管货物。

所谓适航性（Seaworthiness），首先是指船舶必须在设计、结构、条件和设备等方面经受得起航程中的一般风险。其次还要配备合格、健康的船长和合格足够的船员，船舶航行所用的各种设备必须齐全，燃料、淡水、食品等供应品必须充足，使船舶能安全地把货物运往目的地。

船舶的适航性还包括适货（Cargo Worthiness），即适宜于接受、保管和运输货物。例如，在装货前，货舱必须适当清扫，如有必要应按检疫机关的规定进行熏舱消毒，如果装载冷藏货，应保证冷藏机的温度适合货物的要求。如果承运人没有尽到的责任，以致货物遭受损失，承运人应负责赔偿。

《海牙规则》只要求承运人在开航前和开航时谨慎处理使船舶适航，而不是在整个航程中都要保证船舶适航。因为海上风险较大，船舶在航行中可能会发生各种意外事故而变得不适航，在这种情况下，除非承运人由于疏忽没有及时采取补救措施，否则承运人可不负责任。开航前与开航时是两个不同的阶段。所谓开航前是指开始装货之前，开航时则指船舶离开锚地之时。

（2）承运人应适当和谨慎地装载、搬运、积载、运送、保管、照料和卸下所承运的货物。按照《海牙规则》第三条第（二）款的规定，承运人对货物的责任包括装载、搬运、积载、运送、保管、照料和卸载等方面在上述各个环节中承运人都要适当谨慎地行事，如果由于他的疏忽或过失，致使货物受到损坏，承运人应负赔偿责任。

（二）承运人的免责事项

《海牙规则》规定了承运人的权利，但同样规定了承运人的免责事项。承运人对下列各种情况下所引起的货物损失可以免除责任：

（1）船长、船员、引水员或承运人所雇佣的其他人在驾驶或管理船舶上的行为、疏忽或过失。承运人对因船长、船员或者承运人的其他人员在驾驶或管理船舶方面的疏忽或过失所造成的货物灭失损坏，不负赔偿责任。

（2）火灾，但由于承运人的实际过失或参与而引起的除外。船舶引起火灾的原因是多方面的，它包括由于船长、船员或装卸人员的疏忽而引起的火灾，由于货物的自然特性而蔓延起来的火灾，或由于其他原因所造成的火灾，承运人对这类火灾所引起的货物损失，以及因扑灭火灾而造成的货物损失，可以免除责任。

（3）海上或其他通航水域的海难、危险和意外事故。海上灾难（Perils of Sea）是指海上所特有的或船舶在海上航行所特有的各种灾难，如恶劣气候、狂风巨浪、海啸、冰冻等，但不包括陆地上也可能发生的风险。

（4）天灾。

（5）战争行为。

（6）公敌行为。

（7）君主、统治者或者人民的逮捕或管制依法扣押。

（8）检疫限制。

（9）托运人或者货主或其代理人或代表的行为或不当行为。

（10）不论由于任何原因所引起的局部或全面罢工、关闭工厂、停工或强制停工。

（11）暴动和骚乱。

（12）救助或企图救助海上人命或财产。

（13）由于货物的隐蔽缺陷、性质或者潜在缺陷所引起的体积或重量的亏损，或其他任何灭失或损害。

（14）包装不固。

（15）标志不清或不适当。

（16）恪尽职责仍不能发现的潜在缺陷。

（三）承运人的责任期限

按照《海牙规则》第一条第（五）款的规定，承运人对所运货物的责任期限，是从货物装到船上时起，至货物从船上卸下时止。这段时间就是承运人对货物承担责任的时间界限，也是《海牙规则》适用的时间界限。这段时间包括装货过程和卸货过程，但不包括装货前和卸货后这段时间。按照《海牙规则》第七条的规定，关于装货前、卸货后这段时间内，承运人对货物灭失或损害的责任和义务，可由托运人与承运人自行商定，不受海牙规则各项规定的约束。

三、提单运输法规中托运人应履行的义务

托运人的主要义务是提供托运货物和支付运费。

（一）提供托运货物

托运人应当把约定的托运货物及时运到承运人指定的地点，以便装船。同时应在提单上把货物的名称、标志、号码、件数、重量、装货港与目的港的名称以及收货人的名称填写清楚。如果由于托运人所提供的货运资料不准确，致使承运人遭受损失，托运人应负责赔偿。托运人还必须遵照港口有关当局的规定，办妥货物出港的一切手续，并应把有关的单证文件交给承运人。如果托运人没有及时办妥上述各项手续，以致船舶不能出港，造成了延滞或其他损失，托运人应对承运人负责。

（二）支付运费

支付运费是托运人的一项主要义务。运费的支付办法有预付运费和到付运费两种。至于采取哪一种付费方法，可由双方当事人在运输合同中加以规定。

预付运费一般是在装货港装货时或在开航前由托运人支付的。按照航运惯例和一般运输合同的规定，凡运费已预付者，不论货物灭失与否，承运人概不退还。

到付运费是在目的港交货时，由收货人支付的。如果货物没有运到目的港，承运人无权收取运费。但只要货物已运到目的港，即使已受损坏，收货人仍须照付全部运费，而不能据此拒付或减付运费，否则，承运人有权留置货物。

（三）发货人装箱、计数或不知条款

《海牙规则》规定，如承运人、船长或其代理人有适当依据怀疑货物的任何标志、号码、数量、重量不能确切代表其实际收到的货物，或无适当的方法进行检验，便没有必要在提单拒绝载明箱内货物的详情。但是，如果提单上缺少这些记载，势必会影响提单的流通性，因此，在实际业务中又不得不根据货主的通知内容予以记载。如果承运人默认了货主提供的集装箱内的件数，则会在能否享受最高赔偿限额等责任限制方面带来不利。因而，承运人在根据货主提供的内容如实记载于提单的同时，又保留了“发货人装箱、计数”或“不知条款”，以最大限度达到免除责任的目的。如有的集装箱提单规定：“如货物件数是由发货人或其代理人装箱并加封，该种集装箱又为本公司接受运输的，则本提单正面所列的内容（有关货物的重量、尺码、件数、标志、数量等），本公司均不知悉。”

在提单中订有不知条款，从表面上看能保护承运人的利益，但其保护范围也有一定的限度，如货主能举证说明承运人明知货物详细情况，且又订上不知条款，承运人仍不能免责。特别是集装箱运输下的整箱货，承运人收到的仅是外表状况良好、铅封完整的集装箱，对里面所装的货物一无所知，所以，有必要加注这样的条款。

（四）铅封完整交货条款

集装箱提单中这一条款的规定仅适用于整箱货交接，也就是说，承运人在铅封完整下接货、交货，业已认为承运人完成货物运输，并解除所有责任。因此，从某种程度上说，集装箱运输下的整箱货交接是以铅封完整与否来确定承运人责任的。如承运人受损，欲提出赔偿要求，不仅需举证说明，还应根据集装箱提单中承运人的责任形式来确定。

（五）货物检查权条款

所谓货物检查权条款是指承运人有权但没有义务在任何时候将集装箱开箱检验，核对其所载装的货物。经过查核，如发现所装载的货物全部或一部分不能适合运输，承运人有权对该部分的货物放弃运输，或是在由托运人支付合理的附加费后完成这部分的货物运输，或存放在岸上或水上具有遮蔽的或露天的场所，这种存放业已认为按提单交货，即承运人的责任已告终止。

集装箱提单上订有货物检查权条款，是为了承运人对箱内货物的实际状况存疑或装载不当时，启封检查。承运人在行使这一权利时，无须得到托运人的预先同意。一般情况下，由货主自己装载的集装箱在启封检查时，原则上应征得货主同意，其费用由货主负担。

（六）海关启封检查条款

根据《国际集装箱海关公约》的规定，海关有权检查集装箱。因此，集装箱提单

中都规定："如果集装箱的启封是由海关当局认为检查箱内货物内容打开而重新封印，由此而造成任何货物灭失、损害，以及其他后果，本公司概不负责。"在实际业务中，尽管提单条款作了这样的规定，承运人对这种情况还应做好记录，并保留证据，以便免除责任。

（七）发货人对货物内容准确性负责条款

集装箱提单中所记载的内容，通常由发货人填写，或由负责集装箱的承运人或其代表根据发货人所提供有关托运文件制成。在集装箱经营人接受货物时，应视发货人已向承运人保证，他在集装箱提单中所提供的货物种类、标志、件数、重量、数量等均准确无误；或系危险货物，还应说明其危险特性。

任务实施（工作页）

根据提单运输法规相关知识，回答下列问题。

1．请说明《海牙规则》的主要内容。

____

____

2．请说明《海牙—维斯比规则》对《海牙规则》修改的主要内容。

____

____

3．请说明《海牙规则》规定的承运人的基本义务。

____

____

4．请说明《海牙规则》规定的承运人的免责事项。

____

____

5．提单运输法规中托运人的主要义务是什么？

____

____

任务评价

学完本任务后，结合自己学习情况，依指标进行评价。

考核项目	评分内容	总分值	得分值
知识掌握	1. 了解海运提单运输的主要国际法（10 分） 2. 熟悉提单法规赋予承运人的权利、义务（10 分） 3. 熟悉提单运输法规中托运人的义务（10 分）	30	
能力提升	1. 能够运用提单运输相关法律法规解决贸易纠纷（20 分） 2. 能够运用提单运输相关法律规则做好风险防控（20 分）	40	
课堂表现	1. 学习态度（10 分） 2. 沟通合作（10 分） 3. 回答问题（10 分）	30	
签字		总分	

项目六　海运货物保险

项目描述

本项目将学习海运货物保险业务的知识和技能。通过学习，学生们将了解海上货物运输风险，掌握海损界定的方式，熟悉国际海运运输的相关公约、法规和惯例，能够分析出国际海上货物运输过程中可能出现的货物的灭失或损坏，并能分清货运事故的责任，根据运输业务所需选择适合的货运保险，办理保险手续，遇到风险、损失时能够及时、有效上报，处理海上货运事故，并清晰准确地上报索赔清单和索赔单证向责任方提出索赔。

知识目标

- 了解海上货物运输的风险和损失。
- 了解国际海运中主要的海上货物运输保险险别、承保范围、责任的起讫、被保险人的义务、索赔期限。
- 熟悉国际货运保险办理的流程和手续。
- 掌握海运保险保费计算方式。
- 了解国际货运保险索赔和理赔的方法。

能力目标

- 掌握保险的险别，能够根据国际货运商品及运输类型选择合适的险种。
- 掌握保险费的计算方法及赔偿方式。
- 了解保险合同的主要内容，能够通过购买海运保险，降低运输风险。
- 掌握国际海运保险索赔的方法和理赔的流程。

项目结构图

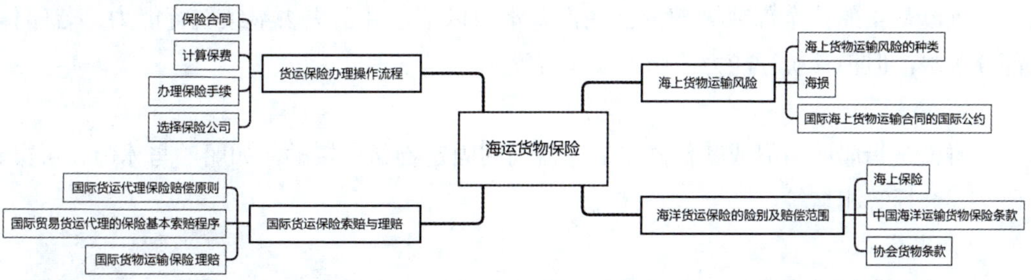

任务一 海上货物运输风险

任务描述

通过本任务的学习，学生应了解海上货物运输风险的种类，掌握海损界定的方式，熟悉海上货物公约的主要条款内容，能够分析出国际海上货物运输过程中可能出现货物的灭失或损坏，分清货运事故的责任。

知识链接

一、海上货物运输风险的种类

国际贸易货物在海上运输、装卸和储存过程中，可能会遭到各种不同风险，而海上货物运输保险人主要承保的风险有海上风险和外来风险。

（一）海上风险

海上风险在保险界又称为海难，包括海上发生的自然灾害和意外事故。自然灾害是指由于自然界的变异引起破坏力量所造成的灾害。海运保险中，自然灾害仅指恶劣气候、雷电、海啸、地震、洪水、火山爆发等人力不可抗拒的灾害。意外事故是指由于意料不到的原因所造成的事故。海运保险中，意外事故仅指搁浅、触礁、沉没、碰撞、火灾、爆炸和失踪等。

1. 搁浅

搁浅是指船舶与海底、浅滩、堤岸在事先无法预料到的意外情况下发生触碰，并搁置一段时间，使船舶无法继续行进以完成运输任务。但规律性的潮涨潮落所造成的搁浅则不属于保险搁浅的范畴。

2. 触礁

触礁是指载货船舶触及水中岩礁或其他阻碍物（包括沉船）。

3. 沉没

沉没是指船体全部或大部分已经没入水面以下，并已失去继续航行能力。若船体部分入水，但仍具航行能力，则不视作沉没。

4. 碰撞

碰撞是指船舶与船或其他固定的、流动的固定物猛力接触，如船舶与冰山、桥梁、码头、灯标等相撞等。

5. 火灾

火灾是指船舶本身、船上设备以及载运的货物失火燃烧。

6. 爆炸

爆炸是指船上锅炉或其他机器设备发生爆炸和船上货物因气候条件（如温度）影响产生化学反应引起的爆炸。

7. 失踪

失踪是指船舶在航行中失去联络，音讯全无，并且超过了一定期限后，仍无下落和消息。

（二）外来风险

外来风险一般是指由于外来原因引起的风险。它可分为一般外来风险和特殊外来风险。

1. 一般外来风险

一般外来风险是指货物在运输途中由于偷窃、下雨、短量、渗漏、破碎、受潮、受热、霉变、串味、沾污、钩损、生锈、碰损等原因所导致的风险。

2. 特殊外来风险

特殊外来风险是指由于战争、罢工、拒绝交付货物等政治、军事、国家禁令及管制措施所造成的风险与损失。如因政治或战争因素，运送货物的船只被敌对国家扣留而造成无法交货；某些国家颁布的新政策或新的管制措施以及国际组织的某些禁令，都可能造成货物无法出口或进口而造成损失。

二、海损

被保险货物因遭受海洋运输中的风险所导致的损失，称为海损或海上损失。海损按损失程度的不同，可分为全部损失和部分损失。

（一）全部损失

全部损失简称全损，是指被保险货物在海洋运输中遭受全部损失。从损失的性质看，全损又可分为实际全损和推定全损两种。

1. 实际全损

实际全损又称绝对全损，是指保险标的物在运输途中全部灭失或等同于全部灭失。在保险业务上构成实际全损主要有以下几种：

（1）保险标的物全部灭失。例如，载货船舶遭遇海难后沉入海底，保险标的物实体完全灭失。

（2）保险标的物的物权完全丧失已无法挽回。例如，载货船舶被海盗抢劫，或船货被敌对国扣押等。虽然标的物仍然存在，但被保险人已失去标的物的物权。

（3）保险标的物已丧失原有商业价值或用途。例如，水泥受海水浸泡后变硬，烟叶受潮发霉后已失去原有价值。

（4）载货船舶失踪，无音讯已达相当一段时间。在国际贸易实务中，一般根据航程的远近和航行的区域来决定时间的长短。

2. 推定全损

推定全损是指保险货物的实际全损已经不可避免，而进行施救，复原的费用已超过将货物运抵目的港的费用或已超出保险补偿的价值，这种损失即为推定全损。构成被保险货物推定全损的情况有以下几种：

（1）保险标的物受损后，其修理费用超过货物修复后的价值。

（2）保险标的物受损后，其整理和继续运往目的港的费用，超过货物到达目的港的价值。

（3）保险标的物的实际全损已经无法避免，为避免全损所需的施救费用，将超过获救后标的物的价值。

（4）保险标的物遭受保险责任范围内的事故，使被保险人失去标的物的所有权，而收回标的物的所有权，其费用已超过收回标的物的价值。

（二）部分损失

部分损失是指被保险货物的损失没有达到全部损失的程度。部分损失按其性质，可分为共同海损和单独海损。

1. 共同海损

1974 年，国际海事委员会制定的《约克—安特卫普规则》规定，载货船舶在海运中遇难时，船方为了共同安全，以使同一航程中的船货脱离危险，有意而合理地作出的牺牲或引起的特殊费用，这些损失和费用被称为共同海损。构成共同海损的条件是：

（1）共同海损的危险必须是实际存在的，或者是不可避免的，而非主观臆测的。不是所有的海上灾难、事故都会引起共同海损。

（2）必须是自愿地和有意识地采取合理措施所造成的损失或发生的费用。

（3）必须是为船货共同安全采取谨慎行为或措施时所作的牺牲或引起的特殊费用。

（4）必须是属于非常性质的牺牲或发生的费用，并且是以脱险为目的的。共同海损行为所造成的牺牲或引起的特殊费用，都是为使船主、货主和承运方不遭受损失而支出的，因此，不管其大小如何，都应由船主、货主和承运各方按获救的价值，以一定的比例分摊。这种分摊叫共同海损的分摊。在分摊共同海损费用时，不仅要包括未受损失的利害关系人，而且还需包括受到损失的利害关系人。

2. 单独海损

单独海损是指保险标的物在海上遭受承保范围内的风险所造成的部分灭失或损害，即指除共同海损以外的部分损失。这种损失只能由标的物所有人单独负担。与共同海损相比，单独海损的特点是：

（1）它不是人为有意造成的部分损失。

（2）它是保险标的物本身的损失。

（3）单独海损由受损失的被保险人单独承担，但其可根据损失情况从保险人那里获得赔偿。根据英国海上法，货物发生单独海损时，保险人应赔金额的计算，等于受损价值与完好价值之比乘以保险金。

3. 海上费用

海上风险除了使货物本身受到损毁导致经济损失外，还会造成费用上的损失。保险人（即保险公司）对这些费用也给予赔偿，包括主要施救费用和救助费用两种。

（1）施救费用，是指保险标的遭受保险责任范围内的灾害事故时，由被保险人或他的代理人、雇佣人和受让人等，为了防止损失的扩大，采取各种措施抢救保险标的所支付的合理费用。保险人对这种施救费用负责赔偿。

（2）救助费用，是指被保险标的遭受了保险责任范围内的灾害事故时，由保险人和被保险人以外的第三者采取救助行动并获得成功，而向他支付的劳务报酬。

三、国际海上货物运输合同的国际公约

（一）主要海上货物公约

国际海上货物运输过程中出现的各种风险和损失，在后续责任审定、赔付业务办理过程中均需要以海上货物运输合同为依据和凭证。关于国际海上货物运输合同的国际公约有《海牙规则》《海牙—维斯比规则》和《汉堡规则》，我国有《海商法》。这些公约和法律是国际海上货运事故的主要处理依据。

（二）三大公约的区别

关于三大国际公约的主要区别，有以下几方面：

（1）《海牙规则》和《海牙—维斯比规则》规定承运人的责任时间是从装船到卸船，即钩至钩；《汉堡规则》扩大为自接受货物时起到交付货物时止，包括从港区到港区、堆场到堆场、货运站到货运站。

（2）《海牙规则》规定了活动物和甲板货不属于货物范围，承运人不负责任。而《汉堡规则》将活动物和甲板货列入货物范围，这些货物如损坏或灭失，承运人应负责任。

（3）《海牙规则》规定收货人对货物不明显损坏应在 3 天内提出书面索赔通知;《汉堡规则》为在货物交付后 15 日内提出。

（4）《海牙规则》规定承运人有 17 项免责条款;《汉堡规则》取消了这些免责条款，保护了货方的利益。

（5）《海牙规则》规定承运人对每件或每单位货物的灭失或损坏赔偿金额不超过 100 英镑或相当于 100 英镑的其他货币。《海牙—维斯比规则》规定把每单位赔偿金额改为不超过 10000 金法郎或每千克 30 金法郎，两者中以较高的数额为准。《汉堡规则》规定为 835 特别提款权（SDRS）或每千克 2.5 SDRS，两者中以较高的数额为准。

（6）《海牙规则》对延迟交货未作规定。《汉堡规则》规定了承运人若延迟交货则要负 3 项责任：行市损失；利息损失；停工停产损失。

（7）《海牙规则》只适用于缔约国所签发的提单；《汉堡规则》规定，凡装卸在缔约国的提单均适用。

（8）《海牙规则》规定诉讼时效为 1 年。《海牙—维斯比规则》虽也规定为 1 年，但船、货双方协议可以延长，在 1 年期满后，如果在受理该案的法院允许的期限内，承运人至少仍有 3 个月的期限向第三者提出赔偿诉讼。《汉堡规则》将诉讼时效延长为 2 年。

任务实施（工作页）

一、回答下列问题。

进行国际贸易、国际货物运输、国际货运代理业务，风险会随时出现，如何在风险来临之前做出相应的防范，进行适当的规避，提前进行风险防御，是国际货运代理公司在展开业务过程中需要考虑的问题，也是整个业务流程中非常关键的一个环节。那么，哪些风险是应该注意的，又应该如何处理呢？我们必须首先了解和掌握以下问题。请借助互联网查询以下问题，并学习关于保险的相关知识。

1．国际货物运输为什么要进行风险管理？

2．海上货物运输保险有哪些种类？

3．海上货物运输中的海损是如何界定的，具体有哪些类型？

4．查询《海牙规则》《海牙—维斯比规则》《汉堡规则》及我国《海商法》关于国际货运风险责任界定的条款。

二、请根据以上所学的海上货物运输风险知识，进行案例分析。

中国上海某船公司为南京一家化妆品加工公司企业承运进口化学物品，承运将货物装于甲板上但并未在提单上注明货装甲板。因航行中天气恶劣，有部分货物落入海中。当收货人向承运人索赔时，承运人称该货物属于甲板货不属于承运人的责任范围，拒绝赔偿。试分析：承运人是否应该赔偿收货人的损失？为什么？

任务评价

学完本任务后，结合自己学习情况，依指标进行评价。

考核项目	评分内容	总分值	得分值
知识掌握	1. 熟悉海上货物运输风险的种类（10 分） 2. 熟悉海损界定的方式（10 分） 3. 熟悉海上货物公约的主要条款内容（10 分）	30	
能力提升	1. 能够根据国际货运业务需要选择适合的险种（20 分） 2. 能够根据国际货运业务中遇到的事故情况判断海损类型，并界定责任人（20）	40	
课堂表现	1. 学习态度（10 分） 2. 沟通合作（10 分） 3. 回答问题（10 分）	30	
签字		总分	

任务二　海洋货运保险的险别及赔偿范围

任务描述

通过本任务的学习，学生应熟悉海洋运输货物保险的险别、承包范围、责任的起讫，被保险人的义务，索赔期限；了解协会货物条款内容，能够帮助国际货运货主选择适合的保险。

知识链接

一、海上保险

海上保险（Marine Insurance）属于财产保险的范畴，是指以海上的财产及其利益、运费和责任作为承保保险标的的一种保险。

海上保险主要承担的标的有船舶、运输货物、钻井平台、运费和保赔责任等。现在海上保险业务主要包括货物运输保险、船舶保险、运费保险、保障赔偿责任保险、海上石油勘探开发保险等。

海上保险的种类很多，从不同的角度可以进行不同的分类：

（1）依保险标的划分，海上保险可以分为货物保险、船舶保险、运费保险、保赔保险及海上石油勘探开发保险。

（2）依保险价值划分，可将海上保险分为定值保险和不定值保险。

（3）依海上保险的期间划分，可以分为航程保险、定期保险、混合保险、船舶停泊保险和船舶建造保险。

（4）依承保的方式划分，可以分为逐笔保险、流动保险、总括保险和预约保险。

二、中国海洋运输货物保险条款

海运货物保险承保风险的综合性与致损原因的复杂性相当突出，所以海运货物保险的险种最多。中国海洋运输货物保险（China Insurance Clause，CIC）根据我国保险业习惯设立，主要险别分为基本险、附加险和专门险三类。

（一）基本险

基本险可以单独投保，被保险人投保时，必须进择一种基本险投保。海洋货运保险的基本险包括平安险（F.P.A）、水渍险（W.P.A 或 W.A）和一切险（All Risks）。

1. 平安险

平安险的承保范围包括除了由自然灾害造成的单独海损以外的海上风险所造成的一切损失和费用。具体包括：

（1）在运输过程中，由于自然灾害造成被保险货物的实际全损或推定全损。由于运输工具遭遇搁浅、触礁、沉没、互撞、与流冰或其他物体碰撞以及失火、爆炸等意外事故造成被保险货物的全部或部分损失。只要运输工具曾经发生搁浅、触礁、沉没、焚毁等意外事故，不论这意外事故发生之前或者以后曾在海上遭遇恶劣气候、雷电、海啸等自然灾害造成的被保险货物的部分损失。

（2）在装卸转船过程中被保险货物一件或数件、整件落海所造成的全部损失或部分损失。

（3）被保险人对遭受承保责任内危险的货物采取抢救、防止或减少货损措施支付的合理费用，但以不超过该批被救货物的保险金额为限。

（4）运输工具遭遇自然灾害或者意外事故，需要在中途的港口或者在避难港口停靠，因而引起的卸货、装货、存仓及运送货物所产生的特别费用。

（5）共同海损的牺牲、分摊和救助费用。运输契约订有“船舶互撞责任”条款，按该条款规定应由货方偿还船方的损失。

2. 水渍险

水渍险的承保范围包括海上风险所造成的一切损失和费用，即在平安险的基础上，加上自然灾害造成的单独海损。

3. 一切险

一切险的承保范围，包括水渍险的所有责任，还包括由一般外来风险所造成的损失。

根据保险条款规定，上述基本险承保责任的起讫，采用国际保险业通用的“仓至仓条款”（W/W Clause）。该条款规定，保险人的保险责任自被保险货物运离保险单所载明的起运地仓库或储存处所开始运输时生效，直到该项货物到达保险单所载明目的地收货人的最后仓库或储存处所或被保险人用作分配、分派或非正常运输的其他储存处为止。如未抵达上述目的地，则在货物于最后卸载港全部卸离海轮后 60 天为止。在上述 60 天内如再需转运，则开始转运时保险责任终止。

4. 除外责任

上述基本险还规定了下列除外责任（Exclusions）：

（1）被保险人的故意行为或过失所造成的损失。

（2）属于发货人责任引起的损失。

（3）在保险责任开始前，被保险货物已存在的品质不良或数量短差所造成的损失。

（4）被保险货物的自然损耗、本质缺陷、特性以及市价跌落、运输延迟所造成的损失和费用。

（5）属于海洋运输货物战争险条款和货物运输罢工险条款规定的责任范围和除外责任。

（二）附加险

附加险承保由外来风险所造成的损失，可分成一般附加险和待殊附加险，分别对应于一般外来风险和特殊外来风险。

一般附加险包括偷窃提货不着险、淡水雨淋险、渗漏险、短量险、钩损险、破碎碰损险、锈损险、混杂沾污险、串味险、受潮受热险、包装破裂险等 11 种。

特殊附加险主要有战争险、罢工险、舱面险、拒收险、交货不到险、黄曲霉素险、进口关税险以及货物出口到港澳地区的存仓火险责任扩展条款等 8 种。已投保战争险后另加保罢工险不另收费，一般同时投保。战争险的责任起讫不是“仓至仓”，保险人只负水面责任。

附加险不能单独投保，可在投保一种基本险的基础上，根据货运需要加保其中的一种或若干种。投保了一切险后，因一切险中已包括了所有一般附加险的责任范围，所以只需在特殊附加险中选择加保。

（三）专门险

专门保险险别有海洋运输冷藏货物保险和海洋运输散装桐油保险两类。

1. 海洋运输冷藏货物保险（Ocean Marine Insurance Frozen Products）

该险种包括冷藏险和冷藏一切险。冷藏险除水渍险承保范围外，还负责赔偿由于冷藏机器停止工作连续 24 小时以上造成的被保险货物的腐败或损失。冷藏一切险除冷藏险承保范围外，还负责赔偿被保险货物在运输途中由于一般外来原因所造成的腐败或损失。

2. 海洋运输散装桐油保险（Ocean Marine Insurance Wood oil Bulk）

该险种承保不论任何原因造成的被保险散装桐油的短少、渗漏、沾污或变质的损失。海运散装桐油保险只有一个险别，除了承保海运货物一切险的各项责任外，还针对散装桐油的特点，增加承保以下两项：

（1）不论何种原因所致被保险桐油的短量、渗漏超过免赔率部分的损失。

（2）不论何种原因所致被保险桐油的沾污和变质损失。

（四）责任起讫

按照国际保险业的习惯，基本险采用的是“仓至仓条款”（Warehouse to Warehouse Clause，W/W Clause），即保险责任自被保险货物运离保险单所载明的起运地发货人仓库或储存处所开始生效，包括正常运输过程中的海上、陆上、内河和驳船运输在内，直至该项货物到达保险单所载明目的地收货人的最后仓库或储存处所或被保险人用作分配、分派或非正常运输的其他储存处所为止。如未抵达上述仓库或储存处所，则以被保险货物在最后卸载的港口全部卸离海轮后满60天为止。如在上述60天内被保险货物需转运到非保险单所载明的目的地时，则以该项货物开始转运时终止。

由于被保险人无法控制的运输延迟、绕道、被迫卸货、重新装载、转载或承运人运用运输契约赋予的权限所作的任何航海上的变更或终止运输契约，致使被保险货物运到非保险单所载明目的地时，在被保险人及时将获知的情况通知保险人，并在必要时加缴保险费的情况下，本保险仍继续有效，保险责任按下列规定终止：

（1）被保险货物如在非保险单所载明的目的地出售，保险责任至交货时为止，但不论任何情况，均以被保险货物在卸载港全部卸离海轮后满60天为止。

（2）被保险货物如在上述60天期限内继续运往保险单所载原目的地或其他目的地，保险责任仍按上述第（一）款的规定终止。

（五）被保险人的义务

被保险人应按照以下规定的应尽义务办理有关事项，如因未履行规定的义务而影响保险人利益，被保险人对有关损失，有权拒绝赔偿。

（1）当被保险货物运抵保险单所载明的目的港（地）以后，被保险人应及时提货；发现被保险货物遭受任何损失，应立即向保险单上所载明的检验、理赔代理人申请检验，如发现被保险货物整件短少或有明显残损痕迹应立即向承运人、受托人或有关当局（海关、港务当局等）索取货损货差证明。如果货损货差是由于承运人、受托人或其他有关方面的责任所造成，应以书面方式向他们提出索赔，必要时还须取得延长时效的认证。

（2）对遭受承保责任内危险的货物，被保险人和本公司都可迅速采取合理的抢救措施，防止或减少货物的损失。被保险人采取此项措施，不应视为放弃委付的表示，被保险人采取此项措施，也不得视为接受委付的表示。

（3）如遇航程变更或发现保险单所载明的货物、船名或航程有遗漏或错误，被保险人应在获悉后立即通知保险人并在必要时加缴保险费，本保险才继续有效。

（4）在向保险人索赔时，必须提供下列单证：保险单正本、提单、发票、装箱单、磅码单、货损货差证明、检验报告及索赔清单。如涉及第三者责任，还须提供向责任方追偿的有关函电及其他必要单证或文件

（5）在获悉有关运输契约中“船舶互撞责任”条款的实际责任后，应及时通知保险人。

（六）索赔期限

保险索赔时效，从被保险货物在最后卸载港全部卸离海轮后起算，最多不超过2年。

三、协会货物条款

协会货物条款（Institute Cargo Clause，ICC）最早制定于1912年。为了适应不同时期国际贸易、航运、法律等方面的变化和发展，该条款已先后多次补充和修改。

在国际保险市场上，各国保险组织都制定有自己的保险条款。但最为普遍采用的是英国伦敦保险业协会所制订的协会货物条款，我国企业按CIF或CIP条件出口时，一般按中国保险条款投保，但如果国外客户要求按《协会货物条款》投保，一般可予接受。

（一）协会货物条款的险别

伦敦协会货物保险条款，于1981年完成最近一次修订，并从1983年4月1日起实施。现行的伦敦保险业协会的海运货物保险条款共有六种险别，它们是：

（1）协会货物条款（A）[Institute Cargo Clauses A，ICC（A）]。

（2）协会货物条款（B）[Institute Cargo Clauses B，ICC（B）]。

（3）协会货物条款（C）[Institute Cargo Clauses C，ICC（C）]。

（4）协会战争险条款（货物）（Institute War Clauses-Cargo，IWCC）。

（5）协会罢工险条款（货物）（Institute Strikes Clauses-Cargo，ISCC）。

（6）恶意损害险（Malicious Damage Clause）。

以上六种险别中，ICC（A）相当于中国保险条款中的一切险，其责任范围更为广泛，故采用承保“除外责任”之外的一切风险的方式表明其承保范围；ICC（B）大体上相当于水渍险；ICC（C）相当于平安险，但承保范围要小些。ICC（B）和ICC（C）都采用列明风险的方式表示其承保范围。六种险别中，只有恶意损害险属于附加险别，不能单独投保，其他五种险别的结构相同，体系完整。因此，除ICC（A）、ICC（B）、ICC（C）三种险别可以单独投保外，必要时，战争险和罢工险在征得保险公司同意后，也可作为独立的险别进行投保。

（二）协会货物条款的承保风险和除外责任

1. ICC（A）的承保风险与除外责任

（1）ICC（A）承保风险。ICC（A）承保范围较广，采用了“一切险减去除外责任”的规定方式。其承保风险是：

1）承保除“除外责任”各条款规定以外的一切风险所造成的保险标的损失。

2）承保共同海损和救助费用。

3）根据运输契约订有“船舶互撞责任”条款，应由货方偿还船方的损失。

（2）ICC（A）的除外责任。ICC（A）的除外责任包括一般除外责任、不适航和不适货除外责任、战争险除外责任、罢工险除外责任。但在ICC（A）的除外责任中，不包括“海盗行为”和“恶意损害条款”。

2. ICC（B）的承保风险和除外责任

（1）ICC（B）的承保风险。ICC（B）承保风险采用“列明风险”的方式，其承保风险是：

1）归因于火灾、爆炸所造成的灭失和损失。

2）归因于船舶或驳船触礁、搁浅、沉没或倾覆所造成的灭失和损害。

3）归因于运输工具倾覆或出轨所造成的灭失和损害。

4）归因于船舶、驳船或运输工具同任何外界物体碰撞所造成的灭失和损害。

5）归因于在避难港卸货所造成的灭失和损害。

6）归因于地震、火山爆发或雷电所造成的灭失和损害。

7）共同海损的牺牲引起的保险标的损失。

8）由于抛货或浪击入海引起的保险标的损失。

9）由于海水、湖水或河水进入船舶、驳船、运输工具、集装箱、大型海运箱或贮储处所引起的保险标的损失。

10）货物在装卸时落海或跌落造成整件的全损。

（2）ICC（B）的除外责任。ICC（B）的除外责任是在ICC（A）的除外责任基础上，再加上条款ICC（A）承保的“海盗行为”与“恶意损害险”。

3. ICC（C）的承保风险和除外责任

（1）ICC（C）的承保风险。ICC（C）的承保风险比ICC（B）少，它只承保“重大意外事故”的风险，而不承保条款（B）中的自然灾害（如地震、火山爆发、雷电等）和非重大意外事故（如装卸过程导致的整件灭失等）。

（2）ICC（C）的除外责任。ICC（C）的除外责任与ICC（B）相同。

4. 协会货物保险主要险别的保险期限

ICC（A）、ICC（B）、ICC（C）对保险期限的规定，与我国海运货物保险的“仓至仓”大致相同。

任务实施（工作页）

一、回答下列问题。

国际货物运输保险也属于保险的一种，你对保险相关知识了解多少呢？请借助互联网查询以下问题，并学习了解保险相关知识。

1．保险的本质是什么？

____

____

2．什么是可保风险？

____

____

3．保险有哪些种类？

____

____

4．国际货运运输保险有哪些种类？

____

____

5．被保险人的义务有哪些？

6．简述海运货物战争险的责任范围。

7．简述罢工除外责任条款。

二、案例分析。

大连A船运公司为B货轮购买了中国人民保险公司大连市分公司的沿海内河船舶保险，保险单中注明：被保险人为A船运公司，险别为一切险。保单“一切险”条款约定，保险人承保因碰撞、触礁等事故引起船舶倾覆、沉没，造成的船舶全损或部分损失，但对于船舶不适航造成的损失不赔偿；被保险人应当确保船舶的适航性，否则保险人有权终止合同或拒绝赔偿。A船运公司是B货轮的船舶经营人。B货船的载重量为1500吨，核定舱载量为前货舱700吨、后货舱800吨。

2021年9月20日，B货轮准备出港，本次货物的实际装货载重是前货舱约670吨，后货舱约820吨，共装载了1490吨货物，从大连港出发驶往日照港，20日大连海事局签发了出港签证。21日该货轮行至日照附近水域时触礁沉没。其船舶国籍证书、船舶检验证书、船舶营运证书均在有效期内。日照海事处的“水上交通事故责任认定书”认定，“由于瞭望疏忽，对流压估计不足及操纵不当，船舶右舷中后部触碰水下障碍物，导致二舱破损进水，致使船舶沉没”。但中国人民保险公司认为，B货轮后货舱超载20吨，船舶沉没是其本身不适航所致，而且A船运公司不是B货轮所有人无可保利益。A船运公司与中国人民保险公司对事故责任判定观点不一致，提出诉讼。

请结合案例内容，试分析：A船运公司和中国人民保险公司哪一方能够胜诉，为什么？

任务评价

学完本任务后，结合自己学习情况，依指标进行评价。

考核项目	评分内容	总分值	得分值
知识掌握	1. 熟悉海洋运输货物保险的险别、承保范围、责任起讫，被保险人的义务，索赔期限（20 分） 2. 了解协会货物条款内容（10 分）	30	
能力提升	1. 能够帮助国际货运货主选择适合的保险（20 分） 2. 能够结合国际货运中的事故损失分析保险赔偿情况（20 分）	40	
课堂表现	1. 学习态度（10 分） 2. 沟通合作（10 分） 3. 回答问题（10 分）	30	
签字		总分	

任务三　货运保险办理操作流程

任务描述

通过本任务的学习，学生应熟悉保险合同的内容及填制方法，掌握保险费用的计算方法，能够结合国际货运业务需要办理相关保险业务。

知识链接

一、保险合同

货物运输保险合同是指货物的托运人向承运人交运货物时，向保险人支付保险费，在被保险货物发生保险合同约定损失时，由保险人负责赔偿损失的保险合同。货物运输保险合同是指以运输过程中的货物作为保险标的的保险合同。

（一）制定货运保险合同的目的

货物运输保险的目的在于补偿被保险货物在运输过程中因自然灾害或者意外事故所造成的经济损失，以加强对运输货物的安全防损工作。货物运输保险合同运用于所有的货物运输，包括水路货物运输、公路货物运输、铁路货物运输、航空货物运输以及海洋货物运输等方面的保险。

（二）货运保险合同的特征

第一，货物运输保险的标的是运输途中的财产，包括生产资料和生活资料。但是，国家禁止运输或限制运输的物品、不符合国家规定的包装标准的物品以及无法鉴定价值的物品等，不能参加货物运输保险。

第二，货物运输保险的投保方，必须是对保险财产有利害关系的法人，如货主、发货人、托运人或者承运人。

第三，货物运输保险的期限，一般是以一次航程或运程来计算的。

第四，保险货物的运输方式，包括海洋船舶运输、陆上铁路或公路运输、航空运输等。

（三）货运保险合同的要素

保险合同的要素由保险合同的主体、客体和内容三方面构成。

1. 保险合同的主体

（1）保险合同的当事人。保险合同的当事人主要有保险人、投保人。

保险人又称承保人，是与投保人订立保险合同，并承担赔偿或者给付保险金责任的保险公司。

投保人亦称要保人，是与保险人订立保险合同并按照保险合同有支付保险费义务的人。投保人必须具有一定的条件，投保人必须具有相应的权利能力和行为能力；投保人必须对保险标的具有保险利益，投保人或被保险人对保险标的无保险利益的，保险合同无效。

（2）保险合同的关系人。保险合同的关系人主要有被保险人、受益人。

被保险人是其财产或者人身受保险合同保障、享有保险金请求权的人。

受益人是由被保险人或投保人指定的享有保险金请求权的人。

（3）保险合同的辅助人。保险合同的辅助人主要指保险代理人、保险经纪人、保险公证人。

保险代理人是根据保险人的委托，向保险人收取保险代理手续费，在保险人授权的范围内代为办理保险业务的单位和个人。

保险经纪人是基于投保人的利益，为被保险人和保险人订立保险合同、提供中介服务、依法收取佣金的单位。

保险经纪人与保险代理人的区别有法律地位不同，履行业务活动的名义有别，在授权范围内所完成的行为的效力对象不同，行为后果承担者不同。

保险公证人是站在第三者的立场依法为保险合同当事人办理保险标的的查勘、鉴定、估损及理赔款项清算业务，并给予证明的人。保险公证人由具备专业知识和技术的专家担当，且保持公平独立的立场执行职务。

2. 保险合同的客体

保险合同的客体是保险合同的保险利益，即投保人对所保险标的所具有的保险利益。

3. 保险合同的内容

保险单中的保险条款包括基本条款、附加条款、法定条款、保证条款、协会条款。

基本条款的内容包括当事人和关系人的名称和住所，保险标的，保险金额，保险费及其支付方式，保险价值，保险责任和责任免除，保险期间和保险责任开始的时间；保险金赔偿或者给付方法，违约责任和争议处理，订立合同的年月日。

保险金额简称保额，是指保险人承担赔偿或者给付保险金责任的最高限额。

保险价值是投保人与保险人相互约定并记载于保险合同中的保险标的价值。保险法规定，保险金额超过保险价值时，超过部分无效。人身无法用金钱进行计算，人身保险合同中不存在保险价值问题。

二、计算保费

（一）投保

我国出口货物一般采取逐笔投保的办法。按 FOB 或 CFR 术语成交的出口货物，卖方无办理投保的义务，但卖方在履行交货之前，货物自仓库到装船这一段时间内，仍承担货物可能遭受意外损失的风险，需要自行安排这段时间内的保险事宜。按 CIF 或 CIP 等术语成交的出口货物，卖方负有办理保险的责任，一般应在货物从装运仓库运往码头或车站之前办妥投保手续。我国进口货物大多采用预约保险的办法，各专业进出口公司或其收货代理人同保险公司事先签有预约保险合同。签订合同后，保险公司负有自动承保的责任。

（二）保险金额确定和保险费的计算

1. 保险金额

按照国际保险市场的习惯做法，出口货物的保险金额一般按 CIF 货价另加 10% 计算，这增加的 10% 为保险加成，也就是买方进行这笔交易所付的费用和预期利润。保险金额计算的公式是：

保险金额 =CIF 货值 ×（1+ 加成率）

2. 保险费

投保人按约定方式缴纳保险费是保险合同生效的条件。保险费率是由保险公司根据一定时期、不同种类的货物的赔付率，按不同险别和目的地确定的。保险费则根据保险费率表按保险金计算，其计算公式是：

保险费 = 保险金额 × 保险费率

在我国出口业务中，CFR 和 CIF 是两种常用的术语。鉴于保险费是按 CIF 货值为基础的保险额计算的，两种术语价格应按下述方式换算。

由 CIF 换算成 CFR 价：

CFR=CIF×[1- 保险费率 ×（1+ 加成率）]

由 CFR 换算成 CIF 价：

CIF=CFR/[1- 保险费率 ×（1+ 加成率）]

在进口业务中，按双方签订的预约保险合同承担，保险金额按进口货物的 CIF 货值计算，不另加成，保费率按“特约费率表”规定的平均费率计算；如果 FOB 进口货物，则按平均运费率换算为 CFR 货值后再计算保险金额，其计算公式如下：

FOB 进口货物：

保险金额 =[FOB 价 ×（1+ 平均运费率）]/（1- 平均保险费率）

CFR 进口货物：

保险金额 =CFR 价 /（1- 平均保险费率）

投保人可根据标准的海运保险费用计算公式来计算自己的货物保费，根据自身的需求选择投保。

三、办理保险手续

（一）班轮运输投保程序

在解决办理国际货运保险的程序前，我们首先要明确：在国际货物买卖过程中，由哪一方负责办理投保海洋货运险，应根据买卖双方商订的价格条件来确定。如按 CIF 条件成交，就应由卖方办理国际运输保险。办理国际货运险程序如下所示。

1. 确定投保国际运输保险的金额

投保金额是支付保险费的依据，又是货物发生损失后计算赔偿的依据。按照国际惯例，投保金额应按发票上的 CIF 的货值加预期利润计算，通常保险金额按照贸易合同上的保险条款要求填制，如信用证和合同无明确规定，一般都以发票金额加一成（即 110% 的发票金额）填写。

2. 填写国际运输保险投保单

投保单是投保人向保险人提出投保的书面申请。填写投保单是依据贸易合同保险条款以及货物运输路线确定不同的投保单内容。例如进出口业务，须提供信用证、提单、发票、装箱单、起运通知等资料，并进行风险评估。

投保单填写内容包括：保险标的名称；保险标的的包装情况；保险标的的重量，保险标的的数量；承保险别，使用条款；运输工具，如船舶、火车、汽车、飞机等，其中，如果是船舶运输，散装货物须提供船舶的名称、船龄、船级等资料；运输方式，如是否集装箱运输、集装箱拼箱运输、散货、件杂货等情况。货物运输险投保单样本如图 6-1 所示。

3. 支付保险费，取得保险单

保险费按投保险别的保险费率计算。保险费率是根据不同的险别、不同的商品、不同的运输方式、不同的目的地，并参照国际上的费率水平而制定的。它分为一般货物费率和指明货物加费费率两种。前者是一般的货运险费率，后者指特别列明的货物（如某些易碎、易损商品）在一般费率的基础上另行加收的费率。

交付保险费后，投保人即可取得保险单，如图 6-2 所示。保险单实际上已构成保险人与保险人之间的保险契约，是保险人寻保险人的承保证明。在发生保险范围内的损失或灭失时，投保人可凭保险人要求赔偿。

保险单的缮制方法如下：

（1）保险公司名称（NAME OF INSURANCE COMPANY）。此栏应根据信用证和合同要求相应的保险公司去办理保险单据，尤其是在信用证支付方式下，如来证规定“INSURANCE POLICY IN DUPLICATE BY PICC”，PICC 即中国人民保险公司，信用证要求出具由中国人民保险公司出具的保险单。

（2）保险单据名称（NAME）。此栏按照信用证和合同填制。如来证规定“INSURANCE POLICY IN DUPLICATE”，即要求出具保险单而非保险凭证（INSURANCE CERTIFICATE）等。

货物运输险投保单

APPLICATION FOR CARGO TRANSPORTATION INSURANCE

投保单号：

注意：请您在保险人明确说明本投保单及适用保险条款后，如实填写本投保单，您所填写的材料将构成签订保险合同的要约，成为保险人核保并签发保险单的依据。除双方另有约定外，保险人签发保险单且投保人向保险人缴清保险费后，保险人开始按约定的险种承保货物运输保险。

投保人 Applicant	RIQING EXPORT AND IMPORT COMPANY				
投保人地址 Applicant' s Add	P.O.BOX 1589, NAGOYA, JAPAN			邮编 Code	197-0804
联系人 Contact	CHUANBEN	电话 Tel.	81-3-932-3588	电子邮箱 E-mail	
被保险人 Insured	RIQING EXPORT AND IMPORT COMPANY			电话 Tel.	
贸易合同号 Contract No.	contract01	信用证号 L/C No.	002/0000398	发票号 Invoice No.	IV0000066

标记 Marks & Nos.	包装及数量 Packing & quantity	保险货物项目 Description of goods
RIQINGCO CONTRACT01 NAGOYA 1/1000	1000 CARTONS	CANNED LITCHIS

装载运输工具：Name of the Carrier TBA	
起运日期：Departure Date 2018-08-29	赔付地点：Claims Payable At JAPAN

航行路线：自 SHANGHAI,CHINA 经 ______ 到达（目的地）NAGOYA, JAPAN
Route From Via To(destination)

包装方式：

运输方式：

承保条件 投保人可根据投保意向选择投保险别及条款，并划 √ 确认，但保险人承保的险别及适用条款以保险人最终确定并在保险单上列明的险种、条款为准。

Conditions：

进出口海洋运输：☑一切险 ☐水渍险 ☐平安险 （《海洋运输货物保险条款》）
☐ICC(A) ☐ICC(B) ☐ICC(C) （《伦敦协会条款》）

进出口航空运输：☐航空运输险 ☐航空运输一切险 （《航空运输货物保险条款》）

进出口陆上运输：☐陆运险 ☐陆运一切险 （《陆上运输货物保险条款》）

特殊附加险：☑战争险 ☑罢工险

特别约定Special Conditions：

1、加成 Value Plus About 110 %

2、CIF金额 CIF value ______ 3、保险金额 Insured Value ______

4、费率（‰）Rate ______ 5、保险费 Premium ______

投保人声明：

1. 本人填写本投保单之前，保险人已经就本投保单及适用的保险条款的内容，尤其是关于保险人免除责任的条款及投保人和被保险人义务条款向本人作了明确说明，本人对该保险条款及保险条件已完全了解，并同意接受保险条款的约束。
2. 本投保单所填写各项内容均属事实，同意以本投保单作为保险人签发保险单的依据。
3. 保险合同自保险单签发之日起成立。

投保人签字（盖章） 日期 ____

图 6-1　货物运输险投保单样本

（3）发票号（Invoice No.）。此栏填写投保货物商业发票的号码。

（4）保险单号（Policy No.）。此栏填写保险单号码。

（5）被保险人（Insured）。托收时，应填出口商；采用信用证时，如信用证和合同无特别规定，此栏一般填信用证的受益人，即出口公司名称。有时，按信用证要求，填“to order of ××××”或“in favour of ×××××”，这时，出口商必须在保险单背面进行背书。

货 物 运 输 保 险 单

№ 00000001

CARGO TRANSPORTATION INSURANCE POLICY

被保险人（Insured）：______

*****公司（以下简称本公司）根据被保险人要求，以被保险人向本公司缴付约定的保险费为对价，按照本保险单列明条款承保货物运输保险，特订立本保险单。

THIS POLICY OF INSURANCE WITNESSES THAT CINDA PROPERTY INSURANCE COMPANY LIMITED（HEREINAFTER CALLED "THE COMPANY"） AT THE REQUEST OF THE INSURED AND IN CONSIDERATION OF THE AGREED PREMIUM PAID TO THE COMPANY BY THE INSURED UNDERTAKES TO INSURED THE UNDERMENTIONED GOODS IN TRANSPORTATION SUBJECT TO THE CONDITIONS OF THIS POLICY AS PER THE CLAUSES PRINTED BELOW.

保险单号（Policy No.）：

发票号或提单号（Invoice No. or B/L No.）：

信用证号（L/C No.）：

标记 MARKS & NOS.	包装及数量 QUANTITY	保险货物项目 GOODS	保险金额 AMOUNT INSURED

总保险金额：

Total Amount Insured: ______

保费（Premium）：______ 启运日期（Date of Commencement）：______

装载运输工具（Per Conveyance）：

自（From）：______ 经（Via）：______ 至（To）：______

承保险别（Conditions）：

所保货物如发生保险单项下可能引起索赔的损失，应立即通知本公司或下述代理人查勘。如有索赔，应向本公司提交保险单（本保险单共有______份正本）及有关文件。如一份正本已用于索赔，其余正本自动失效。

IN THE EVENT OF LOSS OR DAMAGE WHICH MAY RESULT IN A CLAIM UNDER THIS POLICY, IMMEDIATE NOTICE MUST BE GIVEN TO THE COMPANY OR AGENT AS MENTIONED. CLAIMS, IF ANY, ONE OF THE ORIGINAL POLICY WHICH HAS BEEN ISSUED IN______ORIGINAL (S) TOGETHER WITH THE RELEVANT DOCUMENTS SHALL BE SURRENDERED TO THE COMPANY. IF ONE OF THE ORIGINAL POLICY HAS BEEN ACCOMPLISHED, THE OTHERS TO BE VOID.

赔款偿付地点

Claim Payable at______

查勘代理人

Survey By:______

签单日期（Issuing Date）______

核保人:______ 制单人:______ 经办人:______

Authorized Signature

图 6-2 货物运输保险单样本

（6）标记（MARKS & NOS.）。此栏填制装运唛头，与发票、提单上同一栏目内容相同或填上"AS PER INVOICE NO. ×××"。

（7）保险货物项目（GOODS）。按发票品名填写，如果品名繁多，可使用统称，即可与提单上名称相同。

（8）包装及数量（QUANTITY）。此栏填制最大包装件数，与提单上同一栏目内容相同。

（9）保险金额（AMOUNT INSURED）。保险金额按照合同上的要求填制，如信用证和合同无明确规定，一般都以发票金额加一成（即 110% 的发票金额）填写。

（10）总保险金额（Total Amount Insured）。这一栏目只需将第 9 栏中的保险金额以大写的形式填入，计价货币也应以全称形式填入。

注意：保险金额使用的货币单位应与信用证中的一致。

（11）保费（Premium）。此栏一般由保险公司填制或已印好“AS ARRANGED”，除非信用证另有规定，如“INSURANCE POLICY ENDORSED IN BLANK FULL INVOICE VALUE PLUS 10% MARKED PREMIUM PAID”时，此栏就填入“PAID”或把已印好的“AS ARRANGED”删去加盖校对章后打上“PAID”字样。

（12）费率（RATE）。此栏由保险公司填制或已印上“AS ARRANGED”字样。

（13）装载运输工具（Per Conveyance）。此栏应按照实际情况填写，当运输由两段或两段以上运程完成时，应把各程运输的船只名填在上面，如：提单上的一程船名是“EAST WIND”，二程船名为“RED STAR”，本栏应这样填“EAST WIND/RED STAR”，以此类推。

（14）开船日期（SAILING ON OR ABOUT）。此栏填制提单的签发日期或签发日期前 5 天内的任何一天，或可简单填上“AS PER B/L”。

（15）起讫地点（From…To…）。此栏填制货物实际装运的起运港口和目的港口名称。

（16）承保险别（Conditions）。此栏应根据信用证或合同中的保险条款要求填制，并注明保险条款名称。

（17）赔款偿付地点（Claim Payable at…）。此栏应按照信用证或合同规定而填制，如来证无具体规定或托收，则填目的地，赔款货币为投保金额相同的货币。如来证要求“INSURANCE CLAIMS PAYABLE AT A THIRD COUNTRY GERMANY”。此时，应把第三国“GERMANY”填入此栏。

（18）日期（DATE）。此栏填制保险单的签发日期。由于保险公司提供仓至仓服务，所以保险手续应在货物离开出口方仓库前办理，保险单的签发日期应不早于货物离开仓库的日期和不晚于提单签发的日期。

（19）投保地点（PLACE）。此栏一般填制装运港口名称。

（20）盖章和签字（STAMP & SIGNATURE）。此栏盖与第一栏相同的保险公司印章及其负责人的签字。

（21）特殊条款（SPECIAL CONDITIONS）。如信用证和合同中对保险单据有特殊要求就填在此栏中。如来证要求“L/C NO. MUST BE INDICATED IN ALL DOCUMENTS”，即在此栏中填入“L/C NO. ×××”。

（22）保险单的份数和“ORIGINAL”字样。

（23）投保币种。如果信用证没有特别规定，应与信用证中的币种一致。

（24）免赔率，如果信用证要求不计免赔率（Irrespective of percentage，IOP），则保险单据中不应表明含有此类条款。但是如果信用证如未明确规定，银行可接受表明有免赔率和免赔额的保险单。

（25）赔付代理人。保险赔付代理人的名称及地址，一般是在货物的进口地。

（26）查勘人。保险查勘人的名称及地址，而且其所在地一般情况下就是货物的进口地。

4. 提出索赔手续

当被保险的货物发生属于保险责任范围内的损失时，投保人可以向保险人提出赔偿要求。海上货运保险项下的货物遭受损失后，收货人（被保险人）应立即通知保险公司，海上货运保险单一般都注明了保险公司在目的港或目的地的检验代理人的名称和地址。被保险人应采取就近原则，及时通知保险人或其在当地的检验代理人，申请对损失进行检验。保险人在接到损失通知后，就可以对损失进行检验，并采取相应的措施控制损失等。保险标的遭受的损失经过检验确认是由保单承保风险造成的，则被保险人应根据保险合同的有关规定向保险公司提出索赔申请。按照海上保险的惯例，被保险人向保险公司索赔时，必须提供保险单正本、运输凭证、发票、装箱单、磅码单、货损货差证明、检验报告、海事报告、索赔清单、向责任方追偿的有关函电及其他必要单证或文件。

（二）租船运输的投保方式

凡是按 CIF 价格成交的出口合同，卖方在装船前，须及时向中国人民保险公司办理投保手续，填制投保单。出口商品的投保手续一般都是逐笔办理的。投保人在投保时应将货物名称、保额、运输路线、运输工具、开航日期、投保险别等逐一列明。由于我国进出口公司同中国人民保险公司的业务量较大，为简化手续，一般不直接写投保单，而是利用出口货物明细单或货物出运分析单等替代投保单，保险公司接受投保，签发保险单或保险凭证。

从以上出口合同履行的环节可以看出，在出口合同履行过程中，货、证、船的衔接是一项极其细致而复杂的工作。因此，进出口公司为做好出口合同履行，必须加强对出口合同的科学管理，建立起能反映出口合同执行情况的进程管理制度，采取相应的管理措施，做好“四排”“三平衡”的工作。“四排”是以买卖合同为对象，根据进程卡片反映的情况，包括信用证是否开到、货源能否落实，进行分析排队，并归纳为四类，即“有证有货、有证无货、无证有货、无证无货”；如发现问题，及时解决。“三平衡”是指以信用证为对象，根据信用证规定的货物装船期和信用的有效期远近，结合货源和运输能力的具体情况部署，分清轻重缓急，力求做到证、货、船三方面的衔接和平衡，尽力避免交货期不准、拖延交货期或不交货等现象的产生。

四、选择保险公司

为保证国际货物运输的安全性，选择保险公司投保货运险时可以从以下几个方面考虑。

（一）险种与价格

投保人在选择保险公司时，首先要选择那些能为自己提供适当的、切实可行的保障的保险公司。从长远的观点来看，经济效益较好的保险公司，往往价格合适，服务也相对较好。

（二）偿付能力和经营状况

比如查看保险监管机构或评级机构，如惠誉国际、标准普尔等。

（三）服务

服务各家公司的保单很相似，但服务却不尽相同。往往保险费较低的公司所提供的服务会与期望的不相符，因为便宜的价格往往是以降低服务标准为代价的。投保选择保险公司时，要注意两方面，一是从代理人那里获得的服务，二是该公司对代理人的培训和管理水平。后者对于投保人来说更为重要。

另外，对这家保险公司保险代理人也要进行考察。

一是从业资格，从事保险代理人必须考取保险代理人从业资格证书，并获得所属保险公司的展业证。二是专业水平，主要是看代理人对保险知识和保险产品的熟悉程度。三是真诚和责任感，这主要表现代理人的人性一面，真正为客户着想的代理人会从客户的利益和需要出发，不会因为自己利益而隐瞒事实或欺骗客户。四是从业时间的长短，保险代理人是一个流动性很大的行业，如果因为代理人离职而成为“孤儿保单”，虽然保障利益不会受损，但服务可能会受影响。一般从业时间较长的代理人，稳定性较好，从他那里得到的服务也较有保障。

任务实施（工作页）

一、回答下列问题。

进口货物较多采用 FOB 或 FCA 条件，为简化手续，方便计算，进出口企业往往与保险公司签订预约保险合同，共同议定平均运费率和平均保险费率（也可以按实际运费率和保险费率计算），查询其计算公式是什么？

（1）以 CIF 或 CIP 条件成交的合同，其保险费计算的一般公式是什么？

（2）查询资料，填制完成表 6-1、表 6-2 中的内容。

表 6-1　不同贸易术语比较

英文名称	中文表示	交货地点	风险转移界限	运输支付方	保险支付方
FOB					
CFR					
CIF					
CPT					
CIP					

表 6-2 FOB、CFR、CIF/FCA、CPT、CIP 比较

比较项	FOB、CFR、CIF	FCA、CPT、CIP
共同点		
风险划分		
投保险别		
提交单据		

二、海运货物保险实训题。

1. 南京某加工公司从德国进口一批机器配件，CFR 上海总价为 6000 万美元。多家保险公司均在争取这笔业务，请以保险公司项目组的身份，根据这家公司的情况制作相应的方案（方案中至少要涉及保险范围、保险险别、保险费用、理赔方式等内容）。

实训方式：以小组为单位制定海运货物进出口保险方案。

实训步骤：

（1）分组。

（2）各小组提交保险预案。

（3）制作 PPT 介绍本小组的保险方案。

2. 我国甲公司与荷兰乙公司，2021 年 6 月 20 日签订进口 72800 吨化肥的 CFR 合同。请以甲公司选定的保险公司项目组的身份，为甲公司提供相应的保险方案（方案内容包括保险险别、保险金额及保险费、索赔程序、理赔程序及原则、应注意的问题等）。

实训方式：以小组为单位制定海运货物进出口保险方案。

实训步骤：

（1）分组。

（2）各小组提交保险预案。

（3）制作 PPT 介绍本小组的保险方案。

任务评价

学完本任务后，结合自己学习情况，依指标进行评价。

考核项目	评分内容	总分值	得分值
知识掌握	1. 熟悉保险合同的内容及缮制方法（10分） 2. 掌握保险费用的计算方法（10分） 3. 熟悉国际货运保险的办理方法（10分）	30	
能力提升	1. 能够结合国际货运业务需要办理相关保险业务（20分） 2. 能够对照投保险别做好风险防控预案（20分）	40	
课堂表现	1. 学习态度（10分） 2. 沟通合作（10分） 3. 回答问题（10分）	30	
签字		总分	

任务四　国际货运保险索赔与理赔

任务描述

通过本任务的学习，学生应熟悉国际货物运输保险相关法规和惯例，能够分析出国际海上货物运输过程中可能出现货物的灭失或损坏，分析货运事故的责任，能够及时、有效地上报、处理海上货运事故，并清晰准确地上报索赔清单和索赔单证，向责任方提出索赔。

知识链接

一、国际货运代理保险赔偿原则

国际货运代理为了弥补国际货物运输方面所带来的风险，通常花费很大的经济代价来投保国际货运代理的责任保险，将风险事先进行转移，有效减少本身责任风险。国际货运代理责任保险赔偿原则有以下几方面。

（一）承保范围内的责任，从保险公司得到赔偿

（1）承保范围内的责任，保险公司予以全额赔偿。

（2）国际货运代理在投保时，保单中一般会有免赔额条款，如果索赔金额未达到免赔额，则保险公司免赔，即损失会全部由投保人自己承担；如果索赔金额超过免赔额，则保险公司赔偿超过免赔额部分的损失。

（3）国际货运风险发生时，被保险人采取的补救措施一定要及时、合理，既不可

不采取任何措施，使损失继续扩大，也不可采取不合理措施，使费用增加。被保险人在采取措施之前，最好征得保险公司的意见，以免事后向保险公司索赔时产生纠纷或得不到全部赔偿。

（二）货运代理过失，责任保险人给予赔偿

（1）发货人为索赔货物价值应向无船承运人起诉，作为无船承运人货运代理应则通知其责任保险人赔偿。

（2）由于国际货运代理过失，导致风险发生，则在查清责任之后责任保险人应予受理。即使代理人的行为带有欺诈性质且为故意，只要无船承运人能证明他自己并非欺诈的一方，责任保险人就应接受该赔偿。

（三）货运代理错交货，责任保险人予以赔偿

国际货运代理有过失，应由国际货运代理先赔偿损失，再由国际货运代理根据其投保的责任险条款，看国际货运代理过失产生损失是不是所属责任险承保范围，如果属于则保险公司扣除免赔额后给予全额赔偿。

（四）集装箱货物短少，属责任保险赔偿范围

当集装箱货物出现短少时，国际货运代理应该负责，因为国际货运代理应对货物运输的全程负责。集装箱货物短少从索赔性质分析，应该说属于责任险范围。当投保时有投这样的保险时，保险公司应给予赔偿。

（五）承保范围外的责任，得不到保险人的赔偿

保险公司承保的货运代理责任险，是指货运代理在其正常业务范围内发生的事故所应承担的责任，而不承保货运代理从事非正常业务范围的工作所产生的责任。超出国际货运代理经营的范围，所产生的损失责任不属于作为货运代理应承担的责任范围，保险公司是不会给予赔偿的。

国际货运代理商和货主应清楚如何向保险人进行索赔，哪些损失会得到赔偿，哪些损失无法从保险人处获得赔偿。当自己的合法利益受到损失时能得到合理的赔偿，同时在国际货运中尽力避免或减少国际货运风险的发生。

二、国际贸易货运代理的保险基本索赔程序

（一）被保险人发出货物受损通知

发现货物受损后，第一时间通知保险公司让其来检验货物受损情况，之后保险公司会根据货受损情况填写“定损单”。

（1）对于受损明显的货物，要尽可能地保留现场，并取得承运人或港务理货部门的证明。

（2）对于受损不明显的货物，收货人应聘请公证机构进行检验并出具检验证明。

（3）受损货物若属于第三方责任，而第三方拒绝赔付或拖延不理赔时，转向保险人索赔，并将有关文件交给保险公司。

（二）索赔所需的单据

1. 提单正本

提单的货物收据作用表明了承运人所收货物的外表状况和数量，交付货物时不能按其提交这一事实本身就说明了货损或货差的存在。

2. 卸货港理货单或货物溢短单、残损单等卸货单证

这些单证是证明货损或货差发生在船舶运输过程中的重要单证。如果这些卸货单证注了货损或货差情况，并经船舶大副签认，而在收货单上又未做出同样的批注，就证明了这些货损或货差是发生在运输途中的。

3. 重理单

船方对所卸货物件数或数量有疑问时，一般要求复查或重新理货，并在证明货物溢短的单证上做出“复查”或“重理”的批注。这种情况下，索赔时，必须同时提供复查结果的证明文件或理货人签发的重理单，并以此为依据证明货物是否短缺。

4. 货物残损检验报告

在货物受损的原因不明显或不易区别，或无法判定货物受损程度时，可以申请具有公证资格的检验人对货物进行检验。在这种情况下，索赔时必须提供检验人检验后出具的货物残损检验证书（Inspection Certificate for Damage & Shortage）。

5. 商业发票

商业发票用来证明商品交易及付款情况。

6. 装箱单

装箱单用来证明、确认货物装卸前后的完整性和安全性，装卸时间，经办人。

7. 修理单

修理单用来表明被损坏的仪器设备、机械等货物的修理所花费的费用。

8. 有关文件证明索赔的起因和索赔数目的计算依据

此外，其他能证明货运事故的原因、损失程度、索赔金额、责任所在的单证都应提供。索赔单证必须齐全、准确，内容衔接、一致，不能自相矛盾。

（三）保险公司赔付后再找责任人

（1）保险公司赔付的金额过多时，在赔付完被保险人后，保险公司会向有关责任人追偿。但一般追偿过程较困难。

（2）赔付金额较少时，保险公司赔付后，由其内部承担赔付的金额，而不再追加责任人。一般大的保险公司，会将其保险货物分保出去一部分给再保险公司，即进行风险转移，并与其签订协议，在协议上规定各自所承担的责任和义务。若出现索赔，保险公司赔偿完受益人后，会按他们所签协议来分担。

（四）第三方责任

货物出险后，若属于第三方责任时，受益人可以持保险单及提单正本直接找第三方或保险公司，具体找哪一方来赔偿，由受益人来决定。实际上第三方或保险公司的赔偿金额，大体上差不多。受益人也可以直接找保险公司来赔偿，保险公司赔偿后，

会取得代位追偿权，再找第三方的责任。受益人不可以得到双份的补偿，因为保险公司的赔付是一种补偿性的。

（五）索赔过程中的费用问题

货物出险后，受益人必须在第一时间通知保险公司，保险公司会再协同其他责任方一起去现场地勘查货物受损情况。到场的有保险公司、船公司、场地有关责任人、收货人及其他与该货有关的人，而该责任人因到场而产生的费用，若货物受损由保险公司赔偿时，该费用也由保险公司一起承担。换句话说，就是对于货损产生的查看费用、理赔费用也在保险公司赔付的责任范围之内。若在保险公司赔付范围之外，则找引起货物受损的当事人赔付。对于货物受损责任不明确时，该费用由保险公司承担。

三、国际货物运输保险理赔

国际货物运输保险是以国际运输过程中的货物为保险标的的保险，主要包括国际海上货物运输险、国际陆上货物运输险、国际航空货物运输险和国际邮包货物运输险等。

（一）国际运输保险理赔索赔

国际运输保险理赔索赔是指保险事故发生后，被保险人向保险人提出国际运输保险索赔请求，保险人予以受理并决定是否赔偿或如何赔偿的过程。

国际货物运输保险理赔申报材料包括：

（1）保单（批单）正本原件、保险协议、共保协议复印件、提单正本原件、运单正本原件、装箱单、磅码单、商业发票、贸易合同、承运人出具的正式的货损证明（正本）、国际运输保险索赔清单（正本）、向承运人及相关责任方的索赔函及其答复、照片（正本）、检验报告（正本）。

（2）修复费用发票（涉及修复的）、海事报告（发生海事时）、要求运输保险索赔人提供的正本发票和装箱单（发生共同海损时）、设备交接单（涉及集装箱运输的）、装船前的品质和重量证明（对于大宗散装货）。

（二）注意事项

除应注意国际运输保险提示中的有关要求外，被保险人还应特别注意，货物到达后，被保险人应及时提货；发现货物缺损后，被保险人应及时要求有关部门验货并出具相关证明；对遭受承保责任内危害的货物，被保险人应迅速采取合理的抢救措施，防止或减少货物的损失；在获悉有关运输契约中“船舶互撞责任”条款的实际责任后，应及时通知保险人。

《中华人民共和国海商法》规定：“就海上货物运输向承运人要求赔偿的请求权，时效期间为一年，自承运人交付或者应当交付货物之日起计算。”“时效因请求人提起诉讼、提交仲裁或者被请求人同意履行义务而中断。但是，请求人撤回起诉、撤回仲裁或者起诉被裁定驳回的，时效不中断。”

任务实施（工作页）

一、回答下列问题。

1．请说明国际货运险索赔所需的单据，并列出索赔的具体流程。

2．国际货运险理赔申报材料有哪些？

二、请根据以上所学的国际海上运输索赔和理赔的相关知识，进行案例分析。

1．中国广东甲进出口公司出口货物，通过乙货运代理公司向丙班轮公司订舱出运货物。货物装船后，丙公司向甲公司签发一式三份记名提单。货物到目的地港口，记名提单上的收货人在未取得正本提单的情况下，从丙公司手中提走货物。甲公司以承运人无单放货为由，在广东起诉丙公司（提单上注明适用美国法律。在美国，承运人向记名提单的记名收货人交付货物时，不负有要求记名收货人出示或提交记名提单的义务）。分析并回答：

（1）本案适用哪国法律？为什么？

（2）承运人是否承担无单放货责任？（根据中国海商法和美国法律分别阐述理由。）

2．河北祥云五金加工厂出口一批五金配件，委托天津货运公司承运人的货运站装载了 5000 箱该产品，货运站收到 5000 箱货物后，出具仓库收据给货主河北祥云五金加工厂。在装箱时，装箱单上记载 4970 箱，由于提单上记载 5000 箱，同时提单上又加注“由货主装箱计数”。收货人向承运人提出索赔，但承运人拒赔。请根据该纠纷描述，分析回答下列问题：

（1）提单上类似“由货主装箱计数”的批注是否适用于拼箱货？为什么？

（2）承运人是否要赔偿收货人的损失？为什么？

（3）承运人如果承担赔偿责任，应当赔偿多少箱？

3．在一笔国际货运业务中，租船人与船主在程租船合同中约定受载期为 2021 年 10 月 10 日至 20 日，由船东派船前往黄骅港装运合同约定的货物。2021 年 10 月 15 日，船舶在驶往黄骅港途中触礁，船体损坏严重，船东同年 10 月 16 日告知租船人无法在 20 日以前赶到黄骅港。由于买方不同意延长合同交货期，租船人于 10 月 19 日 18:00 下班前告知船东解除合同。10 月中旬开始运费上涨，事后租船人以两个合同运费差价向船东索赔，而船东以租船人违约请求赔偿。请问：哪一个赔偿请求合理？为什么？

4．北京花茶公司委托天津货代公司进行花茶产品出口运输。货代业务人员在提取了船公司提供的集装箱装箱后，将整箱货交给船公司。同时，北京花茶公司货主自行办理了货物运输保险。收货人在目的港拆箱提货时，发现集装箱内异味浓重，产品已经受污染。经查明，该集装箱前一次所载货物为化学品，残留气体对本次产品有污染可能。请结合本案情况，回答以下问题：

（1）收货人可以向谁索赔？为什么？

（2）最终应由谁对茶叶受污染事故承担赔偿责任？

任务评价

学完本任务后，结合自己学习情况，依指标进行评价。

考核项目	评分内容	总分值	得分值
知识掌握	1. 掌握国际货运代理保险赔偿原则（10 分） 2. 掌握国际贸易货运代理的保险基本索赔程序（10 分） 3. 掌握国际货运险理赔业务内容（10 分）	30	
能力提升	1. 能够根据海运事故实际情况，及时提出索赔，并提交索赔申请，办理索赔手续（20 分） 2. 能够为代理委托方制定风险防范预案（20 分）	40	
课堂表现	1. 学习态度（10 分） 2. 沟通合作（10 分） 3. 回答问题（10 分）	30	
签字		总分	

项目七　报关与报检业务

项目描述

本项目学习报关与报检业务知识和技能，通过学习，学生们将掌握报关的概念及报关的主要内容，了解一般进出口货物的范围，掌握一般进出口货物申报流程，能够配合海关进行查验，能够独立进行税费缴纳。了解出入境检验检疫的法律地位和作用，入境检验检疫的管理体制、机构设置，能够根据进出口货物及贸易业务内容明确报检内容，准备单据，进行电子或手动报检，并配合查验货物。

知识目标

- 熟悉进出境报关、报检的基本概念和内容。
- 掌握报关、报检的程序。
- 了解出入境报关、检验检疫的法律。
- 了解报关、报检单位的行为准则。

能力目标

- 能够区分报关、报检的类型。
- 能够掌握报关、报检的操作流程。
- 能够识别报关单证。
- 能够正确完成报关业务，配合海关完成商品查验。
- 能够配合相关部门进行国际货物的报检查验。

项目结构图

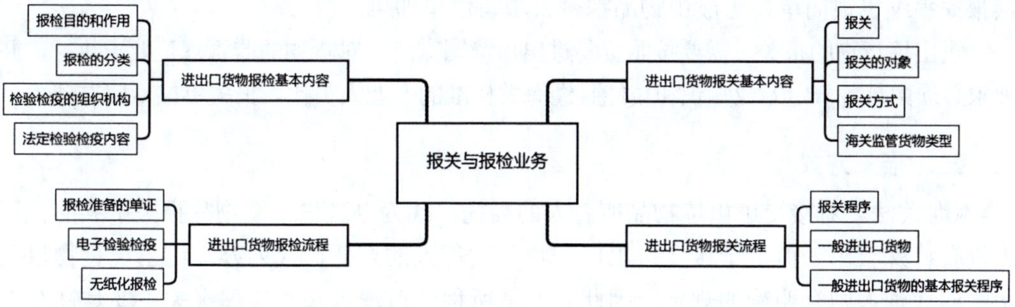

任务一 进出口货物报关基本内容

任务描述

通过本任务的学习，学生应掌握报关的概念，熟悉报关的主要内容，能够分析报关与通关的不同，了解报关单位的界定，区分报关的类型。

知识链接

一、报关

报关又叫申报，是指进出口货物收发货人、进出境运输工具负责人、进出境物品所有人或他们的代理人，在进出口货物装船出运前，向海关办理货物、物品或运输工具进出境手续及相关海关事务的过程，包括向海关申报、交验单据证件，并接受海关的监管和检查等。报关是履行海关进出境手续的必要环节之一。按照我国海关法的规定，凡是进出国境的货物，必须经由设有海关的港口、车站、国际航空站，并由货物所有人向海关申报，经过海关放行后，货物才可提取或者装船出口。

二、报关的对象

按照海关对进出境商品的查验要求，报关可分为运输工具的报关、货物的报关和物品的报关三类。

进出境运输工具报关手续较为简单，主要是向海关直接交验随附的、符合国际商业运输惯例、能反映运输工具进出境合法性及其所承运货物、物品情况的合法证件、清单和其他运输单证。

进出境物品主要由进出境人员携带，一般限于自用、合理数量，是非贸易性质。其报关手续也很简单，一般由物品携带人填写清单即可。

进出境货物的报关，需要按照贸易进出口境国家海关对货物的监管规范要求执行，并要求必须由具备一定专业知识和技能且经海关核准的专业人员代表报关单位专门办理。

三、报关方式

《海关法》对接受进出境物品所有人的委托，代为办理进出境物品报关手续的代理人没有特殊要求，但对于接受进出口货物收发货人的委托，代为办理进出境货物报关手续的代理人则有明确的规定。因此，通常所称的自理报关和代理报关主要是针对进出境货物的报关而言的。

（一）自理报关

进出口货物收发货人自行办理报关业务称为自理报关。根据我国海关目前的规定，进出口货物收发货人必须依法向海关注册登记后方能办理报关业务。

（二）代理报关

代理报关是指接受进出口货物收发货人的委托，代理其办理报关业务的行为。我国海关法律把有权接受他人委托办理报关业务的企业称为报关企业。报关企业必须依法取得报关企业注册登记许可并向海关注册登记后方能从事代理报关业务。代理报关委托书样本如图 7-1 所示。

代理报关委托书

编　号：000

：

我单位现　　（A 逐票、B 长期）委托贵公司代理　　等通关事宜。（A．填单申报 B．辅助查验 C．垫缴税款 D．办理海关证明联 E．审批手册 F．核销手册 G．申办减免税手续 H．其他）详见委托报关协议。

我单位保证遵守《海关法》和国家有关法规，保证所提供的情况真实、完整、单货相符，无侵犯他人知识产权的行为。否则，愿承担相关法律责任。

本委托书有效期自签字之日起至　　年　　月　　日止。

委托方（盖章）：

法定代表人或其授权签署代理报关委托书的人（签字）

年　　月　　日

图 7-1　代理报关委托书样本

根据代理报关法律行为责任承担者的不同，代理报关又分为直接代理报关和间接代理报关。

1. 直接代理报关

直接代理报关指报关企业接受委托人（进出口货物收发货人）的委托，以委托人的名义办理报关业务的行为。在直接代理报关中，代理人代理行为的法律后果直接作用于被代理人。目前，我国报关企业大都采取直接代理形式代理报关。

2. 间接代理报关

间接代理报关指报关企业接受委托人的委托，以报关企业自身的名义向海关办理报关业务的行为。在间接代理中，报关企业应当承担与进出口货物收发货人自己报关时应当承担的相同的法律责任。目前，我国间接代理报关只适用于经营快件业务的国际货物运输代理企业。

四、海关监管货物类型

海关监管货物是指自进境起到办结海关手续止的进口货物，自向海关申报起到出境的出口货物，以及自进境起到出境止的过境、转运和通运货物等应当接受海关监管的货物。海关监管货物的分类主要有一般进出口货物，保税货物，特定减免税货物，暂准进出境货物，过境、转运和通运货物，其他货物。

（一）一般进出口货物

一般进出口货物指从境外进口，办结海关手续直接进入国内生产或流通领域的进口货物，以及按国内商品申报，办结出口手续到境外生产、消费领域流通的出口货物。一般进出口货物的监管期限为：进口货物，自货物进境时起到办理海关申报、查验、征税、放行手续止；出口货物，自向海关申报起到出境止。

（二）保税货物

保税货物指经海关批准未办理纳税手续而进境，在境内储存、加工、装配后复运出境的货物。此类货物又分为保税加工货物和保税物流货物两类。保税货物的监管期限为：自货物进入关境起，到原货加工成成品复运出境并由海关予以注销或核销，或转为实际进口，正式向海关办理进口的补证、纳税手续止。

（三）特定减免税货物

特定减免税货物指经海关依据有关法律准予免税进口的，用于特定地区、特定企业、有特定用途的货物。特定减免税货物的监管期限为：自货物进入关境起，到监管年限期满海关解除监管或办理补证、纳税手续止。

（四）暂准进出境货物

暂准进出境货物指经海关批准，凭担保进境或出境，在境内或境外使用后，原状复运出境或进境的货物。暂准进出境货物的监管期限为：进境货物，自进入关境起到复运出境，或转为实际进口办理补证、纳税止；出境货物，自出境起到复进入关境，或转为实际出口止。

（五）过境、转运和通运货物

过境、转运和通运货物指由境外起运，通过中国境内继续运往境外的货物，以及其他尚未办结海关手续的进出境货物。过境、转运和通运货物的监管期限为：进境货物，自进入关境起到复出境，或最终办结海关手续止；出境货物，自出境起到复进入关境，或最终办结海关手续止。

（六）其他货物

其他货物指尚未办结海关手续的进出境货物，包括溢卸货物、误卸货物、退运货物、租赁货物、进出境修理货物及无代价抵偿货物等。

任务实施（工作页）

一、回答下列问题。

1．试述报关企业从事报关服务应当履行的义务。

____

____

2．我国海关的基本任务有哪些？为保证海关履行职责，我国法律法规赋予海关哪些权力？

3．请通过网络资源查询报关注册登记制度的概念和主要环节。

4．请分别介绍海关监管货物六种类型的监管期限。

二、实训题。

联系当地一家报关企业，研究其业务类型，结合该企业实际，围绕报关企业的人员构成、业务范围、企业职责等环节，写一篇 1000 字左右的调研报告。

任务评价

学完本任务后，结合自己学习情况，依指标进行评价。

考核项目	评分内容	总分值	得分值
知识掌握	1．了解报关业务内容及作用（10 分） 2．熟悉报关的对象、方式（10 分） 3．了解海关监管货物的类型（10 分）	30	
能力提升	1．能够根据业务需要选择报关方式（30 分） 2．能够分辨出商品的海关监管货物的类型（10 分）	40	
课堂表现	1．学习态度（10 分） 2．沟通合作（10 分） 3．回答问题（10 分）	30	
签字		总分	

任务二　进出口货物报关流程

任务描述

通过本任务的学习，学生应熟悉报关流程，了解一般进出口货物的范围，掌握一般进出口货物的申报方式和申报流程，整理申报单证，能够配合海关进行报关查验，能独立进行税费缴纳。

知识链接

一、报关程序

报关程序是指进出口货物收发货人、运输负责人、物品所有人或其代理人按照海关的规定，办理货物、物品、运输工具进出境及相关海关事务的手续和步骤。从海关对进出境货物进行监管的全过程看，报关程序按时间先后可以分为三个阶段，即前期阶段、进出境阶段、后续阶段，见表 7-1。

表 7-1　进出境货物类别和报关阶段所需手续

<table>
<tr><th>报关阶段
货物的类别</th><th>前期阶段
（进出境前办理相应的海关手续）</th><th>进出境阶段
（进出境时需要实际办理的海关基本手续）</th><th>后续阶段
（进出境后需要继续办理才能结关的海关手续）</th></tr>
<tr><td>一般进出口货物</td><td></td><td rowspan="5">1. 进出口申报（海关决定是否受理申报）
2. 配合查验（海关决定是否查验，决定查验的形式和查验方法）
3. 缴纳税费（海关决定征、减、缓、免税费）
4. 提取或装运货物（海关签印放行）</td><td></td></tr>
<tr><td>保税货物</td><td>申领加工贸易合同备案申请、登记手册、银行保证金台账开设</td><td>保税加工货物登记手册核销
银行保证金台账销账</td></tr>
<tr><td>特定减免税货物</td><td>申领减免税登记、申请、证明</td><td>解除海关监管申请
（海关办理结关手续）</td></tr>
<tr><td>暂准进出境货物</td><td>展览品进境备案
暂准进出口担保申请
（海关审核担保的形式）</td><td>担保销案申请
（海关办理结关手续）</td></tr>
<tr><td>出料加工等其他</td><td>“出料加工”备案</td><td>销案申请
（海关办理结关手续）</td></tr>
</table>

（一）前期阶段

前期阶段是指根据海关对保税货物、特定减免税货物、暂准进出境货物等的监管要求，进出口货物收、发货人或其代理人在货物进出境以前，向海关办理上述拟进出口货物合同、许可等备案手续的过程。

（1）保税货物，进出口货物收、发货人或其代理人应当办理加工贸易合同的备案申请、加工贸易登记手册的申领等手续。

（2）特定减免税货物，进出口货物收、发货人或其代理人应当办理企业的减免税备案登记、货物减免税的申请、减免税证明的申领手续。

（3）暂准进出境货物，进口货物收货人、出口货物发货人及其代理人应在暂准进出境期限内，或者在经海关批准延长暂准进出境期限到期后，向海关申请办理复运出境或进境，或正式进出口销案等手续。

（二）进出境阶段

进出境阶段是指根据海关对进出境货物的监管制度，进出口货物收、发货人或其代理人在进口货物进境时、出口货物出境时，向海关办理进出口申报、配合查验、缴纳税费、提取或装运货物手续的过程。

（三）后续阶段

后续阶段是指根据海关对保税货物、特定减免税货物、暂准进出境货物等的监管要求，进出口货物收、发货人或其代理人在货物进出境储存、加工、装配、使用后，在规定的期限内，按照规定的要求，向海关办理上述进出口货物核销、销案、申请解除监管的手续的过程。

二、一般进出口货物

一般进出口货物是指在进出境环节缴纳了应征的进出口税费并办结了所有必要的海关手续，海关放行后不再进行监管的进出口货物。

（一）一般进出口货物的特征

一般进出口货物的特征包括：进出境时缴纳进出口税费，进出口时提交相关的许可证件，海关放行即办结了海关手续。

（二）一般进出口货物的范围

一般进出口货物的范围包括：

（1）一般贸易进口货物。

（2）一般贸易出口货物。

（3）转为实际进口的保税货物、暂准进境货物或转为实际出口的暂准出境货物。

（4）易货贸易、补偿贸易进出口货物。

（5）不批准保税的寄售代销贸易货物。

（6）承包工程项目实际进出口货物。

（7）外国驻华商业机构进出口陈列用的样品。

（8）外国旅游者小批量订货出口的商品。

（9）随展览品进境的小卖品。

（10）免费提供的进口货物。

三、一般进出口货物的基本报关程序

一般进出口货物的基本报关程序包括进出口申报、配合查验、缴纳税费、提取或装运货物。一般贸易进、出口货物的基本报关作业流程分别如图 7-2 和图 7-3 所示。

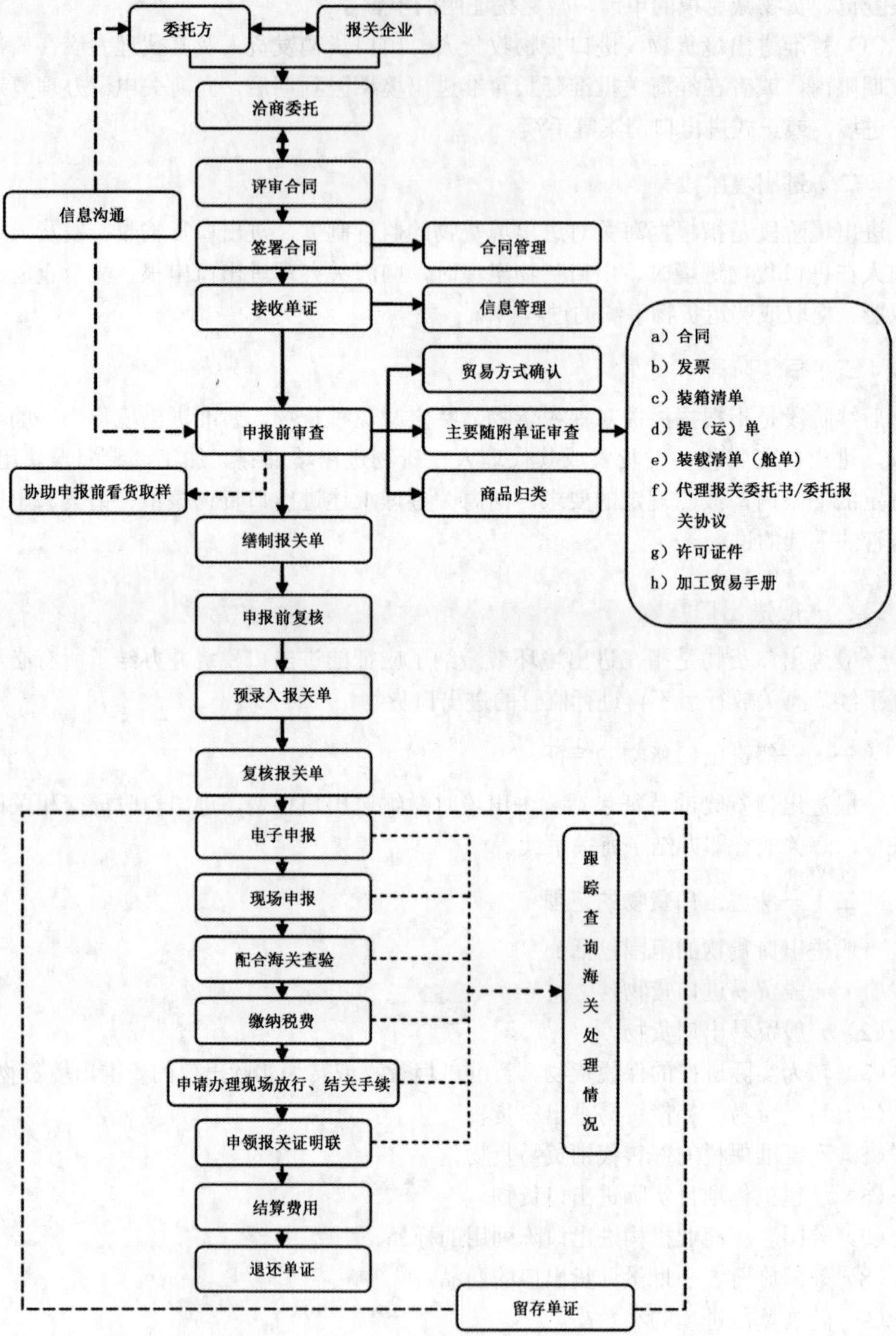

图 7-2　一般贸易进口货物的基本报关作业流程图

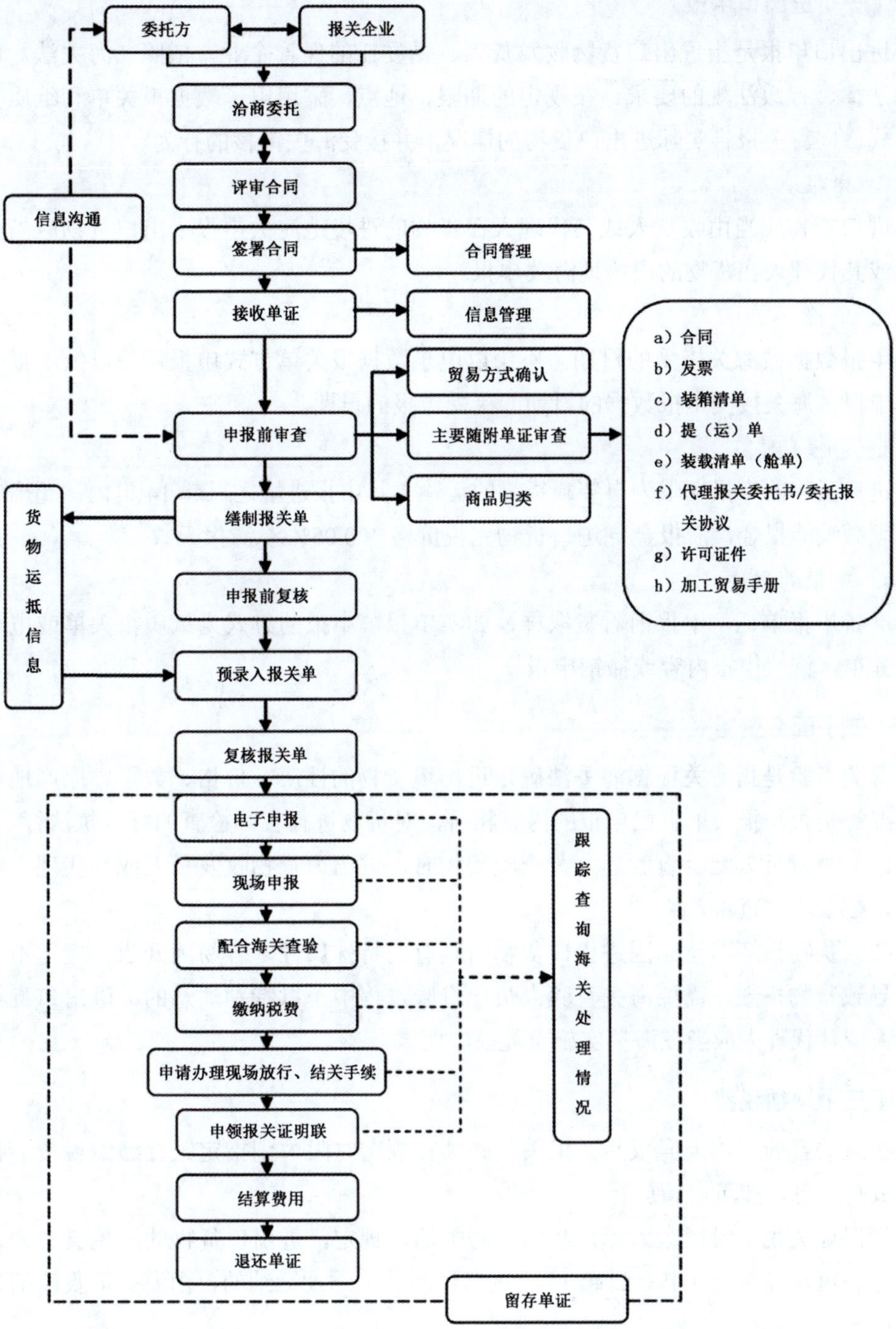

图 7-3　一般贸易出口货物的基本报关作业流程图

（一）进出口申报

进出口申报是指进出口货物收发货人、受委托的保管企业，依照《海关法》以及有关法律、行政法规的要求，在规定的期限、地点，采用电子数据报关单和纸质报关单形式，向海关报告实际进出口货物的情况，并接受海关审核的行为。

1. 申报地点

进口货物应当由收货人或其代理人在货物的进境地海关申报；出口货物应当由发货人或其代理人在货物的出境地海关申报。

2. 申报日期

申报数据被海关接受的日期。不论以电子数据报关单方式申报还是以纸质报关单方式申报，海关接受申报数据的日期即接受申报的日期。

3. 申报期限

进口货物的申报期限为自装载货物的运输工具申报进境之日起14日内。超出申报期限须缴纳滞报金，滞报金＝进口货物完税价格 ×0.05%× 滞报天数。

4. 申报的程序

准备申报单证，申报前看货取样，如实申报，申报的方式为纸质报关单或电子数据报关单，修改申报内容或撤销申报。

（二）配合查验

海关查验是指海关根据海关法确定进出境货物的性质、价格、数量、原产地、货物状况等是否与报关单上已申报的内容相符，对货物进行实际检查的行政执法行为。

（1）收发货人配合查验。海关查验货物时，进出口货物收发货人或其代理人应当到场，配合海关查验。

（2）货物损坏赔偿。因进出口货物所具有的特殊属性，容易因开启、搬运不当等原因导致货物损毁，需要海关查验人员在查验过程中予以特别注意的，进出口货物收发货人或其代理人应当在海关实施查验前申明。

（三）缴纳税费

在海关查验货物无异议后，报关员必须在规定时限内到指定银行缴纳税费；收到缴款成功信息，即可申请放行。

为保证关税及时征缴入库，我国《海关法》规定，进出口货物的纳税义务人，应当自海关填发税款缴款书之日起15日内缴纳税款；逾期缴纳的，由海关征收滞纳金。

（四）提取或装运货物

（1）海关进出境现场放行和货物结关。

（2）提取货物或装运货物。

（3）申请签发报关单证明联。

我国进口货物报关单样本如图7-4所示。

中华人民共和国海关进口货物报关单

<table>
<tr><td colspan="2">收发货人</td><td>进口口岸</td><td>进口日期</td><td>申报日期</td></tr>
<tr><td colspan="2">消费使用单位</td><td>运输方式</td><td>运输工具名称</td><td>提运单号</td></tr>
<tr><td colspan="2">申报单位</td><td>监管方式</td><td>征免性质</td><td>备案号</td></tr>
<tr><td>贸易国（地区）</td><td>启运国（地区）</td><td colspan="2">装货港</td><td>境内目的地</td></tr>
<tr><td>许可证号</td><td>成交方式</td><td>运费</td><td>保费</td><td>杂费</td></tr>
<tr><td>合同协议号</td><td>件数</td><td>包装种类</td><td>毛重（公斤）</td><td>净重（公斤）</td></tr>
<tr><td>集装箱号</td><td colspan="4">随附单证</td></tr>
<tr><td colspan="5">标记唛码及备注
随附单证号：</td></tr>
<tr><td colspan="5">项号　商品编号　商品名称、规格型号　数量及单位　原产国（地区）　单价　总价　币制　征免</td></tr>
<tr><td colspan="5">1.</td></tr>
<tr><td colspan="5">2.</td></tr>
<tr><td colspan="5">3.</td></tr>
<tr><td colspan="5">4.</td></tr>
<tr><td colspan="5">5.</td></tr>
<tr><td colspan="5">特殊关系确认：　价格影响确认：　支付特许权使用费确认：</td></tr>
<tr><td>录入员</td><td>录入单位</td><td colspan="2">兹申明对以上内容承担如实申报、依法纳税之法律责任</td><td>海关批注及签章</td></tr>
<tr><td colspan="5">报关人员　申报单位（签章）</td></tr>
</table>

图 7-4　我国进口货物报关单样本

任务实施（工作页）

一、回答下列问题。

1．请说明一般进出口货物的税费缴纳方式。

____

____

____

2．请登录“海关总署”网站，查询什么是无纸通关？海关有哪些便捷通关措施？

适用便捷通关措施的企业应具备哪些基本条件？

二、案例分析。

北京A外贸进出口公司进口“表面粗糙度测量仪”10台（列入《自动进口许可管理目录》），由载运货物的某船舶于2021年5月15日（星期五）运抵天津。当日，船舶申报进境。该外贸公司于5月21日（星期四）采用电子数据交换方式向天津海关传送电子数据报关单并被海关接受。

在尚未接到海关反馈审结通知前，该外贸公司发现，因报关员书写失误造成申报差错，即向海关提出修改报关单内容的申请。海关在确认情况属实，且未对国家贸易管制政策的实施、税费征收及海关统计指标等造成危害后同意修改。

该外贸公司在修改报关单内容后，于5月22日重新向海关传送电子数据报关单，并于当日接到海关审结通知。6月1日（星期一）该外贸公司向海关提交纸质报关单。

请根据上述案例材料，回答下列问题：

1. 该批货物的申报日期应为哪一日？

2. 该外贸公司向海关申报进口时，必须向海关提交的随附单证包括哪些？

3. 根据海关规定，海关在接受申报后，电子数据成为纸质报关单，不得修改撤销，若海关批准修改或撤销，须有哪些正当理由？

三、实训题。

参观当地海关和进出口企业，观察一般进出口货物的报关流程，按照“出口货物报关服务作业流程图”和“进口货物报关服务作业流程图”，一边模拟作业打卡，一边填制完成图7-5和图7-6。

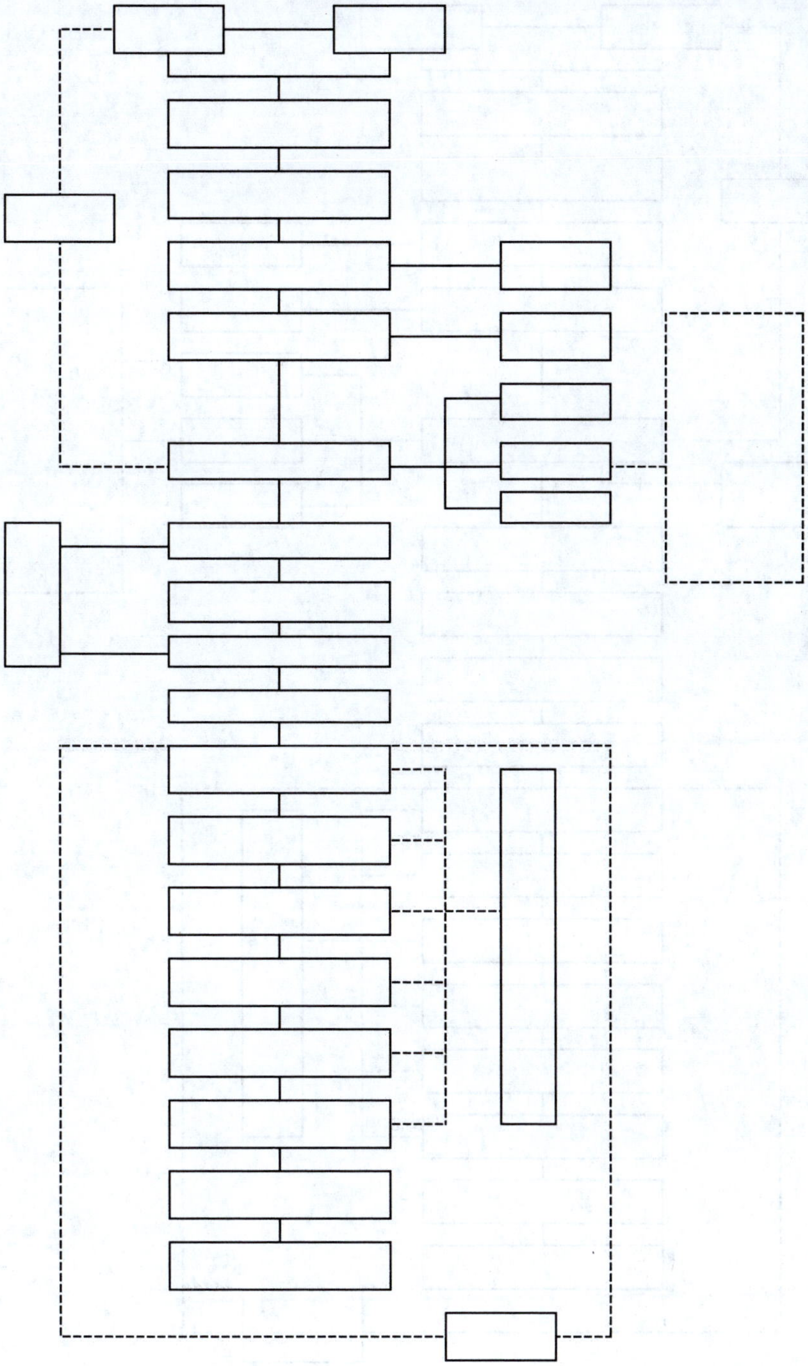

图 7-5　出口货物报关服务作业流程图

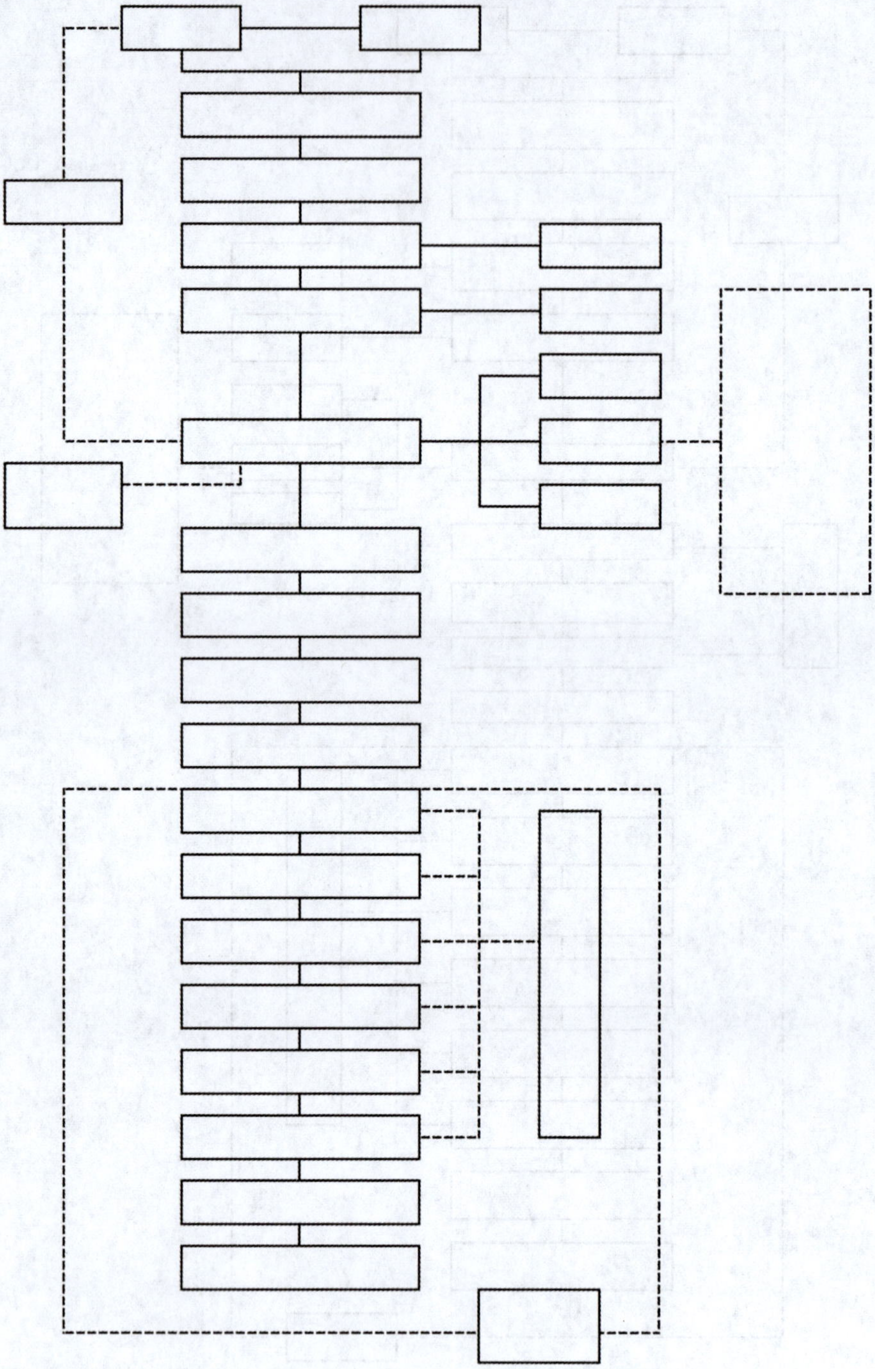

图 7-6 进口货物报关服务作业流程图

任务评价

学完本任务后，结合自己学习情况，依指标进行评价。

考核项目	评分内容	总分值	得分值
知识掌握	1. 掌握一般进出口货物的概念（10 分） 2. 了解一般进出口货物的范围及报关的对象、方式（10 分） 3. 熟悉一般进出口货物的申报流程（10 分）	30	
能力提升	1. 能够办理进出口货物报关申报业务（30 分） 2. 能够配合海关进行查验（10 分）	40	
课堂表现	1. 学习态度（10 分） 2. 沟通合作（10 分） 3. 回答问题（10 分）	30	
签字		总分	

任务三　进出口货物报检基本内容

任务描述

通过本任务的学习，学生应了解报检的目的作用，熟悉报检的分类及主要内容，理解出入境检验检疫的法律地位和作用，熟悉出入境检验检疫的管理体制、机构的设置。

知识链接

一、报检目的和作用

（一）出入境检验检疫

检验检疫是指检验检疫部门和检验检疫机构依照法律、行政法规和国际惯例等的要求，对出入境货物、交通运输工具、人员等进行检验检疫、认证及签发官方检验检疫证明等监督管理工作。

报检，也称报验，是指申请人向出入境检验检疫机构就进出口货物报请检验检疫，是检验检疫机构受理报检的前提和基础。报检分为自理报检与代理报检。

我国先后制定了《中华人民共和国进出口商品检验法》《中华人民共和国进出境动植物检疫法》《中华人民共和国国境卫生检疫法》及《中华人民共和国食品卫生法》等法律，分别规定了出入境检验、检疫的目的和任务，责任范围，授权执法机关和管辖权限，检验检疫的执行程序，执法监督和法律责任等重要内容，从根本上确定了出入境检验检疫工作的法律地位。

鉴于出入境检验检疫的涉外性质，必须强调执法的集中统一与一致对外，因此国务院批准检验检疫部门实行垂直领导体制。由于检验检疫的技术性强，必须通过检测技术手断来实施法律监管，因此实行集中统一领导，有利于在建立健全法规体系的同时，加强检测设备和技术队伍的建设，以利于通过强化技术检测力量有效实施法律规定。

（二）出入境检验检疫的主要目的

（1）对进出口商品进行检验、鉴定和监督管理。

（2）对出入境动植物及其产品进行检疫和监督管理。

（3）对出入境人员、交通工具、运输设备及可能传播检疫传染病的行李、货物、邮包等物品实施国境卫生检疫和口岸卫生监督，防止传染病由国外传入或者由国内传出，保护人类健康。

（4）按照 SPS/TBT 协议建立有关制度，打破国外技术壁垒。

（三）出入境检验检疫的作用

出入境检验检疫对保证国民经济的发展，消除国际贸易中的技术壁垒，保护消费者的利益和贯彻中国的对外交往，都有非常重要的作用。

（1）对于应经检验检疫机构实施注册登记的向中国输出有关产品的外国生产加工企业，必须取得注册登记证书，其产品方准进口。这些强制性制度，是国家主权的具体体现。

（2）出入境检验检疫机构作为执法机构，根据法律授权，对列入应实施出口检验检疫对象和范围的人员、货物、危险品包装和装运易腐易变的食品、冷冻品的船舱、集装箱等，按照中国的、进口国的或与中国签有双边检疫议定书的外国的或国际性的法规、标准的规定，实施必要的检验检疫，经检验检疫合格的产品或取得生产加工安全卫生注册登记编号的企业，包括取得国外注册的企业，突破了国外的贸易技术壁垒，获得市场准入资格，使其产品在进口国能够顺利通关入境。对出入境货物、包装和运输工具的检验检疫和注册登记与监督管理，都具有相当的强制性，是国家监督管理职能的具体体现。

（3）出入境检验检疫是保证中国对外贸易顺利进行和持续发展的保障。

（4）保护农林渔业生产安全，促进农畜产品的对外贸易和保护人体健康。

（5）出入境检验检疫实施国境卫生检疫，是保护我国人民健康的重要屏障。

二、报检的分类

（一）自理报检

收发货人及进出口货物的生产、加工和经营单位办理本单位检验检疫事项的行为称为自理报检。自理报检单位在首次报检时，须先办理备案登记手续，取得报检单位代码，之后方可办理相关检验检疫报检手续。

（二）代理报检

根据 2022 年 3 月 29 日《国务院关于修改和废止部分行政法规的决定》第五次修订，《中华人民共和国进出口商品检验法实施条例》对代理报检相关的规定如下：

（1）海关总署主管全国报检企业的管理工作。海关总署设在省、自治区、直辖市以及进出口商品的口岸、集散地的出入境检验检疫机构及其分支机构（以下简称出入境检验检疫机构），管理所负责地区的进出口商品检验工作。

（2）进出口商品的收货人或者发货人可以自行办理报检手续，也可以委托代理报检企业办理报检手续；采用快件方式进出口商品的，收货人或者发货人应当委托出入境快件运营企业办理报检手续。

（3）代理报检企业接受进出口商品的收货人或者发货人的委托，以委托人的名义办理报检手续的，应当向出入境检验检疫机构提交授权委托书，遵守本条例对委托人的各项规定；以自己的名义办理报检手续的，应当承担与收货人或者发货人相同的法律责任。

出入境快件运营企业接受进出口商品的收货人或者发货人的委托，应当以自己的名义办理报检手续，承担与收货人或者发货人相同的法律责任。

委托人委托代理报检企业、出入境快件运营企业办理报检手续的，应当向代理报检企业、出入境快件运营企业提供所委托报检事项的真实情况；代理报检企业、出入境快件运营企业接受委托人的委托办理报检手续的，应当对委托人所提供情况的真实性进行合理审查。

（4）对装运出口的易腐烂变质食品、冷冻品的集装箱、船舱、飞机、车辆等运载工具，承运人、装箱单位或者其代理人应当在装运前向出入境检验检疫机构申请清洁、卫生、冷藏、密固等适载检验。未经检验或者经检验不合格的，不准装运。

（5）进出口商品的收货人、发货人、代理报检企业或者出入境快件运营企业、报检人员不如实提供进出口商品的真实情况，取得出入境检验检疫机构的有关证单，或者对法定检验的进出口商品不予报检，逃避进出口商品检验的，由出入境检验检疫机构没收违法所得，并处商品货值金额 5% 以上 20% 以下罚款。

进出口商品的收货人或者发货人委托代理报检企业、出入境快件运营企业办理报检手续，未按照规定向代理报检企业、出入境快件运营企业提供所委托报检事项的真实情况，取得出入境检验检疫机构的有关证单的，对委托人依照前款规定予以处罚。

代理报检企业、出入境快件运营企业、报检人员对委托人所提供情况的真实性未进行合理审查或者因工作疏忽，导致骗取出入境检验检疫机构有关证单的结果的，由出入境检验检疫机构对代理报检企业、出入境快件运营企业处 2 万元以上 20 万元以下罚款。

（6）代理报检企业、出入境快件运营企业违反国家有关规定，扰乱报检秩序的，由出入境检验检疫机构责令改正，没收违法所得，可以处 10 万元以下罚款，海关总署或者出入境检验检疫机构可以暂停其 6 个月以内代理报检业务。

三、检验检疫的组织机构

1998 年以前，国家先后设立国家进出口商品检验局及其在各地的进出口商品检验机构、国家动植物检疫局及其在对外开放口岸和进出境动植物检疫业务集中的地点设立的口岸动植物检疫机关、国家卫生检疫局及其在国境口岸设立的国境卫生检疫机关，也称“商检”“动植物检”“卫检”（简称“三检”）。

1998 年 3 月，将国家进出口商品检验局、国家动植物检疫局和国家卫生检疫局合并，组成国家出入境检验检疫局。将原“三检”下设检验检疫机构合并，组成各地直属及分支出入境检验检疫机构。

2000 年 1 月 1 日起，设立在各地的出入境检验检疫机构实行“一次报检、一次取（采）

样、一次检验检疫、一次卫生除害处理、一次计收费、一次发证放行”的工作模式。

2001 年 4 月，原国家出入境检验检疫局和国家质量技术监督局合并，组成国家质量监督检验检疫总局。

2018 年 5 月，在海关和检验检疫部门的“一次申报，一次查验，一次放行”(简称“三个一”) 通关作业方面，只需统一通过“单一窗口”实现报关报检，对进出口货物全面实施一次查验，凭海关放行指令提离货物，实现一次放行。

（一）海关总署

中华人民共和国海关是国家的进出关境（简称“进出境”）监督管理机关，实行垂直管理体制，基本任务是进出境监管、征收关税和其他税费、查缉走私、编制海关统计，并承担口岸管理、保税监管、海关稽查、知识产权海关保护、国际海关合作等职责。

十三届全国人大一次会议审议通过的《国务院机构改革方案》明确，“原国家质量监督检验检疫总局的出入境检验检疫管理职责和队伍划入海关总署”，目前转隶组建正式完成——中华人民共和国海关总署（简称“海关总署”）职能配置、内设机构和人员编制规定。

海关总署主要职责是：负责全国海关工作，负责组织推动口岸“大通关”建设，负责海关监管，负责进出口关税及其他税费征收管理，负责出入境卫生检疫、出入境动植物及其产品检验检疫，负责进出口商品法定检验，负责海关风险管理，负责国家进出口货物贸易等海关统计，负责全国打击走私综合治理工作，负责制定并组织实施海关科技发展规划、实验室建设和技术保障规划，负责海关领域国际合作与交流，垂直管理全国海关，完成党中央、国务院交办的其他任务等。

海关总署主管全国报检企业的管理工作；主管海关负责所辖区域报检企业的日常监督管理工作。

（二）国家认监委

中国国家认证认可监督管理委员会（简称“国家认监委”）是国务院授权的履行行政管理职能，统一管理、监督和综合协调全国认证认可工作的主管机构。

（三）国家标准委

国家标准化管理委员会（简称“国家标准委”）是国务院授权的履行行政管理职能、统一管理全国标准化工作的主管机构。

四、法定检验检疫内容

根据《中华人民共和国进出口商品检验法实施条例》第四条规定，法定检验是出入境检验检疫机构对列入目录的进出口商品以及法律、行政法规规定须经出入境检验检疫机构检验的其他进出口商品实施检验。出入境检验检疫机构对法定检验以外的进出口商品，根据国家规定实施抽查检验。

法定检验检疫的目的是保证进出口商品、动植物（或产品）及其运输设备的安全、卫生符合国家有关法律法规规定和国际上的有关规定；防止次劣有害的商品、动植物（或产品）以及危害人类和环境的病虫害和传染病输入或输出，保障生产建设安全和人类健康。法定检验检疫的范围如下：

（1）列入《海关实施检验检疫的进出境商品目录》（简称《目录》）的进出口商品。

（2）《中华人民共和国食品卫生法》规定，应实施卫生检验检疫的进出口食品。

（3）危险货物的包装容器、危险货物运输设备和工具的安全技术条件的性能和使用鉴定。

（4）装运易腐烂变质食品的船舱、货仓、车厢和集装箱。

（5）国家其他有关法律、法规规定须经主管海关检验的进出口商品、物品、动植物等。《海关实施检验检疫的进出境商品目录》中商品检验检疫类别代码见表 7-2。

表 7-2　商品检验检疫类别代码

条件	代码	分类
海关监管类别	A	实施进境检验检疫
	B	实施出境检验检疫
	C	海关与检验检疫联合监管
检验检疫类别	M	进口商品检验
	N	出口商品检验
	P	进境动植物及产品检疫
	Q	出境动植物及产品检疫
	R	进口食品卫生监督检验
	S	出口食品卫生监督检验
	L	民用商品入境验证
	V	进境卫生检疫
	W	出境卫生检疫

注：成套设备海关监管代码“A”、检验检疫代码“M”，表示进出口成套设备属于法定检验检疫，应实施进出口商品检验。

任务实施（工作页）

一、回答下列问题。

1．简述出入境检验检疫的工作内容。

2．概述法定检验检疫的基本概念。

二、实训题。

1．请查阅“中国电子检验检疫业务网”，学习检验检疫业务常识。

2．石家庄某进出口公司，主要从事自行车出口业务。该公司计划开展报检业务，请帮助该公司查询其属于哪种报检单位？如何申请无证报检？公司首次报检应办理哪些手续？报检业务人员应该取得哪种资格证书？

任务评价

学完本任务后，结合自己学习情况，依指标进行评价。

考核项目	评分内容	总分值	得分值
知识掌握	1．熟悉报检的目的、作用、分类及主要内容（20 分） 2．了解出入境检验检疫的法律地位和作用（10 分） 3．了解出入境检验检疫的管理体制、机构设置（10 分）	40	
能力提升	掌握出入境报检基本规则，能够为出入境报检商品检测做好准备，做好配合检测预案（30 分）	30	
课堂表现	1．学习态度（10 分） 2．沟通合作（10 分） 3．回答问题（10 分）	30	
签字		总分	

任务四　进出口货物报检流程

任务描述

通过本任务的学习，学生应了解我国出境商品报检的基本规定，掌握各类商品出境报检及检验的相关注意事项，能够根据进出口货物及贸易业务内容明确报检内容，准备单据，进行电子或手动报检，并配合查验货物。

知识链接

一、报检准备的单证

（一）进口

进口商品在报验时，一般应提供外贸合同、国外发票、提单、装箱单、进口货物到货通知单（也称“货物流向单”）等有关单证。

（1）申请品质、规格、安全检验的，还应提供国外的检验证书、使用说明书以及有关标准和技术资料。凭样品成交的，应提交成交样品。

（2）申请重量鉴定，应提交国外的重量、水分检验证书和重量明细单。申请木材材积鉴定的，应提供国外的材积明细单。

（3）申请残损鉴定、载损鉴定、积载鉴定、海损鉴定的，应提供各程提单、海运散件货物港船交接时的理货残损溢短单、铁路商务记录、空运事故记录等。此外，船舶公司还应提供航海日志、海事报告、舱单、配载图、验舱证书、验舱报告等各种有关资料。

（4）申请外商投资财产价值、品种、质量、数量和损失鉴定的，应提供财产的明细单、发票及各种价值的证明、财产的已使用年限、财产的维修保养情况等各种有关的资料。

（5）在办理国内委托检验时，申请人除按要求填写委托检验申请单外，还应提供检验的样品、检验标准和方法。国外委托人在办理委托检验时，应提供有关函电、资料。入境货物报检单如图 7-7 所示。

中华人民共和国出入境检验检疫

入境货物报检单

报检单位（加盖公章）： *编号__________

报检单位登记号： 联系人： 电话： 报检日期： 年 月 日

发货人	（中文）		企业性质（划“√”）	□合资□合作□外资	
	（外文）				
收货人	（中文）				
	（外文）				
货物名称（中/外文）	H. S. 编码	原产国（地区）	数/重量	货物总值	包装种类及数量
运输工具名称号码			合同号		
贸易方式		贸易国别（地区）		提单/运单号	
到货日期		启运国家（地区）		许可证/审批号	
卸毕日期		启运口岸		入境口岸	
索赔有效期至		经停口岸		目的地	
集装箱规格、数量及号码					
合同订立的特殊条款以及其他要求			货物存放地点		
			用途		
随附单据（划“√”或补填）		标记及号码	*外商投资财产（划“√”）	□是□否	
□合同√ □发票√ □提/运单√ □兽医卫生证书 □植物检疫证书 □动物检疫证书 □卫生证书 □原产地证 □许可/审批文件	□到货通知 □装箱单√ □质保书 □理货清单 □磅码单 □验收报告 □ □ □		*检验检疫费		
			总金额（人民币元）		
			计费人		
			收费人		
报检人郑重声明： 1. 本人被授权报检。 2. 上列填写内容正确属实。 签名：________			领取证单		
			日期		
			签名		

注：有“*”号栏由出入境检验检疫机关填写 ◆国家出入境检验检疫局制

[1-1（2000.1.1）]

图 7-7 入境货物报检单

（二）出口

出口商品在报验时，一般应提供外贸合同（或售货确认书及函电）、信用证原本的复印件或副本，必要时提供原本。合同如果有补充协议的，要提供补充的协议书；合同、信用证有更改的，要提供合同、信用证的修改书或更改的函电。对签订有长期贸易合同而采取记账方式结算的，各外贸进出口公司每年都应将合同副本送交商检机构检验一次。申请检验时，只在申请单上注明合同号即可，不必每批都附交合同副本。凡属危险或法定检验范围内的商品，在申请品质、规格、数量、重量、安全、卫生检验时，必须提交商检机构签发的出口商品包装性能检验合格单证，商检机构凭此受理上述各种报验手续。

我国商检机构出证的主要形式为出境货物换证凭单。产地商检局以电子数据的形式，将出境货物信息传输至出口口岸的商检局，由出口口岸的商检局办理换证凭单，供出口企业在报关时使用。出境货物换证凭单实行“一票一单”制。

出境货物报检单如图 7-8 所示。

中华人民共和国出入境检验检疫

出境货物报检单

报检单位（加盖公章）：　　　　　　　　*编　号

报检单位登记号：　　　　联系人：　　　　电话：　　　　报检日期：　　年　　月　　日

发货人	（中文）	
	（外文）	
收货人	（中文）	
	（外文）	

货物名称(中/外文)	H.S.编码	产地	数/重量	货物总值	包装种类及数量

运输工具名称号码		贸易方式		货物存放地点	
合同号		信用证号		用途	
发货日期		输往国家(地区)		许可证/审批号	
启运地		到达口岸		生产单位注册号	
集装箱规格、数量及号码					

合同、信用证订立的检验检疫条款或特殊要求	标记及号码	随附单据（划“√”或补填）	
		合同 信用证 发票 换证凭单 装箱单 厂检单	包装性能结果单 许可/审批文件

需要证单名称（划“√”或补填）		* 检验检疫费
品质证书 ___正___副 重量证书 ___正___副 数量证书 ___正___副 兽医卫生证书 ___正___副 健康证书 ___正___副 卫生证书 ___正___副 动物卫生证书 ___正___副	植物检疫证书 ___正___副 熏蒸/消毒证书 ___正___副 出境货物换证凭单 ___正___副	总金额 （人民币元） 计费人 收费人

报检人郑重声明：	领取证单	
1. 本人被授权报检。 2. 上列填写内容正确属实，货物无伪造或冒用他人的厂名、标志、认证标志，并承担货物质量责任。 签名：____________	日期	
	签名	

注：有“*”号栏由出入境检验检疫机关填写　　　　◆国家出入境检验检疫局制

[1-2（2000.1.1）]

图 7-8　出境货物报检单

二、电子检验检疫

根据《中华人民共和国进出口商品检验法》第三条，商检机构和经国家商检部门许可的检验机构，依法对进出口商品实施检验。根据《中华人民共和国进出口商品检验法实施条例》第四条，出入境检验检疫机构对列入目录的进出口商品以及法律、行政法规规定须经出入境检验检疫机构检验的其他进出口商品实施检验（以下简称法定检验）。

（一）电子报检申报

电子申报是指报检人使用“互联网＋海关”一体化网上办事平台或“中国国际贸易单一窗口”，将报检数据以电子方式传输给海关负责进出口商品法定检验的部门，经检验检疫业务管理系统和检验检疫工作人员处理后，再将受理报检信息反馈给报检人，从而实现远程办理出入境检验检疫报检业务的过程。

1. 申请电子报检的应具备的条件

列入实施检验的进出口商品目录的进出口商品以及法律、行政法规规定须经海关检验的其他进出口商品。

2. 申请电子报检时应提供的资料

申请电子报检时应提供的资料包括：

（1）合同复印件 1 份，电子版或纸质版。

（2）发票复印件 1 份，电子版或纸质版。

（3）装箱清单复印件 1 份，电子版或纸质版。

（4）提（运）单复印件 1 份，电子版或纸质版。

（5）代理报关授权委托协议（盖章）原件 1 份，电子版或纸质版。

（6）出口货物需提供厂检证明（盖章）原件 1 份，电子版或纸质版。

以上单证企业在申报时可自主选择有纸申报或无纸申报，可优先选择无纸申报，即将上述申请材料扫描后的电子版上传提交。

（二）电子监管

出口货物电子监管是指对企业生产、加工、储运、处理等过程和实验室检测、产品质量控制等工作实施全面的电子化管理，实现检验检疫与企业信息共享、互动的监管方式。

进口货物电子监管是指对货物装运前的检验检疫信息、货物舱单信息以及检验检疫后续监督信息实施电子化管理，实现检验检疫与港区作业部门、海外检验公司以及企业等信息共享、互动的监管方式。

1. 进口快速查验

电子监管系统中有三类进口快速查验子系统。

（1）适用于海港的电子验放子系统。该子系统充分利用港区船舶、集装箱、货物信息流，主动监控检验检疫对象，实现电子申报核查、快速查验、电子闸口管理等目标。

（2）适用于陆运口岸的电子申报快速查验子系统。

（3）适用于空港普通货物和快件的电子验放子系统。

2. 出口快速核放

出口快速核放是指检验检疫机构对部分质量稳定、质量管理水平高的且有在有效监管期内的企业的出口货物，实施快速验放的做法。目前，实施快速核放的产品主要是质量较稳定的工业产品。

检验检疫机构根据对出口货物的监管情况，确定符合快速核放的货物的范围，并对符合快速核放条件的货物确定一定的抽查比例。

报检人通过电子申报软件发送报检信息时，系统将对报检信息与有关要求进行比对，如果符合快速核放且无须抽查检验，系统将自动实行快速验放。

（三）电子通关放行

为了确保检验检疫机构对出入境货物的有效监管，加快进出口货物通关速度，海关总署开发了电子通关单联网核查系统。该系统采用网络信息技术，将检验检疫机构签发的相关单证电子数据传输到海关计算机业务系统，海关将报检报关数据比对确认相符后，予以放行。

三、无纸化报检

无纸化报检是指检验检疫机构根据企业信用状况和货物风险分析，改变原来验核纸质单证受理报检的方式，直接对企业申报的电子报检数据进行无纸化审核。

（一）实施无纸化报检的企业需符合的条件

（1）进出口企业诚信管理系统中评定为C级及以上，出口工业产品企业分类管理类别为三类（或参照三类管理）以上的自理报检企业。

（2）建立了有效的报检批次可追溯性体系，可通过“无纸化报检批次清单”有效追溯到货物生产及出口的相关记录。

（3）严格遵守检验检疫法律法规，两年内无行政处罚记录。

无纸化报检的业务范围暂限于自营出口的生产企业自理报检。

（二）企业申请无纸化报检的相关资料

无纸化报检由企业自愿申请实施，无纸化报检申请由辖区对应检务科受理。申请无纸化报检的企业，需向辖区检务科提交以下申请资料：

（1）“无纸化报检申请表”。

（2）企业报检批次的追溯体系和追溯路径说明文件。

（3）企业报检资料管理制度。

无纸化报检申请通过审批后，出入境检验检疫局以“无纸化报检申请结果告知单”形式通知申请企业。

（三）无纸化报检的业务操作

（1）报检员按照报检规定备齐报检单据后，向海关发送完整的电子报检数据，并按月建立无纸报检批次清单。

（2）电子报检成功后，报检员应填写“出境货物无纸化报检明细表”，并将其传真至检验检疫相关检务部门。

（3）检务部门接到传真后，转施检部门审核、签字。

（4）检务部门根据施检部门的意见，立即审核电子报检数据，对符合条件的实施计费、制单，并在“出境货物无纸化报检明细表”的有关栏目内填写相应内容。

（5）报检员或企业委托的代理人凭“出境货物无纸化报检明细表”到检务部门领取报关单或换证凭单。

（6）如需要更改证单，须填写更改申请单，由施检部门及检务部门审核同意后，检务部门办理更改手续。

（四）“中国国际贸易单一窗口”申报

根据海关总署无纸化单据申报业务改革安排，自 2020 年 8 月 6 日起，在天津、山东、山西、吉林、甘肃、江苏、浙江、福建、深圳等 9 个地区启用海关新无纸化平台——“中国国际贸易单一窗口”（以下简称“单一窗口”）。2020 年 8 月 15 日起新增四个地区启用海关新无纸化平台，如图 7-9 所示。

图 7-9 “中国国际贸易单一窗口”网页

有关海关系统中的单一窗口申报无纸化报检申报方法，可以在网站业务应用栏目查询，如图 7-10 所示。

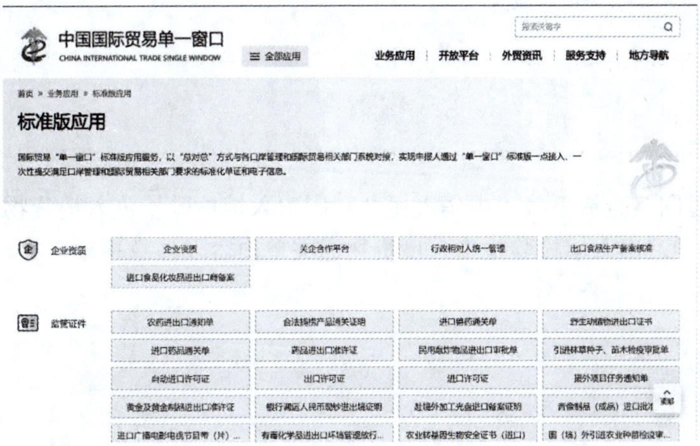

图 7-10 “中国国际贸易单一窗口”业务应用

任务实施（工作页）

一、根据进出境商品检验检疫的相关知识，回答下列问题。

1．配合进出境商品检验检疫，需要提前准备哪些单证？

2．什么是电子检疫？电子检疫与传统检疫方式有什么差别？

3．什么是无纸化检疫？无纸化检疫与传统检疫方式有什么差别？

二、实训题。

1．请通过网络查询下载国家出入境检验检疫局制“入境货物报检单”及报检单填写方法，学习报检单的填制方法。

2．请通过网络查询下载“中华人民共和国出入境检验检疫入境货物通关单”及单证相关介绍，学习出入境检验检疫入境货物通关单内容及注意事项。

任务评价

学完本任务后，结合自己学习情况，依指标进行评价。

考核项目	评分内容	总分值	得分值
知识掌握	1．了解我国出境商品报检的基本规定（10 分） 2．掌握各类商品出境报检及检验的相关注意事项（10 分） 3．熟悉报检内容（10 分）	30	
能力提升	1．能够根据进出口货物及贸易业务内容明准备单据（20 分） 2．能够进行电子或手动报检，并配合查验货物（20 分）	40	
课堂表现	1．学习态度（10 分） 2．沟通合作（10 分） 3．回答问题（10 分）	30	
签字		总分	

参考文献

[1] 胡成琳．国际货运代理 [M]．北京：中国人民大学出版社，2018.

[2] 何景师，冉雪峰．国际货运代理实务 [M]．北京：中国轻工业出版社，2016.

[3] 赵加平，张鸿琨．国际货运及代理实务 [M]．北京：中国海关出版社，2014.

[4] 罗勇，吴小梅．新编国际货运代理实务 [M]．北京：电子工业出版社，2013.

[5] 王玉芳，沈静芳，倪兴平．国际货运代理 [M]．成都：电子科技大学出版社，2020.

[6] 陶春柳．国际货运代理实务 [M]．北京：北京理工大学出版社，2017.

[7] 杨志刚，邬丽君，汪媛媛．国际物流运输实务与法规指南 [M]．北京：化学工业出版社，2014.

[8] 蔡蕊．国际货运与保险 [M]．北京：北京大学出版社，2013.

[9] 梁军，韩民，王刚．国际运输与保险 [M]．南京：南京大学出版社，2017.

[10] 张为群．国际货运代理实务操作 [M]．成都：西南财经大学出版社，2019.

[11] 黄蘋．国际货运代理实务 [M]．北京：电子工业出版社，2017.

[12] 孙家庆，姚景芳．国际货运代理实务 [M]．北京：中国人民大学出版社，2015.

[13] 陈智刚．国际物流实务 [M]．北京：电子工业出版社，2012.

[14] 黄君麟，靳晓玲，熊正平．报关实务 [M]．北京：人民邮电出版社，2018.

[15] 陶红，苏超艳，左瑞瑞．报检实务 [M]．北京：北京交通大学出版社，2013.

[16] 朱占峰．报关实务 [M]．北京：人民邮电出版社，2016.

[17] 许晓冬．国际商务单证实务 [M]．北京：中国纺织出版社，2017.